臺灣歷史與文化研究輯刊

七 編

第 9 冊

臺灣布袋戲的口頭文學研究（上）

陳龍廷 著

花木蘭文化出版社

國家圖書館出版品預行編目資料

臺灣布袋戲的口頭文學研究(上)／陳龍廷 著 -- 初版 -- 新北市：
花木蘭文化出版社，2015〔民104〕
目 6+190 面：19×26 公分
（臺灣歷史與文化研究輯刊 七編；第 9 冊）
ISBN 978-986-404-180-0（精裝）
1. 臺灣文學 2. 文學評論
733.08   103027820

ISBN-978-986-404-180-0

9 789864 041800

臺灣歷史與文化研究輯刊
七 編 第 九 冊   ISBN：978-986-404-180-0

臺灣布袋戲的口頭文學研究（上）

作　　者　陳龍廷
總 編 輯　杜潔祥
副總編輯　楊嘉樂
編　　輯　許郁翎
出　　版　花木蘭文化出版社
社　　長　高小娟
聯絡地址　235 新北市中和區中安街七二號十三樓
　　　　　電話：02-2923-1455／傳真：02-2923-1452
網　　址　http://www.huamulan.tw 信箱 hml 810518@gmail.com
印　　刷　普羅文化出版廣告事業
初　　版　2015 年 3 月
定　　價　七編 10 冊（精裝）台幣 20,000 元

臺灣布袋戲的口頭文學研究(上)

陳龍廷　著

作者簡介

陳龍廷

現任：臺灣師範大學臺灣語文學系教授。

國立成功大學臺灣文學系博士，法國國立高等實踐研究院（E. P. H. E.）宗教科學與文化人類學博士候選人。

研究領域：臺灣文學史、臺灣戲劇史、臺灣歌謠與文化研究、臺灣口頭文學研究、文化人類學等。近年來參與的研究計畫，包括臺灣音樂館「臺灣布袋戲主題歌 1960-70」（2012）、科技部研究計畫「聽的延伸：1960-70 年代黃俊雄布袋戲錄音史料考察 (I)」（2014）「身體的知識與監視：日治時代臺灣民族誌的考掘之二」（2012）、「民俗詞彙與論述形構：日治時代臺灣民族誌的考掘」（2011）、「民族誌與文學想像：日治時代臺灣民俗書寫的考掘」（2010）、臺北縣政府文化局「庶民生活與歌謠 臺灣北海岸的褒歌考察」（2010）、「南投縣傳統表演藝術普查計畫」（2006）、「布袋戲主題知識網建置計畫」（2005）等。

主要著作：《臺灣布袋戲創作論：敘事‧即興‧角色》（春暉 2013）、《聽布袋戲尪仔唱歌：1960-70 年代臺灣布袋戲的角色主題歌》（傳統藝術中心 2012）、《庶民生活與歌謠 臺灣北海岸的褒歌考察》（春暉 2010；北縣文化局補助出版）、《發現布袋戲：文化生態‧表演文本‧方法論》（春暉 2010）、《聽布袋戲：一個臺灣口頭文學研究》（春暉 2008；國家文化藝術基金會出版補助）、《臺灣布袋戲發展史》（前衛 2007）。

提　　要

本書是從口頭文學的視野來研究臺灣布袋戲的著作。

首先從歷史發展來考察布袋戲的語言問題。臺灣從移民社會，轉型為土著社會的過程，移民分佈語與言腔調所形成的邊界，如何被布袋戲等表演藝術所跨越？而這些邊界的跨越，對於臺灣各地語言的腔調產生什麼作用？對於「臺灣話」的形成過程，扮演什麼樣的角色？

其次，針對臺灣布袋戲的套語、文戲、武戲笑詼戲等主題進行分析。本書將舉例論證布袋戲的即興表演的能力，是奠基在套語的固定與變化之上。而布袋戲演出的段落，本書分析文戲、武戲笑詼戲等不同的典型場景或主題。文戲，主要是文字遊戲方面，包括臆謎猜、猜藥味、作對仔、科場問試等。武戲表演，在此僅討論武戲前的叫陣場景。還有介於文戲與武戲之間的口角衝突的主題，包括庄腳人與讀書人等兩類不同的衝突場景。笑詼戲，則包括諧音、外來語、供體與譬相，以及語法的喜感的語言喜劇，及包括預期與事實顛倒、事件的交互干擾，以及「化裝」產生的情境喜劇。

目次

第一章 緒 論

　　提到法國，就想到巴黎鐵塔；提起美國，腦海會浮現自由女神，提到「臺灣」，您會想到什麼？答案竟然最先浮現腦海的是布袋戲。行政院新聞局舉辦「尋找臺灣意象」活動，經兩個月來，七十八萬多票的熱烈響應，票選結果，布袋戲拔得頭籌（130,266 票），其次是玉山、臺北 101、臺灣美食及櫻花鉤吻鮭。根據筆者的統計，以此次票選活動的表演藝術項目來看，布袋戲獲得總票數的 24.95％，不但超過雲門舞集的 2.1％，甚至將歌仔戲的 1.83％遠遠拋在後面。雖然這不過是一次的意見調查，但相當程度反映臺灣民眾長年累積下來的整體印象。布袋戲能夠代表臺灣意象，這意味著百年本土藝術文化禁得起考驗，即使曾經經過政治的壓制，仍有相當強勁的生命力，仍深受民眾喜愛廣為流傳，甚至現在更躍升為國家意象代表。

　　1980 年代以來，隨著本土意識的抬頭，日漸沒落的傳統民間藝術逐漸受到矚目，尤其最具有臺灣特色的布袋戲，在解除戒嚴的過程，往往被當作民族文化的象徵，而成為各級選舉活動的超級助選員。過去統治者所灌輸的中國的認識論，即將轉變為臺灣的認識論。更清楚地說，以陸地作為思考中心的認識論，轉變為海洋中心的認識論。在學術的發展過程中，認識論的轉變，就會產生新的知識。在舊的認識論控制底下的「看不見的」領域，突然之間變成「看得見的」，並非這些東西不存在突然被發明出來，而是因為在有色眼鏡的遮蔽之下而完全忽略了。如法國學者阿圖塞（Louis Althusser, 1918～1990）重讀影響深遠的著作《資本論》所深刻反省的哲學問題：「看不見的」（l'invisible），是被「看得見的」（le visible）認識場域（champ）所定義的。

所謂的「看不見的」，其實是被禁止觀看的，被排除在可看見的範圍之外的（Althusser，1996〔1965〕：19～21）。布袋戲立足臺灣的過程，曾經開出多麼美麗的花朵，曾經結出多麼豐盛的果實，這二百多年來的歷史眞實，卻在過去二十年來臺灣政治社會的變革時，突然被知識份子「看見」，這正好是認識論斷裂（coupure épistémologique）的時代。

這股本土文化的波瀾，表面上百花齊放，然而卻逐漸遠離民間活力源頭。民間戲劇一旦進入表演藝術的殿堂之後，卻有導致「櫥窗化」的危機。另一方面，老藝人逐漸凋零走入歷史，民間藝術文化嚴重流失情況卻未見改善。因此，除了各項保存紀錄等研究計畫之外，更重要的是必須避免應景式的文化政策，重新瞭解臺灣民間文化的生態環境，甚至尋找民間藝術的再生機制與創作力的活水源頭，避免落入「僵化劇場」的困境，更應該是當務之急。換句話說，尋找民間戲劇有機養成的環境與創作力，是最更值得我們嚴肅深思的議題。筆者認爲，應該從民間戲劇的文化生存環境，及表演創作理論兩種層面來釐清問題。

臺灣民間戲劇的生存環境，從戰後各鄉鎮都有可供布袋戲、歌仔戲、新劇等臺語戲劇活動演出的戲園，到現在幾乎完全消失。以往幾乎只要是曾經熱鬧興盛的人群聚落，就有戲園。戲園可說是昔日繁華笙歌景象的象徵。南臺灣放眼看去，雲林的虎尾、北港、西螺、斗六，嘉義的嘉義市、中埔、大林、梅山、朴子、布袋、水上、蒜頭，臺南的白河、後壁、新市、大灣、漚汪、麻豆，高雄的鹽埕、鳳山，屏東的內埔、枋寮、萬丹、林邊、東港等戰後繁華熱絡的鄉鎮，都曾經有可以演出布袋戲的戲園。在戲園表演布袋戲，稱爲「內臺戲」，更確切地說，就是商業劇場的形式。商業劇場的環境，原本提供民間藝人相當穩定的經濟環境與學徒培訓的場域，以支持他們旺盛的創作。1970 年代晚期，原有的表演生態環境幾乎完全改變，臺語的戲劇活動幾乎完全退出戲園，剩下祭祀謝神的表演空間。在廟前酬神演出的祭祀劇場，即報章媒體中所謂的「野臺戲」，民間藝人稱之爲「民戲」、「外臺戲」或「棚腳戲」。曾經盛極一時，相當臺灣人共集體記憶中童年時代的布袋戲，到了 1970年代晚期，竟然沒落到「觀眾有時連一人也沒有」的地步。經過多年來對布袋戲生存環境的關注，與商業劇場歷史變遷的研究，現代的社會，如果布袋戲這樣的藝術，要能夠自立自強、強勁地存活下去，那麼最重要的還是創造出適合劇團生存的生態環境，重新找回觀眾，而不是只是一昧地倚賴公部門

微薄的補助〔註1〕。

其次，從表演創作的層面來看，臺灣民間戲劇的嚴重沒落，最重要的是活潑的母語文化逐漸失去美麗的光芒。舞臺上的布袋戲或歌仔戲表演，即使再生動，年輕觀眾的母語理解能力如果一再低落，原本直接訴諸口頭-聽覺（oral-aural）過程的口頭文學（oral literature），可能成為無法理解的「化石」。布袋戲的豐富的語言文化資產，都是我們生活在這塊島嶼上的人民所共同擁有的璀璨瑰麗寶藏。這些在舞臺上狂野地綻放的布袋戲口頭文學，原屬於臺灣記憶的一部分，但當前布袋戲的推廣與保存，卻尚未正視這個區塊。他們大多侷限在基本認識的階段，教導學生如何操作木偶，而且過份推崇為聽不懂臺語的外國人設計的，幾乎完全默劇化的短劇表演。以致於一旦想要代替劇中角色開口說臺詞時，年輕一代的學藝者，語言能力非但生硬不自然，甚至錯誤百出。這樣的問題並非布袋戲傳承特有的，而是整個臺語文化被優勢的國語政策壓制的結果。而以往調查中所能蒐集到的布袋戲書面資料，可能是出自主演編排情節的演出綱要，或排戲先生的口述，經由識字不多的劇團學徒紀錄下來的粗略抄本。對於戲劇實際演出的原味口白，通常停留在「只可意會，不可言傳」的階段。這些推廣傳統戲劇承傳的盲點，幾乎完全忽略布袋戲精彩的口頭表演（verbal performance）。

筆者研究布袋戲已逾二十餘年的經驗，很慶幸地在臺灣文學的研究領域受益相當多。本論文相當勇敢地跨出這關鍵的一步，將蒐集的有聲資料，尤其是早期出版的 LP 唱片、錄音帶等有聲資料，轉換為書面文本。雖然這只是一小步，但筆者相信這對於整個布袋戲，或傳統戲曲的研究，乃至於母語文學、語言學的研究，都是相當重要的一大步。對於戲劇研究而言，本研究可以提供接近真實口白表演的文本，可培養讀者更豐富多元的文學造詣，並提供文學史上幾乎空白的母語戲劇文本。對於語言學者而言，本研究所蒐集的口頭書面化的資料，可以提供更多語料讓我們瞭解近五十年來關於臺語的語音差異、語言轉換、語言混雜等語言現象。本論文更大的企圖，並非歷史性的懷古回顧，而是進一步瞭解臺灣布袋戲創作力的源頭，如語言學家所追求的，尋找可以不斷生成的語法結構。

〔註 1〕筆者主張從適合表演藝術生存的生態環境著手，才可能吸引更多的人才投入，才可能出現引起觀眾共鳴的優秀作品。請參見（陳龍廷，1994b；1995a；2004b；2007a）。

第一節　問題的提出

　　眾所周知的，源於中國的布袋戲，在兩百年來臺灣化的過程，如何成為親近民眾，成為相當具有代表性的臺灣文化之一？這個問題是我們最有興趣的核心。為了解決這個問題，必須瞭解布袋戲與民眾生活言語的關係，及口頭表演所再現的臺灣的民間生活，面貌究竟是什麼樣子。語言負載著文化，而文化主要是通過口頭論述和文學形式來傳達，我們藉此認識自己，及自己在世界上的定位。

　　世界上許多殖民地的主要文化傳統是口頭的，但在還沒寫下來、還不能被人所認識時，可能就被統治者的強制語言所阻擋困擾，因此在人們眼中的殖民地，根本不存在任何可以拿得出來的文化。〈非殖民化文化：走向一種後殖民女性文本的理論〉一文引用加納女作家 Ama Ata Aidoo 的訪談，提到（羅鋼、劉象愚，1999：463）：

> 人們不應該認為，所有文學都必須是書面的，我的意思是，人們不
> 應該過於忽略口頭文學。口頭上文學的交流是立竿見影。---我們不
> 必總為讀者而寫作，我們可以為聽眾寫作---所有用聲音講述的文學
> 都是那樣容易就能夠被記起。我們與傳統的距離不是那麼遙遠。

這樣的論點提醒我們：是否應該回過頭來，重新檢討口頭文學的重要性？甚至應該顛覆我們過去所習以為常的認知模式：試想一種不是訴諸書面—視覺的文學概念，而是訴諸聲音-聽覺的口頭文學？

　　現代語言學之父索緒爾（Ferdinand De Saussure, 1857～1913）是活躍在二十世紀初期的瑞士語言學家，在他去世之後，他的學生將上課的筆記及他個人手稿整理成《普通語言學教程》出版。這本書對於二十世紀的學術界有相當巨大而深遠的影響，1960 年代結構主義（*structuralisme*）、符號學（*sémiologie*）等思潮，多少都看得出他所激發的學術浪潮。索緒爾當年在課堂上，曾經石破驚天地提出他的觀點：研究語言，不應只是透過文字書寫（*l'écriture*）來認識語言，而且更要重視口頭言語的重要性，他說（索緒爾，1985：35～36；Saussure，1985：45）：

> 語言和文字是兩種不同的符號系統，後者唯一的存在理由，在於表
> 現前者。語言學的對象不是書寫的詞和口說的詞的結合，而是由後

者單獨構成的。但是書寫的詞常跟它所表現的與口說的詞緊密地混在一起，結果篡奪了主要的作用，人們終於把聲音符號的代表看得和這符號本身一樣重要，或比它更加重要。這好像人們相信，要認識一個人，與其看他的面貌，不如看他的照片。

作爲語言學家，索緒爾並沒有完全抹煞文獻的價值，他認爲研究母語有時要利用文獻，或有些距離我們較遠的語言，也要求助文獻資料，但他希望我們對於文字的效用、缺點有所警覺，而且更明確地說，語言的眞相不應當被文字的威望所遮掩住。雖然說文字的本質就在於紀錄口頭語言，但文字的威望往往凌駕在語言之上，甚至被用來強調「文明／野蠻」的差別指標。缺乏文字作爲紀錄工具的口頭傳統社會（oral societies），往往被認爲是野蠻的社會。由此可知爲什麼有些口頭溝通的社會，即使缺乏有效的文字紀錄工具的民族，仍然要堅持不是很完善的文字工具，他們潛在的心態不過是爲了讓眾人相信他們自己也屬於文明社會。

　　歐美的古典學者，對於希臘的史詩（epic）研究得越深入，他們就越相信強調口頭與文字的差距並不正確。歐洲的文學史起源於希臘史詩《奧狄賽》（Odyssey）、《伊里亞得》（Iliad），這些書寫形式的作品出現於西元前七世紀以前，這些作品既然被寫下來，那麼到底是誰寫下這些偉大的作品？換句話說，希臘史詩的書寫者，或我們所說的「作者」（author）到底是誰？學界通常將這兩部史詩的作者，歸在「荷馬」（Homer）名下。但問題並非從此束諸高閣，反而是爭論的開始。這就是學術著名的「荷馬問題」（Homeric Question），主要議題包括：荷馬是單獨一個人，或是許多人的統稱？荷馬是我們現在所認知的「作者」，或是表演者（performer）？

　　一般都相信荷馬確有其人，大約生於西元前八世紀的希臘，但這兩部史詩是到了西元前七世紀雅典的庇西斯特拉圖（Pisistratus）王朝時代，才由文人用文字寫下來的，編成兩部史詩。因此關於這兩部史詩與荷馬之間的關係，歷來爭論很多。十七、十八世紀義大利的歷史學家、語言學家，也是近代社會科學的創始者維柯（Giambattista Vico, 1668～1744），在他的論著《新科學》的第三卷〈發現眞正的荷馬〉，提出下列幾項重要發現（朱光潛，1984：55～83）：

　　　一、論出生地，幾乎所有希臘城邦都曾聲稱荷馬就出生在他們那裡，但從著作本身的證據來看，《奧狄賽》的作者可能是希臘西部偏南的人，而《伊里亞得》的作者可能是希臘東部偏北的人。

二、論時代，兩部史詩風格懸殊，出現的時代間隔長達八百年之久，所以絕對不是某個人在某時期所寫的作品。兩部史詩所描寫的英雄，既有那麼多的文明習俗，又有那麼多野蠻習俗，為了不使野蠻與文明混淆，因此就必須假設兩部史詩不可能出自一人之手，而是由先後兩個不同時代的詩人創造出來，編在一起的。

三、從語言學證據來看，《奧狄賽》曾讚美說書人把故事說得很好，形容他講故事就像是一位音樂家或歌唱家。用荷馬史詩來說書的人正是如此，他們都是村俗漢，各憑記憶記憶保存史詩中的一部份。說書人周遊希臘各城市，在市場或宴會上歌唱荷馬史詩，這個人唱這一段，那一個人唱另一段。說書人（rhapsodes）這個詞源自兩個字的組合，意思是把歌編在一起，而這些歌是從他們本族人中蒐集來的。根據猶太人約瑟夫所持的意見，荷馬不曾用文字寫下任何一篇詩。

四、真正的荷馬，並非希臘的某一個人，而是希臘各族民間神話故事說唱人的總代表，或僅存於理想中的詩人。據說荷馬很窮，在希臘各地市場流浪，歌唱自己的詩篇，他的貧窮，可說是說書人或唱詩人的特徵。而說書人或唱詩人大多是盲人，所以稱為「荷馬」，因「荷馬」一詞在伊阿尼亞土語就是盲人的意思。《奧狄賽》所描寫的在筵席或歡宴中唱歌詩人，都是盲人。他們有特別驚人的持久記憶力，他們就是這些詩篇的作者。

這位經歷過文藝復興與啟蒙主義洗禮的學者，已經敏銳地發現兩部史詩風格差異懸殊，不是出自同一人之手，而史詩的創作，應是來自希臘各地的說書人或唱詩人。而從史詩作品本身，如何證實從口頭的傳統過渡到文字書寫？1930 年代帕里（Milman Parry, 1902～35）將這些歸在「荷馬」名下的史詩進行分析，他發現許多來自口頭創作的技巧，包括重複出現的套語（formula）、慣用場景等，因而推斷這些早期的希臘文學屬於口頭詩學。雖然《奧狄賽》、《伊里亞得》都是被書寫成文字的作品，但帕里重新讓我們認知到古希臘社會「非書寫」（unwritten）的文化層面的重要性。古希臘文學毋寧說是用聽的，而不是用讀的。即使古希臘擁有文字書寫的文學，但值得指出的是，那些古希臘書寫的文獻，仍然偏好採取口頭對話的形式，顯然他們是屬於口頭社會（Thomas，1989；Foley，1990）。

當代歐美學界的學者，對於索緒爾所提的「口頭言語」作更深刻的沈思，口頭的本質是什麼？口頭的本質與文字的本質有什麼關係？研究人類意識進

化過程的美國學者翁（Walter Ong, 1912～2003），在《口頭性與文字性》一書指出：人類的文化史經歷了三個不同處理與儲藏知識的階段：從最古老的口頭文化（oral culture）、書寫文化（writing culture），到電子文化（electronic culture）（Ong，1982：1～3）。書寫文字的出現，不只改變人類的表達方式，也改變人類的思考方式，及文學藝術的形式。口頭文化世界的知識傳授，在缺乏文字作為紀錄知識的媒體的情況之下，知識傳遞主要靠師傅與學徒之間的口傳心受。學徒的學習是經由反覆聽到的知識，並掌握口訣套語的意義，重新組織、消化吸收，最後才成為自己的知識（Ong，1982：9）。從西方學界的視野重新思考，我們所熟悉的詩詞、散文、小說等文學形式，其實是屬於書面文學的範圍，即翁所說的「書寫文化」。書面文字對讀者而言，無論寫作的主體是否已經消失或死亡，都沒有任何差別。一旦說出來的話語變成文字，它既不能選擇讀者，也不能控制文章的語境。書面文字大多訴諸視覺感官，可以任由讀者的自由意志任意反覆閱讀，不受時間的限制。而神話、傳說故事、民間戲曲、講古等，屬於口頭文學的範圍，即翁所說的「口頭文化」。口頭場合的說話者，敘述主體必須出現，憑著他活生生的意志而賦予話語生命力。而話語一旦說出口，都是立即讓人聽到、讓人理解。口頭所憑藉的是我們的聽覺感官，且必須在有限的時間內立即讓聽眾完全明白，因此敘述者的言語必須淺顯易懂，甚至輔以表情動作的說明。

　　在過去不具備錄音條件的情況之下，書面語言佔有相當大的優勢，但「電子文化」包括唱片、錄音帶、廣播、電視等紀錄與呈現言語的媒介，使我們重新認識到口頭乃是語言的第一種形式。現代的錄音技術，可在語言發生演變之前及時收集共時性的言語。使用書面語言，或使用錄音裝置，這是兩種不同的媒介工具與人體對應的不同器官，一者訴諸聽覺，一者訴諸視覺。事實上，這是兩種不同的語言具體的形式，前者為語音形式，後者為文字形式，兩者都需要依賴現成的語彙以及語法。差異點在於：書面語通常被認為比起口頭要「謹慎」，不僅盡量符合文法規則，而且藉助標點符號、段落、空白、字形、斜體字等手段表現，讓讀者獨自一人閱讀來領略其中意思。相對而言，口頭表現方式比較自由鬆散，有時只是簡短的語彙，或以不同修辭的方式來重複相同的意思，或以姿態動作、音調來加強所要表達的感情，甚至可隨時糾正已經說過的話。

　　從口頭文學的視野出發，我們會發現相對於書面文學，布袋戲可說是相當重要的庶民生活經驗的文學。葛蘭西（Antonio Gramsci）曾倡導「實踐哲學」

（philosophy de praxis），他認為只有接觸庶民大眾，哲學才能夠有「歷史感」，才能夠滌清個人的知識份子氣味所帶來的污染，才能夠讓哲學「活起來」。（Gramsci，1997〔1971〕：70～71）不只是哲學如此，文學也如此。臺灣新文學運動多少也意識到唯有與民眾站在一起，如此寫出感動人的文學。1926年賴和發表在《臺灣民報》的〈新舊文學之比較〉明確提出：所謂的舊文學就是屬於貴族的、讀書人的，因為他們所使用的是文言文，與一般民眾生活脫節；而新文學就是屬於民眾的文學，運用白話文的，與民眾生活在一起的。值得醒思的是：文學究竟應屬於貴族的或民眾的？如果我們嚴肅地面對布袋戲，將之視為臺灣文學的一部分，那麼或許我們應該暫且拋開知識份子的傲慢與偏見，將個人的品味喜好放一邊。積極地說，我們應該由民眾的生活經驗出發，由民眾所熟悉的臺語思考出發，藉著社會的土壤、時代的精神氣候來看待至今未被真正重視的民眾文學。

第二節　文獻回顧

　　對於布袋戲研究，從以往任何有興趣的人，只要曾經看過布袋戲演出，或任何接觸過掌中戲班的人，似乎都可以寫幾篇「漫談」之類的隨筆，到後來出現嚴謹地蒐集調查資料，才能做出一點點學術的判斷，這之間的轉變是歷經相當漫長的歲月。整個臺灣布袋戲研究的文獻，從民間自發性的研究，發展到官方調查，乃至於進入學院的研究，可說是見證了臺灣本土化的歷程。在布袋戲尚被知識份子所輕視的時代，隨筆式的書寫頗有文獻參考價值，而學院的研究也並非沒有值得商榷與反省之處。

一、從民間的隨筆到官方的調查

　　關於臺灣布袋戲的研究，日治時代的資料相當零散，除了官方的出版品臺灣總督府文教局社會課在1928年出版的《臺灣にける支那演劇と臺灣演劇調查》，這本長達135頁的報告書，提供我們瞭解當時臺灣戲劇的簡略情境。此外，在太平洋戰爭期間，臺灣進入所謂的皇民化運動時代〔註2〕，有些關心

〔註2〕皇民化布袋戲是另一個相當有趣的研究領域，應當與國民黨戰後推行的反共抗俄劇進行比較研究。1999年筆者曾經寫過〈布袋戲與政治：1950年代的反共抗俄劇〉，但關於皇民化布袋戲，只知黃得時曾自稱他指導小西園掌中班更新計畫（黃得時，1943：46）

臺灣文化的人士曾經在《民俗臺灣》寫過簡短的介紹，如 1942 年立石鐵臣〈布袋戲の人形〉。眞正對布袋戲作有系統的研究的，應該是戰後的呂訴上 1961 年的巨著《臺灣電影戲劇史》，他的〈臺灣布袋戲史〉篇幅只有 13 頁，資料來源和立論雖然有許多值得商榷之處，不過卻已經是前所未有的系統論述。

　　1970 年代臺灣文學發展史上發生影響相當深遠的鄉土文學論戰，論者針對文學形式的批判，強調地域性色彩，及對臺灣話語的重視等，不只在文學的領域上出現了許多精彩的文學作品，而且對於本土思想的覺醒也有相當重要的啓發。重新認識布袋戲的呼聲，也是在這樣的時代氣氛中出現。民間雜誌社所出版布袋戲的專輯，最早是 1976 年的《雄獅美術》第 62 期「布袋戲專輯」，有廖雪芳、黃永川、沈平山等人的論述，主題偏重於古典戲的藝術形式。另一專輯是 1980 年《大世界月刊》第 10 期「布袋戲專輯」，由蘇振明、洪樹旺主持，偏重於當時流行的布袋戲形式。同一年，邱坤良教授在施合鄭民俗文化基金會支持下，發行《民俗曲藝》改版第一期，首次成爲臺灣民間戲曲資料的重要發表園地。

　　政府機關的官方調查也是在 1980 年這一年才有動作。教育部社教司邀請臺大與政大進行「我國傳統民間技藝與技能之調查與研究」。曾經參與此計畫的王嵩山，以人類學的專業訓練，整理他所參與的研究成果，於 1988 年出版《扮仙與作戲：臺灣民間戲曲人類學研究論集》。他從藝師作爲傳統社會中概念整合或衝突妥協的一個有效環節（links）這樣的觀點出發，進而提出布袋戲演出的劇情內容所呈現出典型的口頭文學的特色（王嵩山，1988：48～49）：

> 社會文化的概念透過整個表演體系，來作爲民間一個非正式的教育方式。主演者典雅的詩詞應對、幽默的俚語互答、滔滔的文辭雄辯，與悲切感情的詩賦之中，配合南管悠揚清越的絃管小調，或北管激昂的樂曲，緩緩的自藝師口中，說唱出民間對現實生活的種種體認、批判與理想。（--）藝師在成長過程中由文化接受各種信息和觀念的塑模，而呈現出大傳統思考的一致性；而在劇情的流轉中，鋪陳出傳統社會結構的特色與理念思考的運作模式。從這些點上，我們可以看到傳統文人劇的重要特質。

1988 年文建會委託國立藝術學院、傳統藝術中心籌備處主任邱坤良進行「臺灣地區懸絲傀儡、布袋戲、皮影戲資料綜合收集整理計畫」。江武昌將調查

成果整理爲〈布袋戲簡史〉與〈布袋戲藝人名錄〉刊載於 1990 年《民俗曲藝》第 67～68 期「布袋戲專輯」,相當程度彌補了呂訴上〈臺灣布袋戲史〉的不足。這是第三次臺灣民間雜誌社所辦的布袋戲專輯,主要參與者有呂理政、許國良、林茂賢、陳龍廷、江武昌等人,主題偏向參考資料的全面整理,包括布袋戲參考資料年表、布袋戲劇目、電視布袋戲年表、布袋戲藝人名錄等。

　　同時代的地方政府單位也開始舉辦相關的布袋戲文物展與出版,如臺南縣文化中心出版《傳統布袋戲:第四屆吾愛吾鄉文物展專輯》(1989),其中林鋒雄耙梳歷史文獻而釐清布袋戲表演藝術的特質,及黃順仁從布袋戲業者的觀點,介紹臺灣布袋戲的發展歷程,及臺南布袋戲班的狀況等,彌足珍貴。

　　個人研究者出版的布袋戲專書,最早是 1986 年戲偶收藏家沈平山的《布袋戲》,內容收錄許多不同的作者所寫的零散文章,及作者對於布袋戲歷史的個人經驗以及觀點。1991 年曾經在中研院民族所博物館工作的呂理政出版了《布袋戲筆記》,主要以他多年的田野調查筆記整理而成的,附錄中還以幾位臺灣布袋戲藝人的生命史合輯爲〈臺灣布袋戲編年紀事〉,可說是臺灣首次出現的布袋戲史的相關年譜,不過因爲所根據的大多是藝人直接口述的資料,許多史實年代還是頗值得商榷。

二、學院研究的傾向與省思

　　學位論文方面:鄉土文學論戰聲中,臺灣第一本布袋戲的碩士論文出現。1979 年文化大學藝術研究所詹惠登完成他的碩士論文《古典布袋戲演出形式之研究》,上篇從傀儡戲的演變推想中尋找布袋戲的歷史淵源,下篇討論布袋戲的演出劇場形式。

　　相隔十多年才又出現的布袋戲學位論文,1991 年陳龍廷的《黃俊雄電視布袋戲研究》,主要研究對象以黃俊雄爲主,但電視布袋戲所涉及的層面遍及臺灣各地重要的布袋戲藝人,包括李天祿、許王、黃順仁、黃秋藤、黃俊卿、廖英啓、黃文擇、黃文耀等,研究對象可說深具歷史代表性意義,相當於臺灣布袋戲當代發展史的縮影。

　　同一年通過的學位論文還有鄭慧翎《臺灣布袋戲劇本研究》,該論文由中國古典劇論探討劇本的編寫與演出。其次就現代編劇理論談編劇該注意的主題、人物、語言、情節、結構諸規則及編劇與演出的關係。布袋戲繼承中國

傳統戲曲的題材和強調教化的戲劇功能，吸收現代講究衝突、高潮的人物、情節觀念，但卻在演師舞臺經驗累積中，作投觀眾所好的即興編演；與一般戲劇依劇本演出或刪改劇本以利表演的情況大不相同。

1993 年傅建益的碩士論文《當前臺灣野臺布袋戲之研究》，強調作者實際投身野臺布袋戲的主演體系，曾經對整體運作和表演做最真實的記載、研究，以此為基礎將布袋戲的組成、發展、困境作介紹。此後突然有五年的空白，而 1998 年後布袋戲相關博碩士論文，至少超過二十本以上，這些研究可歸納為以下四個方向：

（一）布袋戲流派或區域型的研究

《「五洲派」對臺灣布袋戲的影響》（徐志成，1998），認為「五洲派」徒眾甚多，若要全面性的調查、論述有執行上的困難，因此僅就其確實對臺灣布袋戲發生重大影響者，包括黃海岱、黃俊雄、黃文擇、黃文耀等人的布袋戲改革進行深入研究。

《屏東縣布袋戲班之研究（1949～1999）──以〈全樂閣〉、〈復興社〉、〈祝安〉、〈聯興閣〉為例》（黃明峰，2001），以屏東作為布袋戲區域研究的範圍，以四個布袋戲團作為研究對象進行深入研究。

《明興閣掌中戲團營運方式之研究》（梁慧婷，2000），也是致力於屏東布袋戲班的研究，作者從劇團結構與經營的觀點，研究布袋戲在演變過程中所面臨的營運與生存問題，試圖以明興閣為研究個案，探討屏東縣歷經政治法令、經濟變化如何影響明興閣的經營模式。

（二）布袋戲音樂的研究

《潮調布袋戲「金簪記」音樂研究》（張雅惠，2000），建立在田野調查的基礎上，訪問現存的潮調藝人，並將蒐集到的潮調布袋戲資料發展為論文。

《臺灣布袋戲之後場音樂初探》（徐雅玫，2000），以近三年來的實地調查、及個人學習布袋戲音樂之經驗為基礎，間接參考部分學術論著及相關影音資料，繼以進行布袋戲音樂使用上的初步歸納整理，企圖整合出屬於臺灣布袋戲音樂本身獨特的基本模式定律。

（三）布袋戲偶雕刻研究

《臺灣專業布袋戲偶雕刻》（蘇世德，2001），作者認為布袋戲由中國傳入臺灣至今，經過多次變革，已經與中國原鄉產生不小的差異，而臺灣布袋戲偶

雕刻的技術，並未由中國傳入，乃是日治末期產生於臺灣本土的技藝。此論文對布袋戲偶雕刻師、戲偶製作、戲偶雕刻史相關問題採取全面性的描述。

《臺灣布袋戲偶雕刻之研究──以彰化「巧成眞」爲考察對象》（洪淑珍，2004），則將重心放在「巧成眞」的雕刻家族史，由創始人徐析森開始於 1940 年代初期的皇民化運動期間，並帶領第二代徐炳根、徐炳標和徐柄垣，跨越過戰後 1950～60 年代蓬勃興盛的金光布袋戲時期，延續到 1970～80 年代的電視布袋戲時期，並由徐柄垣的「巧成眞木偶之家」持續至今。在長達六十年的家族雕刻事業中，「巧成眞」所生產的戲偶，涵蓋了臺灣所有布袋戲偶的類型，包括：傳統戲偶、劍俠戲偶、金剛戲偶、電視木偶，及專供收藏的木偶。

（四）霹靂布袋戲現象的研究

新生代對霹靂布袋戲的研究，在研究方法或觀念上顯得相當活潑炫耀，但研究者的視野卻經常侷限於當前的布袋戲現象，從引用期刊論文中發現，這些本身大多是霹靂布袋戲迷的研究者，對以往的歷史資料似乎無法準確掌握，因而往往造成推論過程，有時難免陷入想當然爾等缺乏客觀性、可靠性的缺陷。霹靂布袋戲現象的研究可以分成採取個案分析、商品傳銷、全球化、肖像研究、表演比較等研究途徑。

1. 針對個別文本的分析

《電視布袋戲「霹靂狂刀」之性別論述分析》（丁士芳，2000）以結構主義符號學、意識形態理論、精神分析學，及相關性別的研究，以霹靂電視布袋戲中最具代表性的《霹靂狂刀》一齣劇集，做爲本研究的主要分析文本，進行性別論述分析，提出 1990 年代之後臺灣電視布袋戲的發展情形。

《霹靂布袋戲之幻想主題批評──以「霹靂異數」爲例》（賴宏林，2001），以幻想主題批評爲主要研究取徑，分析霹靂布袋戲論述所建構的幻想主題及語藝視野，研究目的在於探究霹靂布袋戲建構了什麼樣的價值觀，及霹靂布袋戲迷藉由霹靂布袋戲的論述共享了什麼樣的世界觀。

2. 商品傳銷觀點的研究

《臺灣布袋戲電影「聖石傳說」之行銷傳播策略個案研究》（廖文華，2000），以布袋戲電影「聖石傳說」爲研究對象，採用深度訪談法及次級資料分析以獲取所需資料，並根據這些資料進行分析。其研究的問題包含了不同階段布袋戲行銷傳播策略之轉變、整合行銷傳播、策略聯盟及品牌權益等。

3. 全球化的研究框架

《全球化時代裡的本土文化工業-以電視布袋戲爲例》（黃能揚，2001），以歷史社會學爲研究取向，歷史文獻與深度訪談作爲研究方法，分析全球化時代中，作爲本土文化工業之電視布袋戲的發展過程及影響其發展的因素。

《本土文化產業的全球化—以霹靂布袋戲爲例》（張軒豪，2005），則著重分析產品內容面、傳播科技的運用與全球化的產銷策略等三面向，研究方法則是採用內容分析法、次級資料法與深度訪談法三種；次級資料法所蒐集得來的資料用來說明其霹靂布袋戲的源起、組織形態與獲利來源等；深度訪談得來資料則說明其在拓展海外市場的困難；內容分析法則是分析霹靂布袋戲內容的呈現樣態。

4. 以肖像爲研究對象

《肖像人格與產品代言力之研究～以凱蒂貓和葉小釵爲例》（鄭雁文，2002），以霹靂布袋戲的人物葉小釵爲對象，利用肖像涉入度、肖像忠誠度和肖像產品代言力等建構出肖像之「肖像力」指標，此指標的產生，將有助於決策行銷策略之篩選。

《影響臺灣肖像商品之消費者滿意度及忠誠度之相關性研究-以霹靂布袋戲會員爲研究對象》（蘇鈴琇，2002），則試圖探究「霹靂」布袋戲之會刊會員購買商品的狀況、滿意度、忠誠度及會刊會員的生活型態，以期使霹靂國際多媒體公司能更了解消費者型態，創造出最佳的行銷策略，進而讓本土傳統文化發揚於國外。

5. 表演藝術比較研究

《臺灣布袋戲的表演藝術研究：以小西園布袋戲、霹靂布袋戲爲考察對象》（吳明德，2004），則以小西園布袋戲、霹靂布袋戲作爲基本的研究材料，旨在彰顯布袋戲表演藝術的變革，其實是劇團「主動適應」不同時代的庶民口味所致。

綜觀這幾年來的研究，關於表演藝術環境的文本脈絡（context）顯然有很大的成長空間，包括布袋戲流派或區域型發展，乃至於後場音樂、雕刻技藝的層面也陸續有學者觸及。筆者曾經花了相當大的功夫在研究布袋戲的生態環境，包含布袋戲戲園演出的歷史發展，及布袋戲與民間曲館武館的關係等，都是屬於這類型的研究（陳龍廷，1994、1995a、1999a、2000）。

　　布袋戲文本（text）本身的研究，除了霹靂布袋戲的研究群之外，似乎只有《臺灣布袋戲劇本研究》（鄭慧翎，1991），作者由中國古典劇論出發來探討劇本的編寫與演出，其實還可以繼續做更深一層的探討。如果我們站在布袋戲發展演變的歷程以及口頭文學的認知框架上，應該能更清楚地認識布袋戲這種活潑亂跳的表演言語特質，進而認識布袋戲作為表演藝術的珍貴之處，就在於藝術與主演者人格的一致性。筆者碩士論文，曾對黃俊雄布袋戲的戲劇內容作分析以及形式分析：前者包括戲劇創作的版本分析、詩詞俚語的運用、所反映的時代與社會、道德教化意義等，後者則是對布袋戲所製造的神秘劇情、喜劇劇情進行分析，甚至嘗試對布袋戲的劇情作神話與原型（archetypes）的分析。此外，《黃海岱及其布袋戲劇本研究》（張溪南，2002），則比較有系統地研究五洲派掌門人的黃海岱，是為他的個人生命史及其手稿劇本研究。較特殊的是，他嘗試對照手稿與演出本，試圖整理出布袋戲創作的來龍去脈。

　　早期的研究者王嵩山從他的田野調查經驗，提出布袋戲作為口傳文學的文化觀點，相當具有啟發性。布袋戲的觀眾與布袋戲師傅之間的互動關係非常密切，但不能只片面強調觀眾的重要性，布袋戲師傅的人格特質也是創作中相當重要的決定因素。而布袋戲藝人具有傳統文人的特質的思考，相當有學術上的創意，卻似乎容易讓研究者忽略傳統的底層社會中民眾的聲音，而放棄去紀錄這些容易被文人所輕視的言語。或許我們應該大方地賦予民間藝術家自由暢所欲言的權利，從他們活潑生動的言語活動中，認識這種「活跳跳 súi 噹噹」的母語文化。尤其是我們在田野調查中所發現的新出土的布袋戲唱片，及拜現代科技之賜的錄音、錄影資料，可以讓我們對於布袋戲的認識更深一層，同時希望可以接受前人的研究啟發，對於布袋戲的研究可以呈現另一番面貌。

第三節　研究對象與範圍

　　本書主要的研究對象，是布袋戲的表演文本（performance-text）。臺灣布袋戲並沒有如西洋文學傳統中，作家文學概念底下的「劇本」（play）。西洋劇作家無論從任何觀念，或任何人物出發，必先完成書面劇本，經過導演與演員的詮釋與創作，最後才將這些文本轉化為實際的戲劇表演。

　　布袋戲的表演並非沒有完全相當「劇本」概念的書面文字，民間藝人有時會將他們演出的重要故事總綱，重要人物特色，及重要對話等以文字記錄下來。但這些書面資料，與作者論觀點底下的劇本有相當大的距離。雖然布袋戲的既成書面資料，大多是被當作劇團財產的一部分。不過，這些抄錄在筆記本的資料，如果擁有者並未具備相當豐富的知識以及想像力，光有這樣的骨架，並不足以讓它成為讓觀眾如癡如醉的實際表演。從這個層面看，既成的書面資料相對於實際表演有聲資料，可說是相當殘缺不全。目前所看到的傳統的布袋戲抄本較完整，往往以毛筆抄錄，與一般曲館的總綱相似，而且大多已很少在舞臺演出。年代最早的明治 39 年（1906）的潮調布袋戲，採自員林龍鳳閣。劇本中有「龍鳳閣」、「和順班」、「順樂軒」等印記，沒有封面，首行有「勇江登臺　卷參」等字。內容敘述秦勇江與岳大川女兒岳少春，自小指腹為婚，因為家貧，岳家毀婚，反而更加激起秦勇江的奮鬥意志，進京高中狀元。正好番邦「交喇國〔註3〕」蘇寶同造反，秦勇江為朝廷效勞，平定番邦，最後如願娶得岳少春。而戲園商業劇場創作的金剛戲〔註4〕時代，他們創作的方式，主要是主演者與排戲先生討論即將演出的情節，紀錄者往往是較親信的學徒，因此他們所抄錄的抄本，完全依照他們個人的喜好或簡略或繁複，而他們的教育程度高低，也影響到使用漢字書寫紀錄能力的差距。通常這些抄本的錯字，或借音的情形相當普遍。筆者採集自正五洲掌中班的抄本，包括《海中孤兒悲聲劍》、《未老先生》、《苦命兒聖血渡師記》、《天上三俠》等。

　　較特殊的是，1995 年由教育部出版亦宛然掌中班李天祿口述本，共十冊。這批資料所收錄的，包括源自京劇的「外江布袋戲」，幾乎都是出自《三

〔註 3〕　應是「高麗國」，即現在韓國的一部份，民間藝人的書寫出現類似的同音字是很尋常的。

〔註 4〕　1990 年代布袋戲經常報導的「金光戲」，可能是「金剛戲」誤寫成。最早文獻資料提到 1960 年代臺灣民間正流行「金剛戲」（竺強，1966）。田野調查的報導人都將這類表演風的淵源指向《洪熙官三建少林寺》，書中人物星圓長老、赤眉道人練就「金剛之氣」或「金剛內功之氣」。真五洲的黃俊雄則認為：「金光戲」是早期一些聽不懂臺語的外省記者寫的，因為他們只知道一句臺詞，「金光閃閃、瑞氣千條」，於是就樣稱呼。其實「金光閃閃、瑞氣千條」就是「金剛體」，是從武俠小說的「達摩金剛體」而來的。當時他怕我有所誤解，突然加上一句以國語音講的「金剛體」。筆者整理臺灣布袋戲商業劇場，黃俊雄 1970 年 1 月在今日世界演出「達摩鐵金剛」，同年二月演出「六合大忍俠達摩金剛榜」，可見當時確實出現過與「達摩金剛體」相關的表演（陳龍廷：1997a）。

國演義》的戲齣，如《掛印封金》、《過五關》、《失荊州》、《白馬坡》、《過五關-古城會》、《取冀州》等。此外，還有早期南管籠底戲的布袋戲《唐朝儀》、《金魁生》、《養閒堂》、《金印記》、《假按君》、《蝴蝶杯》、《劉希彬回番書》、《寶塔記》、《喜雀告狀》、《風波亭》、《天波樓》、《道光斬子》等。不過很可惜的，這套資料並未收錄戰後吳天來為李天祿所創作的《四傑傳》、《風刀琴劍玲》等所謂的金剛戲齣。整體看來，這些口述的劇本對於文言音的漢字紀錄較詳細，而口頭語音的紀錄較粗略，尤其欠缺明確的標音，讀者無法感受到李天祿特有的腔調語音，對於言語紀錄而言，可說是很難彌補的缺失。

我們採集布袋戲的表演文本，主要的是演出的有聲資料，年代範圍約從最早的 1960 年代至 2000 年左右。有聲資料，包括早期的「曲盤」、錄音帶、錄影帶，到現階段科技的光碟產品。錄音技術的發展，對於文學的意義並不單純僅止於一種技術而已。1960 年代西方文化曾經出現過「音響詩」的前衛運動，倡導者認為藝術形式差異的界線必須被打破，因此他強調以錄音機代替打字機，將作品從紙上解放出來，而回到被遺忘的「口頭」的文化當中，重新尋找呼氣與叫喊的能力。而「音響詩」的詩人的角色，必須瞭解他的任務，就是把作品從書面解放出來，將作品帶入純粹的「聲音」的領域（陳龍廷，1995c：204）。前衛藝術運動的精神，有時正好可以給墨守成規的藝術形式觀念注入一股清流。拜現代科技之賜，很多珍貴的布袋戲現場演出被錄製成影音資料。筆者再將這些錄音資料轉錄（transcribe）成文字，希望經由這些討論，可以進一步了解臺灣社會中言語如何演變，及言語社群的表演者，如何吸收更多的營養來豐富這樣的語言內涵。

首先將布袋戲的有聲資料羅列成以下清單。從發行年代來看可以分成四個階段，包括唱片（Sound disk）、錄音帶、錄影帶（VHS／Betamax）、VCD（Video Compact Disk）、DVD（Digital Versatile Disc）等。不同型態的有聲資料，與不同時代科技的錄音技術進展有關，也與一般臺灣民眾接受家電科技的流行年代有關。而最後階段的影音資料，目前臺灣市面上仍相當容易就可以找到，因此錄影帶／VCD／DVD 的錄製形式在此暫不區分，而歸類為影音資料。以下筆者以三大項目作分類：唱片、錄音帶、影音資料。

一、錄音資料

（一）唱片

臺灣布袋戲唱片大量發行的年代，可以說與臺灣的經濟起飛的年代同步，當然也與視聽娛樂的科技有關。戰後普遍有能力購買昂貴的電唱機，或當作結婚嫁妝的項目，大約是在 1960 年代左右。從目前所知道的資料，布袋戲唱片發行幾乎都集中在 1960～70 年代，尤其是 1960 年代，可說是布袋戲有聲資料創作最爲盛行的時代。

以下目錄主要從唱片封底的廣告整理而成：

年 代	劇 名	出 版／編 號	劇 團／主 演
1960s	唐朝儀 （全套 4 片）	鈴鈴唱片 FL151～154	亦宛然李天祿 編導指揮
1960s	珍珠寶塔記 （全套 4 片）	鈴鈴唱片 FL155～158	亦宛然李天祿 編導指揮
1960s	劉邦赴鴻門宴（西漢演義） （全套 3 片）	鈴鈴唱片 FL644～646	小西園許王 編導指揮
1960s	三國因 （全套 3 片）	鈴鈴唱片 FL948～950	小西園許王 編導指揮
1960s	忠勇孝義傳 （全套 9 片）	鈴鈴唱片 FL-601～606，1026～1028	五洲園二團黃俊卿 編導指揮
1960s	乾隆君下江南 （全套 18 片）	鈴鈴唱片 FL607～612，781～786	五洲園二團黃俊卿 編導指揮
1960s	李文英娶親 （全套 2 片）	鈴鈴唱片 FL666～667	五洲園二團黃俊卿 編導指揮
1960s	正德君下江南 （全套 3 片）	鈴鈴唱片 FL616～618	五洲園二團黃俊卿 編導指揮
1960s	神童奇俠 （全套 2 片）	鈴鈴唱片 FL668～669	五洲園二團黃俊卿 編導指揮
1960s	雙團圓 （全套 3 片）	鈴鈴唱片 FL751～753	鐘興社 編導指揮
1960s	唐明皇遊月宮 （全套 3 片）	鈴鈴唱片 FL754～756	鐘興社 編導指揮
1960s	郭子儀下山（月唐演義） （全套 9 片）	鈴鈴唱片 FL907～915	鐘興社 編導指揮

年 代	劇 名	出 版／編 號	劇 團／主 演
1960s	師徒恩仇記 （全套 3 片）	鈴鈴唱片 FL904～906	鐘興社 編導指揮
1960s	北宋楊家將 （全套 3 片）	鈴鈴唱片 FL886～888	勝義閣 編導指揮
1960s	劍海恩仇記 （全套 3 片）	鈴鈴唱片 FL925～927	勝義閣 編導指揮
1960s	武當劍俠 （全套 9 片）	鈴鈴唱片 FL928～930，1073～1075	勝義閣 編導指揮
1960s	天寶圖 （全套 12 片）	鈴鈴唱片 FL981～992	遊世界掌中班 編導指揮
1960s	宮本武藏 （全套 3 片）	鈴鈴唱片 FL1076～1078	勝義閣 編導指揮
1960s	大戰死亡谷 （全套 6 片）	鈴鈴唱片 FL919～924	勝興掌中團 編導指揮
1960s	大俠追雲客 （全套 6 片）	鈴鈴唱片 FL1035～1040	五洲園二團黃俊卿 編導指揮
1960s	金刀俠 （全套 36 片）	鈴鈴唱片 FL591～599, 641～643, 951～956, 1275～1283, 1346～1354	小西園許王 編導指揮
1964	白玉堂（七俠五義） （全套 27 張）	鈴鈴唱片 FL613～615，787～792， 1029～1034，1061～1063	五洲園二團黃俊卿 編導指揮
1960s	秦始皇吞六國（孫臏下山） （全套 30 片）	鈴鈴唱片 FL1002～1025，1052～1060	西螺進興閣廖英啓 編導指揮
1964	五虎平南（狄青傳） （全套 3 張）	中聲唱片 CS243～245	新世界陳俊然 編導指揮
1964	貂蟬弄董卓 （全套 4 張）	中聲唱片 CS33～36	新世界陳俊然 編導指揮
1964	三才女 （全套 3 張）	中聲唱片 CS532～534	新世界陳俊然 編導指揮
1965	火燒少林寺 （全套 18 片）	鈴鈴唱片 FL793～903	五洲園二團黃俊卿 編導指揮
1965	武松打虎 （全套 4 張）	中聲唱片 CS121～124	新世界陳俊然 編導指揮

年　代	劇　名	出　版／編　號	劇　團／主　演
1965	驚虹一劍震江湖 （全套 24 張）	中聲唱片 CS132～156	新世界陳俊然 編導指揮
1965	趙子龍救主（三國誌） （全套 3 張）	中聲唱片 CS166～168	新世界陳俊然 編導指揮
1965～ 1969	紅黑巾 （全套 55 張）	中聲唱片 CS291～565	新世界陳俊然 編導指揮
1965～ 1968	十八路反王 （全套 30 張）	中聲唱片 CS336～340, 356～365, 550～554, 566～570, 631～635	新世界陳俊然 編導指揮
1965	大盜鐵金剛 （全套 7 張）	中聲唱片 CS512～517	新世界陳俊然 編導指揮
1965～ 1968	孝子復仇記 （全套 10 張）	中聲唱片 CS 10～14, 571～575	新世界陳俊然 編導指揮
1965	韓信操兵 （全套 20 張）	中聲唱片	新世界陳俊然 編導指揮
1966	六合血染風波城 （全套 36 張）	電塔唱片 TW 布 1～36	眞五洲黃俊雄 編導指揮
1966	薛仁貴征東 （全套 8 張）	中聲唱片 CS-271～273，276～280	新世界陳俊然 編導指揮
1966	薛剛反唐（鬧花燈） （全套 4 張）	中聲唱片 CS-538～541	新世界陳俊然 編導指揮
1966	蒙面怪俠紅黑巾 （全套 9 片）	鈴鈴唱片 FL1078～1186	五洲園二團黃俊卿 編導指揮
1966	梁山一百零八俠 （全套 8 張）	中聲唱片 CS547～549, 596～600	新世界陳俊然 編導指揮
1967	卜世先生 （全套 8 張）	惠美唱片 ANL2422～2426	關廟玉泉閣二團 黃秋藤編導指揮
1960s	朱素貞巡案 （全套 18 張）	惠美唱片	關廟玉泉閣二團 黃秋藤編導指揮
1960s	三雄二俠女 （全套 18 張）	惠美唱片 ANL2411～2416	關廟玉泉閣二團 黃秋藤編導指揮
1960s	劉伯溫奇傳 （全套 4 張）	惠美唱片	關廟玉泉閣二團 黃秋藤編導指揮

年　代	劇　　　名	出　版／編　號	劇　團／主　演
1967	怪俠金虎兒 （全套 5 張）	中聲唱片	新世界陳俊然 編導指揮
1968	六合三秘魂斷血海人頭橋 （全套 20 張）	電塔唱片 TW 布 91～110	眞五洲黃俊雄 編導指揮
1968	劉備招親 （全套 3 張）	中聲唱片 CS110～112	新世界陳俊然 編導指揮
1968	孔明借箭（火燒連環船） （全套 4 張）	中聲唱片 CS175～178	新世界陳俊然 編導指揮
1968	劉備三請孔明（三國誌） （全套 4 張）	中聲唱片 CS267～270	新世界陳俊然 編導指揮
1968	萬花樓 （全套 4 張）	中聲唱片 CS591～594	新世界陳俊然 編導指揮
1968	郭子儀（五虎戰青龍） （全套 5 張）	中聲唱片 CS621～625	新世界陳俊然 編導指揮
1968	三國演義 （全套 10 張）	三洋唱片 SAL7007～7016	新港寶五洲鄭壹雄 編導指揮
1969	屯土山關公約三事（三國 誌）（全套 4 張）	中聲唱片 CS154～157	新世界陳俊然 編導指揮
1969	南俠（沒價值的老人） （全套 75 張）	中聲唱片 CS611～685	新世界陳俊然 編導指揮
1970	流星人血戰死刑島 （全套 30 張）	電塔唱片 TW 布 51～85	眞五洲黃俊雄 編導指揮
1970	過五關斬六將（三國誌） （全套 4 張）	中聲唱片 CS163～166	新世界陳俊然 編導指揮
1970	南俠續集（陸海空三界人王 英雄生宇宙第一美男子血 戰千面狐狸）（全套 24 張）	中聲唱片	新世界陳俊然 編導指揮
1970	江湖八大俠 （全套 3 張）	國賓唱片 KP3045～3047	新世界陳俊然 編導指揮
1970	方世玉打雷 （全套 3 張）	國賓唱片 KP3048～3050	新世界陳俊然 編導指揮
1970	天寶圖 （全套 6 張）	國賓唱片 KP3054～3059	新世界陳俊然 編導指揮
1970	五龍十八俠〈第一集〉 （全套 3 張）	國賓唱片 KP 3051～3053	新世界陳俊然 編導指揮

年　代	劇　名	出　版／編　號	劇　團／主　演
1977～ 1979	六合魂斷雷音谷 （全套 12 張）	金燕唱片 LPL7001～7006,7013～7018	黃俊雄電視木偶劇 團編導指揮
1979	三國演義（孔明借箭） （全套 3 張）	金燕唱片 LPL7010～7012	新世界陳俊然 編導指揮
1979	孝子復仇記 （全套 3 張）	金燕唱片 LPL7019～7021	新世界陳俊然 編導指揮
1978	三國演義（趙子龍救主） （全套 3 張）	金燕唱片 LPL7007～7009	新世界陳俊然 編導指揮
1979	南俠血戰一代妖后〈第一 集〉（全套 1 張）	虎威唱片	新世界陳俊然 編導指揮
1979	南俠血戰一代妖后〈第二、 三集〉（全套 6 張）	大金門唱片	新世界陳俊然 編導指揮
1979	五龍十八俠〈第二集〉 乾隆君下江南（全套 3 張）	大金門唱片	新世界陳俊然 編導指揮

布袋戲唱片對於研究有相當的幫助，特別是早期有聲出版品都有標示出版年代，而無法看到唱片紀年者，也可以大略推測出年代。其次，不同於手抄本（manuscript texts），或口述本，大都只限於故事提要而已，這些有聲出版品，都已經是完整的演出版本。完整的表演版本，可以讓我們對於實際表演的風格有更清楚的認識。

當年灌錄唱片幾個重要的布袋戲師傅，幾乎都是在當年臺灣各地戲園演出的著名掌中劇團，包括五洲園二團黃俊卿、新世界掌中班陳俊然、眞五洲掌中班黃俊雄、關廟玉泉閣二團黃秋藤、新港寶五洲掌中班鄭壹雄等。因年代久遠，這些唱片原被論斤論兩當作塑膠廢棄物回收，而近年來隨著臺灣意識的抬頭，本土唱片有時被當作古董一般，成爲臺灣各城市的跳蚤市場的寵物，收集起來更困難。限於時間與財力，即使再努力收集，也不可能全部擁有這些出版品。不過現存較常見的唱片，大多是發行比較普遍，或後來被重新製作成錄音帶形式販售的文本，由此也可以很清楚地瞭解當年布袋戲的流行風貌。

（二）錄音帶

臺灣布袋戲有聲資料發行的第二階段，就是 1970 年代之後以錄音帶的形式發行。錄音帶布袋戲的發行影響最爲深遠，由於體積小，攜帶方便，在錄

音機技術成熟之後，相當程度取代了唱片的發行。許多原本以唱片形式的出版品，在這個階段又轉換成錄音帶的面貌重新發行，尤其是新世界掌中班陳俊然、五洲園二團黃俊卿所灌錄的布袋戲。

隨著廣播電臺播放布袋戲的風行，某些具盛名的掌中班也灌錄專供電臺使用的錄音，大多是專業的盤式錄音帶（Open-reel），近年來則轉拷貝為 MD（Mini Disc Recordable）形式。這些廣播布袋戲文本，一般並未正式對外發行。這些看不見舞臺視覺效果的廣播布袋戲，結合了講古與豐富的戲劇口白表達技術，而發展出獨特的聽覺藝術。廣播布袋戲，可以說見證了 1960、1970 年代臺灣農村生活轉型之下特殊的文化產物。

1980 年代後期的臺灣，民間戲劇表演環境的激烈變化，酬神祭祀演出的「神明戲」削價競爭的惡性循環之下，開始出現錄音班的布袋戲團。特別是原本不是布袋戲出身，在廟會兼放電影的人，應爐主要求演布袋戲，於是專門為他們所設計的布袋戲錄音帶出現。再者，微薄的酬勞使得劇團人數銳減，只剩兩三人，甚至僅有一人操縱木偶，而無法顧及口白與配樂。在此情況之下，專業錄音室聘請口白相當不錯的布袋戲師傅灌錄錄音戲班使用的文本，似乎成為無法阻擋的趨勢。這些卡式錄音帶（Sound cassette）資料，為我們保存相當寶貴的布袋戲有聲資料。

年　代	劇　　名	出　　版	劇團／主演
1970s	西岐封神榜 （全套 12 捲）	杏聲唱片公司	關廟玉泉閣黃順興主演
1970s	黃巢試寶劍 （全套 12 捲）	杏聲唱片公司	關廟玉泉閣黃順興主演
1970s	大唐五虎將 （全套 12 捲）	杏聲唱片公司	電臺布袋戲鄭壹雄主演
1970s	十八瓦崗 （11 小時）	專業布袋戲錄音	社頭吳汝崧灌錄
1980s	五虎戰青龍 （80 小時）	廣播電臺錄音	臺南鄭壹雄灌錄
1980s	少林英雄傳 （120 小時）	廣播電臺錄音	臺南鄭壹雄灌錄
1980s	南北風雲仇 （220 小時）	廣播電臺錄音	臺南鄭壹雄灌錄

年　代	劇　名	出　版	劇團／主演
1980s	武林三奇 （約 200 小時）	廣播電臺錄音	臺南鄭壹雄灌錄
1980s	三國演義 （7.5 小時）	現場演出錄音	四湖呂明國主演
1986	萬花樓 （14 小時）	專業布袋戲錄音	斗六黑鷹柳國明灌錄
1986	陳靖姑收妖 （10 小時）	專業布袋戲錄音	斗六黑鷹柳國明灌錄
1987	三國演義 （22 小時）	專業布袋戲錄音	斗六黑鷹柳國明灌錄
1988	忠孝圖（女巡按） （1.5 小時）	現場演出錄音	關廟美玉泉黃順仁主演 地點臺北大龍峒老師府
1989	南俠翻山虎 （200 小時）	廣播電臺錄音	鳥人陳山林灌錄
1990	雲州大儒俠 （1.5 小時）	現場演出錄音	虎尾五洲園黃海岱主演 地點臺灣大學校門口
1991	史豔文重現江湖 （1.5 小時）	現場演出錄音	虎尾五洲園黃海岱主演 地點臺北青年公園
1994	天寶圖 （21 小時）	專業布袋戲錄音	張俊郎灌錄
1995	乾隆君第三次下江南 （1 小時）	現場演出錄音	五洲眞正園王景祥主演
1997	國際流氓 （1 小時）	現場演出錄音	鳥日日日大掌中劇團張 慶隆和美子龍宮主演
1999	西漢演義 （12 小時）	專業布袋戲錄音	斗六新世界張益昌灌錄
1999	西漢演義 （20 小時）	專業布袋戲錄音	斗六新世界張益昌灌錄
1999	紅黑巾大決鬥 （20 小時）	文建會傳統藝術中心籌 備處「保存布袋戲的聲 音」	大臺員劉祥瑞灌錄
1990s	紅黑巾 （約 80 小時）	廣播電臺錄音	黑人陳山林灌錄
1990s	眞假新郎 （2 小時）	專業布袋戲錄音	臺中蔡坤仁灌錄

年　代	劇　名	出　版	劇團／主演
1990s	斬趙王 （2 小時）	專業布袋戲錄音	臺中蔡坤仁灌錄
1990s	三軍會 （2 小時）	專業布袋戲錄音	大西洋林金助灌錄
1990s	狗母記 （2 小時）	專業布袋戲錄音	社頭蕭添鎮灌錄
1990s	俠義英雄傳 （10 小時）	專業布袋戲錄音	社頭蕭添鎮灌錄
1990s	武童劍俠 （20 小時）	專業布袋戲錄音	五洲眞正園廖昆章主演
1990s	白蓮劍 （20 小時）	專業布袋戲錄音	斗六黑鷹柳國明灌錄
1990s	月唐演義：五虎戰青龍 （10 小時）	專業布袋戲錄音	斗六黑鷹柳國明灌錄
1990s	西漢演義 （10 小時）	專業布袋戲錄音	斗六黑鷹柳國明灌錄
1990s	水滸傳 （10 小時）	專業布袋戲錄音	斗六黑鷹柳國明灌錄
1990s	薛仁貴征東 （14 小時）	專業布袋戲錄音	斗六黑鷹柳國明灌錄
1990s	羅通掃北 （6 小時）	專業布袋戲錄音	斗六黑鷹柳國明灌錄
1990s	百草翁 （0.5 小時）	現場演出錄音	員林大臺員劉祥瑞灌錄
1990s	小顏回 （12 小時）	現場演出錄音	高雄錦五洲蘇志榮灌錄
1990s	忘恩背義 （2 小時）	專業布袋戲錄音	臺中蔡坤仁灌錄
2001	孝子復仇記 （9 小時）	教育部「聲聲相傳」 計畫	大臺員劉祥瑞掌中劇團 灌錄
2001	史豔文與女神龍 （4 小時）	現場演出錄音	臺南市府前路外臺 黃俊雄演出
2003	孫臏鬥龐涓 （10 小時）	專業布袋戲錄音	員林江黑番灌錄

年　代	劇　名	出　版	劇團／主演
2003	鄭成功打臺灣 （10 小時）	專業布袋戲錄音	斗六黑鷹柳國明灌錄
2004	南俠翻山虎 （100 小時）	廣播電臺錄音	斗六黑鷹柳國明灌錄
2004	史豔文與女神龍 （1.5 小時）	現場演出錄音	高雄市總統就職外臺 黃俊雄演出
2005	女神龍與史豔文 （1.5 小時）	現場演出錄音	宜蘭五結傳統藝術中心 黃俊雄演出

二、影音資料

　　另一個不可忽略的時代趨勢，就是影音資料的出現。1980 年代末期電視布袋戲播出與錄影帶的發行。1983 年黃文擇的布袋戲《苦海女神龍》在中國電視公司首次播出，次年在《七彩霹靂門》之後，開始一連串以「霹靂」為名的布袋戲。1985 年他們開始進軍布袋戲錄影帶市場，由黃俊雄創辦的「美地塢製片場」錄影，以「黃俊雄錄影帶節目製作公司」之名對外發行。1992 年之後，黃文擇、黃強華兄弟創立「大霹靂節目錄製有限公司」錄製發行。後期的有聲出版品則採取編劇群的型態〔註5〕，先有劇本而後進行口白灌錄，這些就不列入本文的討論範圍。早年錄影帶資料，多虧一些布袋戲迷的熱心保存，才得以重新看到。近年來，文建會傳藝中心曾做過許王、黃海岱、鍾任壁等重要藝人的經典劇集錄製，及幾次布袋戲外臺的匯演。這些影音紀錄，對藝師本身而言，是保存自身技藝的真實紀錄，對研究者而言，影音資料可以超越時空，讓布袋戲技藝可以得到客觀的評價，甚至是「評論藝師地位的重要憑證」（林鋒雄，1999：22）。

年代	劇　名	出　版	口白灌錄
1983	雲州大儒俠史豔文 （12 小時）	中視文化公司出品	黃俊郎灌錄

〔註 5〕現在霹靂採用大學畢業、高學歷的編劇群制度，到底從什麼時候開始，似乎不容易講出個明確的答案。據筆者查證早期錄影帶片頭的演職員表發現：從 1988、89 年左右的《霹靂孔雀令》開始，聘請專門撰寫劇本對白的編劇，最早加入的只有楊月卿，後來更成立編制龐大的編劇群。這樣的創作方法，已經使布袋戲的口頭表演產生「質」的變化，相關的分析請參見本論文第三章的分析。

年代	劇　名	出　版	口白灌錄
1985	六合傳 （13 小時）	華視股份公司出品	黃文耀灌錄
1988	神童 （10 小時）	華視股份公司出品	黃文耀灌錄
1983	苦海女神龍 （15 小時）	中視文化公司出品	黃文擇灌錄
1985	霹靂城 （8 集）	美地塢製片場錄製	1～4 集黃俊雄灌錄； 5～8 集黃文擇灌錄
1985	霹靂神兵 （8 集）	美地塢製片場錄製	黃文擇灌錄
1986	霹靂金榜 （8 集）	美地塢製片場錄製	黃文擇灌錄
1986	霹靂震九霄 （8 集）	美地塢製片場錄製	黃俊雄灌錄
1986	霹靂戰將 （8 集）	美地塢製片場錄製	黃文擇灌錄
1986	霹靂金光 （8 集）	美地塢製片場錄製	黃文擇灌錄
1987	霹靂眼 （20 集）	美地塢製片場錄製	黃文擇灌錄
1987	霹靂至尊 （16 集）	美地塢電視廣播節目錄製有限公司錄製	黃文擇灌錄
1988	劈山救母 （約 1.5 小時）	臺灣地區傀儡戲、布袋戲、皮影戲綜合蒐集整理計畫	李天祿主演
1997	一門三及第 （約 1.5 小時）	文建會傳統藝術中心新興閣——鍾任壁技藝保存計畫	新興閣鍾任壁主演
1997	牛頭山 （約 1.5 小時）	文建會傳統藝術中心小西園——許王技藝保存計畫	小西園許王主演
1997	白馬坡 （約 1.5 小時）	文建會傳統藝術中心小西園——許王技藝保存計畫	小西園許王主演
1997	晉陽宮 （約 1.5 小時）	文建會傳統藝術中心小西園——許王技藝保存計畫	小西園許王主演
1997	倒銅旗 （約 1 小時）	文建會傳統藝術中心五洲園——黃海岱技藝保存計畫	五洲園黃海岱主演

年代	劇　名	出　版	口白灌錄
1997	包公傳 （約 1.5 小時）	文建會傳統藝術中心五洲園 ——黃海岱技藝保存計畫	五洲園黃海岱主演
1997	西遊記 （約 1.5 小時）	文建會傳統藝術中心五洲園 ——黃海岱技藝保存計畫	五洲園黃海岱主演
1997	金臺傳 （約 1.5 小時）	文建會傳統藝術中心五洲園 ——黃海岱技藝保存計畫	五洲園黃海岱主演
1997	濟公傳 （約 1.5 小時）	文建會傳統藝術中心五洲園 ——黃海岱技藝保存計畫	五洲園黃海岱主演
1998	蕭保童白蓮劍之月 臺夢（上） （約 1.5 小時）	文建會傳統藝術中心新興閣 ——鍾任壁技藝保存計畫	新興閣鍾任壁主演
1998	蕭保童白蓮劍之月 臺夢（中） （約 1.5 小時）	文建會傳統藝術中心新興閣 ——鍾任壁技藝保存計畫	新興閣鍾任壁主演
1998	蕭保童白蓮劍之月 臺夢（下） （約 1.5 小時）	文建會傳統藝術中心新興閣 ——鍾任壁技藝保存計畫	新興閣鍾任壁主演
1998	大破南陽關 （約 1.5 小時）	文建會傳統藝術中心新興閣 ——鍾任壁技藝保存計畫	新興閣鍾任壁主演
1998	節義雙團圓 （約 1.5 小時）	文建會傳統藝術中心新興閣 ——鍾任壁技藝保存計畫	新興閣鍾任壁主演
1998	南陽關 （約 1.5 小時）	文建會傳統藝術中心小西園 ——許王技藝保存計畫	小西園許王主演
1998	天水關 （約 1.5 小時）	文建會傳統藝術中心小西園 ——許王技藝保存計畫	小西園許王主演
1998	蕭和月下追韓信 （約 1 小時）	文建會傳統藝術中心小西園 ——許王技藝保存計畫	小西園許王主演
1998	紅霓關 （約 1.5 小時）	文建會傳統藝術中心小西園 ——許王技藝保存計畫	小西園許王主演
1998	審葉阡 （約 1.5 小時）	文建會傳統藝術中心小西園 ——許王技藝保存計畫	小西園許王主演

年代	劇　名	出　版	口白灌錄
1998	大唐演義—郭子儀探地穴（約 1.5 小時）	文建會傳統藝術中心五洲園——黃海岱技藝保存計畫	五洲園黃海岱主演
1998	施公傳—施公大破洞庭湖（約 1.5 小時）	文建會傳統藝術中心五洲園——黃海岱技藝保存計畫	五洲園黃海岱主演
1998	二才子—大鬧養閒堂孝子救父（約 1.5 小時）	文建會傳統藝術中心五洲園——黃海岱技藝保存計畫	五洲園黃海岱主演
1998	史豔文—遼東充軍（約 1.5 小時）	文建會傳統藝術中心五洲園——黃海岱技藝保存計畫	五洲園黃海岱主演
1999	西遊記—火雲洞（約 1 小時）	文建會傳統藝術中心新興閣——鍾任壁技藝保存計畫	新興閣鍾任壁主演
1999	孝子復仇記（上）（約 1.5 小時）	文建會傳統藝術中心新興閣——鍾任壁技藝保存計畫	新興閣鍾任壁主演
1999	孝子復仇記（下）（約 1.5 小時）	文建會傳統藝術中心新興閣——鍾任壁技藝保存計畫	新興閣鍾任壁主演
1999	蕭保童白蓮劍之白蓮劍與斷仙刀（上）白蓮劍與斷仙刀（約 1 小時）	文建會傳統藝術中心新興閣——鍾任壁技藝保存計畫	新興閣鍾任壁主演
1999	蕭保童白蓮劍之白蓮劍與斷仙刀（中）鴛鴦會劍（約 1 小時）	文建會傳統藝術中心新興閣——鍾任壁技藝保存計畫	新興閣鍾任壁主演
1999	蕭保童白蓮劍之白蓮劍與斷仙刀（下）忠義得二寶（約 1.5 小時）	文建會傳統藝術中心新興閣——鍾任壁技藝保存計畫	新興閣鍾任壁主演
1999	二才子（約 1.5 小時）	文建會傳統藝術中心小西園——許王技藝保存計畫	小西園許王主演
1999	神眼劫（約 1.5 小時）	文建會傳統藝術中心小西園——許王技藝保存計畫	小西園許王主演
1999	四明山劫駕（約 1.5 小時）	文建會傳統藝術中心小西園——許王技藝保存計畫	小西園許王主演

年代	劇　名	出　版	口白灌錄
1999	鄭和下西洋（約 1.5 小時）	文建會傳統藝術中心小西園——許王技藝保存計畫	小西園許王主演
1999	大唐五虎將郭子儀（約 1.5 小時）	文建會傳統藝術中心五洲園——黃海岱技藝保存計畫	五洲園黃海岱主演
1999	武童劍俠（約 1.5 小時）	文建會傳統藝術中心五洲園——黃海岱技藝保存計畫	五洲園黃海岱主演
1999	五美六俠（約 1.5 小時）	文建會傳統藝術中心五洲園——黃海岱技藝保存計畫	五洲園黃海岱主演
1999	孤星劍（約 1.5 小時）	文建會傳統藝術中心五洲園——黃海岱技藝保存計畫	五洲園黃海岱主演
1999	荒山劍俠（約 1.5 小時）	文建會傳統藝術中心五洲園——黃海岱技藝保存計畫	五洲園黃海岱主演
2001	鄭和下西洋（約 1.5 小時）	文建會傳統藝術中心屏東縣祝安、全樂閣、復興社劇團承傳體系與技藝保存計畫	祝安陳正義主演
2001	岳飛傳之潞安州（約 1.5 小時）	文建會傳統藝術中心屏東縣祝安、全樂閣、復興社劇團承傳體系與技藝保存計畫	祝安陳正義主演
2001	月唐演義（約 1.5 小時）	文建會傳統藝術中心屏東縣祝安、全樂閣、復興社劇團承傳體系與技藝保存計畫	新復興陳雲鶴主演
2001	三雄二俠女之緣訂桃花嶺（約 1.5 小時）	文建會傳統藝術中心屏東縣祝安、全樂閣、復興社劇團承傳體系與技藝保存計畫	新復興陳雲鶴主演
2001	七子十三生（約 1.5 小時）	文建會傳統藝術中心屏東縣祝安、全樂閣、復興社劇團承傳體系與技藝保存計畫	明興閣蘇俊榮主演
2001	南俠翻山虎：天劍門（約 1.5 小時）	文建會 2001 外臺匯演	彰化南北戲曲館戶外廣場嘉義新世界劇團洪國楨
2001	大鬧水晶宮（約 1.5 小時）	文建會 2001 外臺匯演	彰化南北戲曲館戶外廣場臺北亦宛然掌中劇團
2001	悟空三鬧（約 1.5 小時）	文建會 2001 外臺匯演	彰化南北戲曲館戶外廣場臺北小西園掌中劇團

年代	劇　名	出　版	口白灌錄
2001	大俠百草翁：八卦千刀樓（約 1.5 小時）	文建會 2001 外臺匯演	彰化南北戲曲館戶外廣場大臺員劉祥瑞掌中劇團
2001	楊本縣過臺灣：十八盒籃（約 1.5 小時）	文建會 2001 外臺匯演	彰化南北戲曲館戶外廣場南投賜美樓掌中劇團
2001	玉筆鈴聲一生傳（約 1.5 小時）	文建會 2001 外臺匯演	彰化南北戲曲館戶外廣場林園國興閣掌中劇團
2001	孫臏下山：七國軍師（約 1.5 小時）	文建會 2001 外臺匯演	彰化南北戲曲館戶外廣場臺中聲五洲掌中劇團
2001	大戰南陽關（約 1.5 小時）	文建會 2001 外臺匯演	彰化南北戲曲館戶外廣場臺北新興閣掌中劇團
2001	三國演義：長阪坡救主（約 1.5 小時）	文建會 2001 外臺匯演	彰化南北戲曲館戶外廣場潮州明興閣掌中劇團
2001	五爪金鷹一生傳（約 1.5 小時）	文建會 2001 外臺匯演	彰化南北戲曲館戶外廣場崙背隆興閣掌中劇團
2002	五爪金鷹一生傳（約 1.5 小時）	文建會 2002 外臺匯演	宜蘭傳統藝術中心園區崙背隆興閣掌中劇團
2002	靈蛇奇緣之水漫金山（約 1.5 小時）	文建會 2002 外臺匯演	宜蘭傳統藝術中心園區臺北小西園掌中劇團
2002	白蛇傳（約 1.5 小時）	文建會 2002 外臺匯演	宜蘭傳統藝術中心園區臺北亦宛然掌中劇團
2002	假按君復國（約 1.5 小時）	文建會 2002 外臺匯演	宜蘭傳統藝術中心園區吳萬響掌中劇團
2002	三節義文武雙狀元（約 1.5 小時）	文建會 2002 外臺匯演	宜蘭傳統藝術中心園區錦龍園掌中劇團
2002	臺灣民間故事：日月潭神木白茄苳（約 1.5 小時）	文建會 2002 外臺匯演	宜蘭傳統藝術中心園區臺北眞快樂掌中劇團
2002	鶴驚崑崙（約 1.5 小時）	文建會 2002 外臺匯演	宜蘭傳統藝術中心園區新快樂第三團掌中劇團
2002	金牌殺手大車拼（約 1.5 小時）	文建會 2002 外臺匯演	宜蘭傳統藝術中心園區阿忠藝合團
2002	萬點紅（約 1.5 小時）	文建會 2002 外臺匯演	宜蘭傳統藝術中心園區二崙廖文和掌中劇團

年代	劇　名	出　版	口白灌錄
2002	西遊記：孫悟空大鬧天宮（約 1.5 小時）	文建會 2002 外臺匯演	宜蘭傳統藝術中心園區潮洲明興閣掌中劇團
2003	臺灣傳奇人物義俠廖添丁（約 1.5 小時）	文建會 2003 外臺匯演	淡水金色海岸水上舞臺臺中聲五洲掌中劇團
2003	拘仙塔風雲（約 1.5 小時）	文建會 2003 外臺匯演	淡水金色海岸水上舞臺二崙廖文和掌中劇團
2003	八仙鬧東海（約 1.5 小時）	文建會 2003 外臺匯演	淡水金色海岸水上舞臺潮洲明興閣掌中劇團
2003	馬克・波羅（約 1.5 小時）	文建會 2003 外臺匯演	淡水金色海岸水上舞臺臺原偶戲團
2003	西漢演義（約 1.5 小時）	文建會 2003 外臺匯演	淡水金色海岸水上舞臺斗六新世界掌中劇團
2003	岳飛傳：岳家軍勇戰牛頭山（約 1.5 小時）	文建會 2003 外臺匯演	淡水金色海岸水上舞臺臺北新快樂掌中劇團
2003	臺灣民間故事：照鏡山日落梳妝（約 1.5 小時）	文建會 2003 外臺匯演	淡水金色海岸水上舞臺臺北眞快樂掌中劇團
2003	魚藏劍（約 1.5 小時）	文建會 2003 外臺匯演	淡水金色海岸水上舞臺臺北小西園掌中劇團
2003	五爪金鷹系列：雙珠恩仇記（約 1.5 小時）	文建會 2003 外臺匯演	淡水金色海岸水上舞臺崙背隆興閣掌中劇團
2003	猴王首部曲：如意金箍棒（約 1.5 小時）	文建會 2003 外臺匯演	淡水金色海岸水上舞臺臺北亦宛然掌中劇團

第四節　研究方法

　　首先我們將討論口頭傳統（oral tradition）的研究成果，思考套語的基礎結構的固定與變異。其次，既然研究口頭文學，那麼將布袋戲放在語言學的理論框架來觀察，尤其以社會語言學所說的言語社群（speech community）來思考，言語表演（performance）如何吸收非臺語的元素，融合爲一個活跳跳

的語言。這些反省，對於我們瞭解布袋戲的即興表演（improvisation）有所啓發。

一、口頭傳統的相關理論

一般而言，「文學」的英文 literature，或法文 *littérature*，從詞源學來看，字根來自拉丁文 *littera*，即法文的「字母」（*lettre*），指來自「書寫」的概念。而口頭文學，無論是英文的 oral literature，或法文 *littérature orale*，泛指口頭表達的語言藝術。依照法國美學學者蘇侯（Étienne Souriau, 1892～1979）的看法，口頭文學又可分爲三種，包括口頭溝通文學（*littérature de communication orale*）、口頭傳承文學（*littérature de transmission orale*）、口頭創作文學（*littérature de composition orale*）等（Souriau，1990：1091）。

許多研究民間文學、中世紀文學的前瞻性的理論將這些觀念融爲一爐。1930年代帕里從希臘史詩「荷馬問題」出發。帕里認爲從古代史詩文本分析發現許多固定的套語，特別是史詩再三重複出現的常用片語、慣用場景，及描述宴飲、集會或哀悼的敘述範型（narrative patterns）。史詩既然是可以演唱的形式，因此應該要回到口頭傳統來研究，而不能侷限於書面文學的研究。1950 年代哈佛大學的洛德（Albert Lord, 1912～1991）深入南斯拉夫從事史詩的田野調查之後，進一步加深帕里的理論，而逐漸形成一股學術潮流。1974 年筆名楊牧的詩人王靖獻，他運用洛德「口頭套語創作」（oral-formulaic composition）的理論來分析《詩經》，他發現《詩經》重複出現的套語和主題，說明了詩人即興的創作過程。主題引導詩人在極短的時間內公開完成創作，不僅喚起觀眾的「情境反應」，而且也是詩人的記憶術（Wang，1974：22）。此外，密蘇里大學的弗里（John Miles Foley）在 1986 年創辦學術刊物《口頭傳統》以分享研究成果（Foley，1988）。從二十世紀興起的口頭文學研究成果，我們可分析出四層意義：

（一）作為與公眾接觸的模式

這種文學形式的文本，可能從未被書寫下來，因而欣賞與溝通的方式，當然不同於詩人創作的書面詩歌。在這層意義的口頭文學，說話者在公開的場合出席，運用活生生的語言與觀眾接觸。它透過口頭-聽覺來完成，並不留下太多思考的空間，言詞的意義與情感非常立即迅速傳達給觀眾。表演文本在口頭創作的現場完成，並通過聽覺的管道來傳播。從這層意義來看，表演者同時是創作者、歌手、詩人，是一人身兼數職的。口頭傳統的生活模式，是一種公眾的與具體化

的生活，人們比較重視外在事物的具體描述而非內心的抽象思維。而人與人的意思溝通只存在於聲音當中，沒有所謂用看的「文本」，於是聲音的各種特性與現象便深入到人們的週遭生活當中。這當然連帶影響到人們內心的重要感受。重新將史詩放回口頭傳統來研究，應該有別於文人內觀自省的文學觀點。

（二）作為文學承傳的過程

原始的口頭表演若寫成文字，可以化為物質歷經不同時代承傳下去；而經由活生生的聲音來承傳的文本，只能依賴記憶與口耳相傳。為幫助記憶，整體的結構、穩定的連慣性、儀式套語的循環、聲響韻律等形式扮演相當重要的角色。口頭創作與書面創作存在極大差異的作品形式，不可以簡單地套用文人書面作品的研究方法。特別是口傳文學，並不追求我們所謂的「獨創性」或「新穎」，觀眾也不會這樣要求。我們千萬不可忽略其特殊性，以免得出似是而非的結論。這也是為何麼口耳相傳的民間文學能夠反映一個時代的風俗習慣，或一群人的心靈結構的原因。如學者的研究指出的，民間文學有三個主要特徵，即口頭性（口傳性）、變異性及集體性（胡萬川，2001：1）。

（三）作為一種創作的過程

在這層意義的口頭文學，意味著口說的創作（composer en parlant），而不是以書寫的方式。口說的方式可以飛快地表達完整的想法，而不必受到書寫的延遲或打斷。口頭文學存在套語，本身具有重複性、穩定性的詞組。一個經過歷代民間藝人千錘百鍊的口頭表演藝術傳統，一定是許多層面都高度套語化。這種現象與其說是為了聽眾，不如說是為了創作者，使他在現場表演的壓力之下，仍可以快速、流暢地敘述。所謂套語，即一種讓表演者容易記憶、讓聽眾產生強烈印象的說話方式。由於聲音是動態的，而不是完全的靜態，因此，如何去捕捉聲音瞬間的動態，對生活在口說傳統的人們而言，是一件很重要的事：無論對方是說者還是聽者。特別是即興創作的能力，可能必須奠基在這些固定的套語之上，在該傳統允許的範圍內作有限度的變化。口頭文學的傳播過程，是創作者的文本（text），及文本之外的語境（context）共同創作的意義。藝人與聽眾的互相作用，屬於共時性的（synchronic）關係，他們共同生活在特定的傳統當中，共享共同的知識、社會、文化。

（四）作為錄製的作品

隨著二十世紀現代科技的發達，書寫與口頭之間已經有錄音技術的介

入。在這層技術層面的口頭文學，意味著一種表演的聲音（*le son en acte*），創作者與觀眾可能缺乏直接的接觸。然而近代的研究逐漸認為：口頭文學與書面文學之間，並不一定存在無法逾越的鴻溝。它們之間存在著系譜（genealogy）的關係，在系譜的兩端是純粹的文人書面創作，及文盲藝人的口頭創作，兩端中央還有大量的過渡型態。在我們所蒐集的布袋影音錄製資料，其創作過程各有不同，來自實際演出的紀錄，也有學者參與的布袋戲經典戲齣的錄製計畫。

從以上四種觀點來看布袋戲的現場表演，應該不屬於文學承傳的過程，不屬於「口傳文學」，而是屬於其他三種型態的口頭文學。布袋戲與公眾直接接觸的模式，透過口頭──聽覺來完成，並沒有給觀眾留下太多思考的空間，言詞的意義與情感非常立即迅速傳達過來。它是一種口頭的創作的過程，可以飛快地表達完整的想法，而不必受到書寫的延遲或打斷。因此它經常借用具有重複性、穩定性詞組的套語。重要的是表演者本身必須具備即興創作的能力，以隨時維持觀眾的新鮮感。最後，拜現代科技之賜，布袋戲以影音複製的型態保留下，成為相當珍貴的文化資產。現場的表演錄音，與錄音室錄音還是有些差異，重要的差別在於錄音室的作品，如果不滿意還可以重來一次，而現場表演必須憑藉著主演本身高超的記憶術，及現場指揮調度的能力搭配。早期「三家電視臺」時代的電視布袋戲，實際上大都屬於現場實況轉播的方式，雖然需要劇團不斷排練與工作默契的配合，偶而還會有穿幫的問題，這種情況一直演變到布袋戲團自行成立攝影棚才解決。近年來的發展卻是先由一批編劇群寫好劇本，主演在錄音室中憑藉著完整的文字劇本錄製。這樣的表演文本，往往受制於華語書寫的劇本，原則上不在本書的討論範圍。這些書面文本往往主導實際的口頭表演，主演者受制於華語的文本，再重新以臺語來進行口白的錄製，往往造成語言轉換的錯換或語法的干擾。

本書將研究重心放在布袋戲有聲資料轉錄的「演出本」，筆者深信這樣的口頭紀錄的研究，不僅可以讓各界人士更瞭解民間藝術的具體內容，從而樹立藝術評價的標準，也可提供傳統戲曲傳承的可靠文化資產。透過演出的影音資料，重新整理出「演出本」，其意義相當不同於「口述本〔註6〕」。

〔註 6〕 「演出本」與「口述本」兩者間的差別，就在於「口述本」是透過藝師的口述，再將劇本整理出來，與實際演出有所差距，一旦臨場演出時必須更改言詞，而造成無法實際演出的窘境；透過實際演出整理的「演出本」，則完全符合舞臺語言，不需要任何修改就可據以演出（林鋒雄，1999：23）。

二、語言學的理論

　　布袋戲的言語表演本身是相當可愛的，它豐富了表演的內涵，甚至成為眾所關注的焦點。如著名的甘草人物「二齒」，其特殊的生理構造而產生的口語「哈麥」，在當年曾經引起觀眾的模仿，甚至引發教育當局關切的壓力。言語表演的活潑特質，可能是布袋戲能夠面對這麼惡劣的環境，仍能夠存活下來的原因。民間藝術家有自由暢所欲言的權利，他們活潑生動的言語活動，自然展現這種「活跳跳嬌噹噹」的母語文化。在田野調查中所發現的新出土的布袋戲唱片，及拜現代科技之賜的錄音、錄影資料，可以讓我們對於布袋戲更深一層的認識。

　　既然我們將布袋戲的表演，放在口頭文學的思想架構底下討論，那麼與語言學（Linguistics）相關的理論，可以幫助我們釐清許多問題。以下介紹相關的語言學觀點，如言語／語言的關係、歷時／共時的觀點、言語的創作性、語言的社會性等：

（一）言語／語言的關係

　　言語（speech；*parole*）、語言（language；*langue*）、語言系統（language system；*langage*），這組詞彙所構成觀念是索緒爾所發展出來的。

　　索緒爾的語言學概念，不只是侷限在物理聲音的研究，而是強調與相關學科的合作，包括社會學、心理學等跨學科的研究。因此在他所認知的語言現象至少有了層面，一者是耳朵聽到的音響印象，另一層面是跟社會有關的，因為單純的物理音響，並不足以構成傳達信息的任務，而必須跟觀念（concept）結合在一起，才能構成生理——心理的複合單位。

　　其次，他認為言語活動（*langage*），不只有個人的層面，還有其社會性的層面。屬於個人層面的，稱為言語（*parole*），而屬於社會層面的，則稱為語言（*langue*）。這兩種不同層面的語言學，不能混為一談。語言的語言學，實質上屬於社會的，不依賴個人的言語作為研究對象，這種研究純粹是心理的。而言語的語言學，以個人的言語活動作為研究對象，包括其發音（phonation）的特色等，這種研究是屬於心理——物理的。其實，這兩個對象是緊密相連，而且互為前提，他說（索緒爾，1985：28；Saussure，1985：37）：

　　　　要使言語為人所理解，並產生它的一切效果，必須有語言；但是要
　　　　使語言能夠建立，也必須有言語。從歷史上看，言語的事實總是在

前的。(--) 由此可見，語言和言語是相互依存的；語言既是言語的工具，又是言語的產物。但是這一切並不妨礙它們是兩種絕對不同的東西。

索緒爾的語言／言語的觀點，讓我們瞭解語言不僅有個人的層面，也有社會的層面。布袋戲主演的口頭表演當然也如此，他們有個人生理上發音的特色，也有社會性的腔調特色。他們可以憑著個人意志，模仿別人的言語。這一切訴諸現場觀眾耳朵理解的表演，與各地區觀眾習慣的語言能力有關係。從社會的觀點來看，北臺灣的主演比較侷限在特定的腔調範圍之內，大約北從基隆，南到新竹左右。而中南部的主演，他們的語言屬於所謂的優勢音，大致上是全臺灣的觀眾都能完全瞭解。

（二）歷時性／共時性的觀點

索緒爾之所以對於二十世紀現代語言學，及結構主義語言學有相當巨大的影響，就在於他去世之後，學生將他上課的筆記講義集結出版《普通語言學教程》。書中提及索緒爾所著重語言的共時性（synchronie）觀點，有別於十九世紀流行的語言歷時性（diachronie）的分析。

歷時性觀點，強調的是語言的演化觀點，是將語言放在時間的縱軸上的歷時性研究，是側重語言的歷史發展、積累及其變化的「演化語言學」。歷時性的研究，往往遇到偶然、特殊的性質，而且可能必須處理與系統完全無關的現象，只因爲這些現象會牽制系統。從臺灣布袋戲的歷史發展來看，布袋戲的發展當然曾經受到許多不相干的外在因素干擾，如「國語政策」或「反共抗俄政策」等強制性的因素的干擾。這些歷史事實是個別的，而且是孤立的，彼此之間並不構成系統。因此，歷時語言學是研究歷史上語言中的各項要素，後者代替前者，彼此之間不構成系統。

共時性觀點的語言學，稱爲「靜態語言學」，注重的是語言的系統，如索緒爾所說的：「共時性語言學，是研究一個集體意識感覺到的系統，是研究這系統中同時存在的要素之間，彼此的邏輯關係與心理關係」（Saussure，1985：138）。他曾經巧妙地以「下棋」做比喻：下棋的狀態與語言的狀態相當。系統永遠只是暫時存在的狀況，只要移動其中一個棋子，就會將原先的狀態牽動爲另一種狀態。但下棋遊戲本身，仍然存在一個穩定的遊戲規則。同樣的，在同一個時期的語言狀態，也有其穩定自足的系統。因此，

這種觀點的語言學，則是致力於發現語言系統各要素之間的關係，及穩定的語法結構。

布袋戲歷時性觀點的研究，筆者過去十幾年來已經累積相當豐富的研究成果，僅在本書第二章歸納出布袋戲在臺灣這塊土地上的歷史演變大趨勢，及第三章從布袋戲的發展來觀察語言的問題。其他研究的最重要核心，將放在布袋戲表演系統的共時性研究。既然我們研究的目的，並非沈醉在歷史懷舊的光環，而是試圖為臺灣布袋戲的發展找到可以持續創作下去的路。這樣的研究，其實是將布袋戲的口頭表演視為整個表演系統，從整體中來思考其中個別要素之間的同一性、差異性與相對性，最後希望能夠瞭解整個系統的結構與規則。在這方面的研究方法，除現代語言學研究先驅的索緒爾之外，結構主義符號學者傑柯布森（Roman Jakobson, 1896～1982），及喬姆斯基（Noam Chomsky, 1928～）的生成語言學（genetic linguistics），對於瞭解布袋戲的創造理論有相當大的助益。

（三）言語的創造性

索緒爾從社會學的觀點，強調「語言」的語言學研究，而當代的語言學家，反而對「言語」的語言學有相當深刻的研究。最重要的應該是美國的語言學家喬姆斯基，他不滿足於以往完全封閉的語法研究觀點，而從實際語言現象中反省，提出對語言能力／言語表演（competence / performance）的區分概念（Chomsky，1965：3～4）。他所謂的「語言能力」，近似索緒爾所說的「語言」的語言學，而「言語表演」，則較接近「言語」的語言學。

喬姆斯基的概念，對於我們理解布袋戲的口頭表演有相當重要的啟發，尤其是布袋戲的創作，如何從固定套語、典型的場景出發，到達即興創作的路途。顯然日常生活中的言語，是不斷地產生變異，我們可能很輕易將不符合語法規範的，視為「不正常的」（abnormal）言語，尤其是新興的流行語，也有可能變成整個社會都容易接受的用詞，例如在華語，經常可以聽到的「你少八卦了！」或「他是八卦大王」。作為動詞、形容詞的「八卦」，早已經和原本的專有名詞脫節，與儒家經典中的「八卦」完全無關。布袋戲的口頭表演更大膽地模仿或想像某些特殊人物的口音，如世界派的主演以怪腔怪調的話所創造的「老人」所講的「福州話」，竟然形成一種相當獨特的布袋戲表演風格。

喬姆斯基啟發性的概念，正好讓我們正視這些表演文本，無論是娛樂、開玩笑、不經意的或個人特質所產生的錯誤，從此才能真正發現創作力的來

源。當然這並不意味著似乎只要產生變化的言語，就輕率地貼上「言語表演」的標籤，而其他則歸之於「語言能力」。經過歸納分析之後，希望能夠深入瞭解即興表演與口頭表演的特質。

（四）語言的社會性

從索緒爾的觀念出發可知，語言系統不僅包含個人的層面，還有其社會性的層面。社會層面的語言，可視為一種社會制度。布袋戲藝術工作者訴諸口頭表演的言語與聽眾之間（speaker-hearer），可說是一個言語社群（speech community）。但語言學家所提出的「言語社群」，並非指完全同質性的封閉社群，尤其雙語言（bilingualism），或多語言（multilingualim）的現象，在目前世界各地可說是相當普遍的。甘柏茲（John J. Gumperz, 1922-）提醒我們並不可以先驗地（*a priori*）認為，言語社群一定只限定講單一語言的人群。他認為在言語社群中的成員，不只分享共同語法規則，而且有一定的規範來來處理語言選用與社會關係。對他們而言，言說的變化（speech varieties）相對應的是一組相當穩定的規範，這種規範的存在，可以視為一種語言的邊界（language boundary）。如甘柏茲所說的（Gumperz，1971：115）：

> 無論何處，語言選擇（language choice）與社會特殊的規則之間的關係能夠被形式化。這讓我們發現群體中適切的語言形式，在於可以區分的方言、風格以及職業或其他的特殊的專門術語（parlances）之間的關係。言語社群的語言社會學研究，就在於這些言說的變化（speech varieties）之間處理語言的相似性與差異性。

語言社會學對於言語社群的研究，就是處理這些言說變化中的語言相似性與差異性。布袋戲的語言邊界，其實不需要我們強加分界。老一輩的布袋戲師傅所演出的範圍，即「戲路」的廣度，其實是演者與聽眾之間所共同分享的言語社群的自然大小，或說一種語言邊界。例如許王、李天祿等北部掌中班，因他們原本的濃厚的口音，表演範圍大致上北從基隆，南到新竹左右。觀眾與表演者之間交流的豐富活潑的言語創造，其實有一個相當穩定的規範存在。不過，隨著許多移民的活躍，尤其許多中、南部布袋戲師傅在北部的活躍，這些界線似乎有被打破的**趨勢**，來自中、南部的語言，逐漸融合形成一種臺灣的優勢語言，似乎也隨著戰後戲園布袋戲的競爭而演變成一股時代的**趨勢**。

布袋戲的口頭表演，其實牽涉到語言選擇（language choice）的概念。而語言選擇又可分為：語碼轉換（code-switching）、語碼混合（code-mixing）、以及在相同語言內的變化。語碼轉換，指根據說話的情境，在一種語言與另一種語言中作選擇。語碼混合，指說話者加入另一語言的元素。基本上這種語言現象，通常牽涉借用詞彙、句子，或較大的單位。最常見的借用詞彙現象，稱為 borrowing（Fasold，1984：180）。在語言選擇的研究途徑，人類學者較關心語碼混合以及固定的變化（inherent variation），他們希望從這些變化中發現文化價值的改變。從這角度觀察布袋戲言語中的語碼混合，及內在的變化，與臺灣社會的價值有什麼樣的對應關係，是很值得思考的。在布袋戲的表演文本當中，有「跨語言經驗」的主演創作得最為豐富。在日治時代成長，而在戰後活躍的主演，可說是「跨語言的一代」。他們在日治時代接受日語教育，而戰後立刻轉回原本就已經相當熟練的母語，因此他們的經驗不同於文學界的由日語轉成華語的經驗。我們發現這些有「跨語言經驗」的主演，雖然是以母語為主體，但他們融合各式言語的方式也相當自然。這種特殊的語言現象，也是臺灣歷史相當特殊的經驗的沈澱累積。

第五節　口頭文本的整理與批判

面對臺灣布袋戲的有聲資料，從收藏、整理到引用與分析等學術研究工作，卻逼得我們去反省：口頭文學的敘述者與文學的作者相同嗎？口頭文學的表演文本與文學的書面文本相同嗎？而這些無法收藏完整的片段材料該如何「引用」？經由本書的「引用」，是否引導我們發現長久以來為人們所忽略的古老卻真實的口頭傳統？落實到實踐層面，需思考從布袋戲有聲資料如何轉換為書面文字的問題，回頭反省臺灣文學運動，及臺語先行者所留下的概念，最後並歸納出筆者實踐經驗的基本原則。

一、收藏與引用

收藏似乎是博物館或圖書館的職責，而不是研究者應該有的任務。法國的國家圖書館（*Bibliothèque nationale*）所收藏的古希臘哲學家手抄本、中世紀修道院精美絕倫的裝飾插畫書、文藝復興時代的手稿、古老的印刷書籍，還有見證五至十一世紀輝煌歲月的敦煌稀世寶卷、秘籍、手繪捲軸、吐魯番文書、消失在沙漠的絲路各國手稿、圖像等，及巴黎各大博物館來自世界各角落，各宗

教文化的古老雕刻、繪像等，這些收藏的豐富，最令參觀者深深震撼動容。往往讓人深深驚訝嘆息的是，透過殘破收藏品所看到的歲月無情的刻痕，冒險家永無止盡的發掘探勘，人對知識的貪婪追尋，及收藏者苦心的輾轉保存。

這些參觀的深刻震撼，使得筆者對於收藏一直抱持者保留敬重的態度。沒想到著手本研究，竟也開始收集布袋戲表演有聲資料，經年累月穿梭在臺南與高雄等地跳蚤市場，與專門的收藏者討價還價。我們的目的相當清楚而單純，只是為了找尋布袋戲表演文本，只是為了尋找臺灣布袋戲的生命力。在這艱辛又充滿意外驚奇的收藏歷程，讓人深刻感受到歷史懷舊的魅力，是如何讓人流連忘返。

近代歐洲思想史上，對於收藏有相當透徹觀察與反省的，應該是德國的學者本雅明。關於布袋戲表演文本的呈現方式，其實也牽涉到德國學者本雅明（Walter Benjamin, 1892～1940）所提出的概念。本雅明在〈打開我的藏書庫〉熱情洋溢地提到收藏者的意義，他說一切的激情都與混沌相毗鄰，而收藏的熱情卻是與記憶的混沌相毗鄰。是機會，是命運，才能使來自過去時空的物品，為置身現在的我眼睛所看到。對收藏者而言，他的生活是處於次序與失序兩極化的辯證關係之中，他的生命經驗被神秘的擁有關係所纏縛，被某些一點也不強調其功能、用途價值的外物所纏縛，而他的命運就是研究與熱愛這些無用處卻正是其用處的收藏品。對收藏者最庸俗的魅力，就在於透過個人鎖藏的項目，使得他的靈魂神奇飛翔地看到遙遠的世界（Benjamin，1969：59～60）。

從最高的意義來看，收藏家是一種繼承的心態。物的擁有權（ownership），使收藏者建立一個未受現在時空干擾的過去世界，甚至可說是一個古老世界的復活（renewal）。雖然從散亂、破壞與死亡的物質世界進行收藏，使得物質因而復活，可說是一種夢想。然而收藏本身就是一種反諷（irony），對於收藏者而言，他的收藏絕對沒有完成的時候，即使缺一件，他的收藏也只不過是全部的片段。

夢想憑著收藏家的熱情來蒐藏所有臺灣布袋戲的有聲資料，可說是不可能的任務。實際的情況不可能等到所有的收藏完備之後，再來進行研究分析。面對於收藏的態度，我們只能秉持「抱殘守缺」的心態，一切但憑人與物之間的緣分，更重要的是與收藏真諦交互輝映的「引用」（quotation）觀念。

教文化的古老雕刻、繪像等，這些收藏的豐富，最令參觀者深深震撼動容。往往讓人深深驚訝嘆息的是，透過殘破收藏品所看到的歲月無情的刻痕，冒險家永無止盡的發掘探勘，人對知識的貪婪追尋，及收藏者苦心的輾轉保存。

這些參觀的深刻震撼，使得筆者對於收藏一直抱持者保留敬重的態度。沒想到著手本研究，竟也開始收集布袋戲表演有聲資料，經年累月穿梭在臺南與高雄等地跳蚤市場，與專門的收藏者討價還價。我們的目的相當清楚而單純，只是爲了找尋布袋戲表演文本，只是爲了尋找臺灣布袋戲的生命力。在這艱辛又充滿意外驚奇的收藏歷程，讓人深刻感受到歷史懷舊的魅力，是如何讓人流連忘返。

近代歐洲思想史上，對於收藏有相當透徹觀察與反省的，應該是德國的學者本雅明。關於布袋戲表演文本的呈現方式，其實也牽涉到德國學者本雅明（Walter Benjamin, 1892～1940）所提出的概念。本雅明在〈打開我的藏書庫〉熱情洋溢地提到收藏者的意義，他說一切的激情都與混沌相毗鄰，而收藏的熱情卻是與記憶的混沌相毗鄰。是機會，是命運，才能使來自過去時空的物品，爲置身現在的我眼睛所看到。對收藏者而言，他的生活是處於次序與失序兩極化的辯證關係之中，他的生命經驗被神秘的擁有關係所纏縛，被某些一點也不強調其功能、用途價值的外物所纏縛，而他的命運就是研究與熱愛這些無用處卻正是其用處的收藏品。對收藏者最庸俗的魅力，就在於透過個人鎖藏的項目，使得他的靈魂神奇飛翔地看到遙遠的世界（Benjamin，1969：59～60）。

從最高的意義來看，收藏家是一種繼承的心態。物的擁有權（ownership），使收藏者建立一個未受現在時空干擾的過去世界，甚至可說是一個古老世界的復活（renewal）。雖然從散亂、破壞與死亡的物質世界進行收藏，使得物質因而復活，可說是一種夢想。然而收藏本身就是一種反諷（irony），對於收藏者而言，他的收藏絕對沒有完成的時候，即使缺一件，他的收藏也只不過是全部的片段。

夢想憑著收藏家的熱情來蒐藏所有臺灣布袋戲的有聲資料，可說是不可能的任務。實際的情況不可能等到所有的收藏完備之後，再來進行研究分析。而對於收藏的態度，我們只能秉持「抱殘守缺」的心態，一切但憑人與物之間的緣分，更重要的是與收藏眞諦交互輝映的「引用」（quotation）觀念。

　　將本雅明介紹到英語世界的漢娜‧阿倫（Hannah Arendt, 1906～1975），她提到，本雅明極端熱愛收藏的動機，是因為他知道傳統的破壞與權威的淪喪是不能修補的，因而致力於發現一條處理過去歷史的途徑。本雅明是第一個發現「引用」具有現代功能的人，他認為「引用」並非誕生於拒絕對未來投注關懷，而是對於現在的失望，及一股想要摧毀現在的慾望，因此「引用」帶來的力量並不是保存，而是清除、剝離、破壞其原來的社會脈絡。本雅明認為只有「引用」帶來的破壞力量（destructive power），才是唯一的希望，才能使物品得以離開其生存的時代而繼續存活下來（Benjamin，1969：38～39）。本雅明分析自己作為收藏家的熱情，是來自童年時代的收集狂熱。小孩狂熱地收藏缺乏消費意義、缺乏實際用途的物品，有時只為了努力使物體改變原容貌（transfiguration）。本雅明瞭解收藏與革命類似，收藏不僅是物質的救贖（redemption），而收藏本身也是人的救贖，讓人從日常生活充滿的用處與意義的現實世界脫離出來，甚至回到等待命名的世界。

　　本書努力羅列清單的資料，似乎永遠也逃脫不了殘缺不全的缺憾感。我們所能做的只能是片段式的「引用」，而書面化文本的「引用」，其實已經對完整的表演文本產生「破壞的力量」。雖然可能會引來斷章取義，或顧此失彼的批評，然而本研究的強烈企圖，毋寧是希望重新看到古老世界的復活，重新造訪口頭文學的古老世界，重新找到臺灣布袋戲生命力的泉源。

二、敘述者／作者

　　表面上看起來，篩選文本最簡單的選擇方式，就是依照年代排列，先設想不同的時代可能有不同的表演「風格」，然後只要選出具有代表性的「作品」分析描述就可以。事實上早期相當多的唱片布袋戲資料，目前並無法完全掌握。此外，一旦從「風格」、「作品」的觀點思考選擇材料的問題，其實已經蘊含著「作者」（author）的邏輯在裡面。而布袋戲的主演者是不是作者？再者，如果布袋戲的主演不是作者，面對非作者的「文本」我們該如何看待？

　　環繞「作者」的概念，應該要重新思考何謂「作品」。「作品」難道不就是書寫者所寫下的東西？但是一個書寫者如果不是「作者」，是否能夠將他所寫的東西稱為「作品」？就好像是思考到底「先有雞才有蛋」，或「先有蛋才生雞」的古老問題一樣，問題也變成：「先有作者才有作品」，或「先有作品才產生作者」？如果我們接受先有「作者」才有所謂的「作品」的觀念，那

合，成為新的戲齣《南俠血戰一代妖后》。從臺灣布袋戲流派來看，劉清田、鄭壹雄、陳俊然分別屬於不同的承傳系統，但這並不會妨礙他們之間的表演經驗交流。問題是他們之間，誰才是「作者」？或說才是「原創者」？以個人主義的觀點來檢視布袋戲的創作者，我們會發現彼此格格不入，可說是錯誤的提問方式。臺灣學術界流行的研究方法，將個別的布袋戲主演視為「作者」，於是就預設他們的作品中有所謂的「風格」或「特色」。表面上這樣的研究觀點沒什麼問題，然而一旦舉例說明時，可能會不明就裡地將某些口頭表演的套語，或常見的主題等題材，當作其個人的「風格」或「特色」的例證，而忽略同樣的套語或主題，也可能出現在其他掌中班的口頭表演中。

　　民間藝人並非完全孤獨的個體，他們的創作，也不應該以「作者」的觀點凌駕其上，相對的，德國思想家本雅明所說的「手工藝形式」（artisan form）可能還比較貼切。這種集體的研究方法，與從個人主義出發的作品研究當然有所不同，最大的差異是不針對個別作品作分析。因此從結構語言學的共時性分析（synchronie）可能不失為比較合適的方法，也就是將布袋戲口頭表演作品的整體，視作一個樂團交響樂的總譜，而個別的作品，可能只是整體總譜中的一個樂器的聲部而已。

　　面對這些布袋戲，似乎不可能將主演當作個別的「作家」，先設想其「風格」；相反的，如果認為他們屬於「敘事者」，那麼關於風格討論，必須要非常小心做比對。就好像我們在研究音樂的表演風格一般，有時音樂旋律、歌詞可能不是自創的，那麼暫且不考慮「獨創性」的問題，而將注意的焦點放在歌手音高是否準確，速度節奏是否恰當，音色是否飽滿，或感情詮釋是否恰當。同樣的，如果要討論敘事者的風格，應考慮的是情節安排是否合理，是否口頭表演的節奏較慢，或速度較流暢，或其習慣使用的語氣、特殊腔調，或傾向採用文言音，獲悉許多民間俗語作為表演的特色。如果某些腔調或某類型的言語相當豐富，可能這樣的主演表演某些布袋戲主題，如文戲，或笑詼戲可能比較得心應手，這種累積細節而留下的印象越來越清晰，我們就越能夠簡單地指出其表演風格。此外，還得考慮這些特殊細節，是否在同一個敘事者的每一齣表演都出現。甚至有的主演在少年時代，與成熟時期的表演風格幾乎完全不同。因此不可以單就他某個時期的表演戲齣的特質，就完全認定其風格，否則太容易落入以偏蓋全的謬誤。敘事者的風格研究，比起作家的風格研究要複雜得多。本書在討論不同的表演時，曾提到某些主演的特

色，但還不敢這麼大膽論斷其風格，或許終有一天完整找齊相關的資料時，可以試著這樣做做看。

三、表演文本／書面文本

「手工藝形式」，是本雅明對於敘事者（storyteller）頗具慧眼的比喻。他在 1936 年的論文提到：就歐洲而言，故事敘事的藝術，是介於古代史詩與現代小說之間，一種正在沒落消逝的類型。小說有一種個人隱私（private）的特質，小說的作者是孤獨的個體，他幾乎得不到可供依循的口頭傳統的建議，而必須自己一個人完全無中生有。與作者相同的，讀者也是一個孤獨的個體。相對的，說故事的本質是來自交換彼此經驗（experience）的能力。故事資料的來源，就是口口相傳的經驗。本雅明將說故事者的經驗溝通，比喻成最古老的手工藝形式，說故事的目的並是純粹在傳遞消息，而是使被敘事的對象進入敘事者生活之中，以便再一次從敘事者身上講出來。敘事者將個人的印記加在敘事內容之中，就像是陶器製造者，在陶土器皿上留下手印痕跡一般（Benjamin，1969：83～109）。

類似的研究觀點，是法國文化人類學家李維史陀（Claude Levi-Strauss）在《野性思維》所提出的修補術（bricolage）觀念。修補術是法國古老的手工藝之一，指在遊戲場所設計騎馬、狩獵的障礙物的技術。直到現在，法語修補匠（bricoleur）仍然指能夠運用手藝完成作品的人。與其他人類藝術相較，修補匠的手段比較拐彎抹角，而且善於完成各式各樣的工作。但他與工程師不同，他並不是仰賴事先的設計與規劃去尋找原料與工具，而是借用身旁現有的工具和材料來完成他的工作。材料與工具都是在偶然的情況，基於「最後總是會用得到」的原則考慮下而被保留下來。一旦修補匠接到工作，他的第一步是回顧的，轉向早已經存在的材料和工具，反覆清點項目之後，才開始進行與材料之間的對話（dialogue）。修補匠對這些材料仔細推敲，以便發現它能夠意指（signifier）什麼，最後才確定未來的組合的可能。因此，修補匠最後所完成的，往往並非客觀的設計，而是將他個人的想法結合在材料之中（Levi-Strauss，1962：30～36）。李維史陀借用傳統手工藝的操作原則，來說明神話思維（pensée mythique）與科學認知的差異，科學的認知，如工程師的思考模式，不可如修補匠那樣遷就材料，而是直接操作抽象的觀念。

　　從手工藝形式，或修補術的操作模式出發，重新來觀察臺灣布袋戲的表演，或許可以讓我們看到許多相當活潑，卻也容易為人們所忽略的細節。裁剪剩餘的彩布，對科學家而言幾乎是毫無意義的，而掌中班藝人卻巧妙地將它綁在棍子上揮動，卻是一位有著神仙般光輝的角色出場時強有力的宣告，如臺詞所形容的「金剛鏃鏃滾」。臺灣民間的掌中班似乎並非很在乎所謂「原創者」的問題，或更確切地說，無論國內外表演團體的創作，甚至其他的藝術形式，只要是他們所認知的世界，或欣賞的美感範疇，都有可能成為他們的創作材料。因此如果看到類似荒野大鏢客的木偶，配戴墨鏡的造型，或來自美國的黑人民謠音樂，都成為掌中班表演的一部份，似乎就不至於太過令人驚訝。布袋戲表演文本的來源相當複雜，不只是掌中班之間的輾轉承襲，在田野調查中他們偶而也坦承從講古、歌舞團、西洋電影、電視的情節而衍伸來的創作靈感。從臺灣語言藝術的類型來看，布袋戲的表演文本，和講古藝術有著親密的血緣關係。布袋戲表演經由廣播電臺的放送，而成為另類的藝術，即所謂的「廣播布袋戲」。許多從內臺戲園布袋戲出身的主演，後來專門經營廣播布袋戲，包括鄭壹雄、以及外號「黑人」的陳山林等。聽他們的表演文本，與一般的布袋戲差異之處在於角色情緒以及戲劇場景的語言描述。當年陳山林在南臺灣的廣播界曾一度相當失意，直到從張宗榮的「廣播劇場」學習描述技巧。

　　布袋戲的創作者，與一般文學作者有本質上的差異，他們不是個人主義形式的創作者，而是與民間生活不斷對話的創作者。他們並非侷限於概念操作的想像，而是與神話思維類似。他們的創作方式，以本雅明的「手工藝形式」，或李維史陀的「修補術」來作類比，可說相當貼切。

　　民間的口頭文學，基本上是屬於集體創作，它並不像作者所寫的作品那樣強調獨特性，尤其是布袋戲的演出文本，往往只根據的簡略題綱，是輾轉來自他人之手，或來自別人閱讀經驗，然而這樣也不會減低他們從事創作的熱忱。口頭表演的文本與書面文本的不同，除了訴諸聽覺與視覺的基本差異之外，相對於書面文本受制於出版的限定，口頭文本的潛在數量是無限的，幾乎隨時隨地都可能有布袋戲團在表演，無論是地方廟口做戲謝神，或是各地戲園布袋戲的商業劇場等，只是來不及將他們的口頭表演作錄音錄影保留而已。

　　本書羅列出上戰後臺灣布袋戲的有聲資料，實際卻只佔當年演出的一小部分而已。戲園布袋戲時代，書面資料往往僅是簡單人物響亮名號、情節動

機，及大致上進出場的順序，最重要的是主演當場的即興演出。例如相同來自《火燒少林寺》的故事，甲劇團演過頗受好評，乙劇團可以根據自己對於拳術的知識，增加武戲的成分，但這並不妨礙丙劇團重新改編這個的故事，甚至添加新的主角，幻想新鮮的情節。一場實際的布袋戲演出，帶給觀眾的是相當鮮活深刻的印象，不全部同於從簡略書面文字所看到的。只要是合情合理的故事安排，觀眾仍然可以如癡如醉地接受。不同劇團的表演文本，可說是一種經過表演實踐與觀眾互動之後而整合成的文本。從共時性的角度來看，我們不太可能去追溯每一個表演文本細節的改變。我們所能做的，只是從「引用」的片段中，重新去感受古老口頭文學世界復活，還有從這些真實的片段找到一種關係，或從片段與片段之間的修補術，重新找到布袋戲的創作力來源。

四、臺語書寫的理論與實踐

1930 年代臺灣鄉土文學運動，黃石輝相當鏗鏘有力地說出臺灣人的心聲，在當年的報刊媒體引起廣大的迴響。然而臺灣文壇的論爭，從一開始大眾文學或貴族文學的論爭，到後來轉變成臺灣白話文與中國白話文的爭辯。不過當論爭不再侷限在理論以及意識型態，少數有前瞻勇氣的人真正觸及「文字化」的實踐時，卻才發現經常受到漢字的束縛。在黃石輝之前五年，即 1925年，臺南新樓書房出版蔡培火（1889～1983）以全部白話字寫成的書《十項管見》，主張推廣白話字來教育民眾。筆者將〈第二項　新臺灣 kap 羅馬字 ê 關係〉的內容，轉換為漢羅對照的文章如下（蔡培火，1925）：

> 咱大家若m̄是緊緊先來 bat chit 二十四字 ê 羅馬字，臺灣是的確真正 oh-得救。臺灣現今是在智識大飢荒 ê 時代，大家 ê 頭殼碗已經空空，gō 到 beh 倒--落去，咱 taⁿ 著緊緊事先來開 chit ê 羅馬字 ê 倉庫門。Chit 間 khah 好開。咱 iau 餓了無力，別間倉庫門是開 bē 來，著對 chit 間先開，咱 ê 頭腦才會得著淡薄飽-tīⁿ。Tùi án-ni，咱就 ē-thang 積蓄賒帳 ê 氣力，thang koh 來開國語 ê 倉庫、漢文 ê 倉庫，á 是英語，以及其他種種外國話 ê 倉庫門。

蔡培火提倡的羅馬字學習運動，並非自我封閉的文化行為，而是希望民眾在這個知識大飢荒的時代，可以因此省些力量，去學習日語、漢文及英語等不

同的知識工具，**擴展臺灣人的文化視野**。可惜因爲政治因素，而未能成爲全面普及化的臺語文說讀寫的工具。戰後的王育德也肯定蔡培火的主張，極力倡導「非基督教徒也應該懂教會羅馬字」（王育德，2000：59）。

　　對照 1931 年《臺灣新民報》的歌謠收集運動，有些參與者局部採取羅馬字標音，而漢羅併用的例子，則要等到李獻璋 1936 年《臺灣民間文學集》的問世。以眞正臺灣話與書寫的實踐者看來，從羅馬字標音，到漢羅合寫，或許可說是歷史迂迴的回應。然而，這些實踐成果，在當年似乎並未取得應有的重視及普遍化的運用，以純粹臺灣話文書寫的長篇敘述型小說，或臺灣民間故事，在日治時代仍相當罕見。直到戰後的研究者，才有人在理論上提倡「漢字和羅馬字並用」。1960 年代旅日的語言學家王育德，從理論與實踐中反省臺語文書寫的問題而指出的（王育德，2000：271～272）：

> 用羅馬字書寫臺灣話是筆者一貫的主張，但根據以往的經驗，從頭到尾只用羅馬字，在閱讀時，效率似乎偏低。一瞥之下就能夠瞭解意思，這一點還是漢字最佳。但用漢字書寫臺灣話，正如前面一再強調，困難重重。（--）不具有普遍性的漢字就不要使用，改用羅馬字。（--）正如聰明的讀者所料，漢字和羅馬字混合使用，跟日本混合使用漢字和「假名」完全基於同樣的旨趣。

臺語的研究前輩大多基於對母語的熱忱，對於臺語規範所下的功夫相當令人敬佩，尤其是目前對臺語書面語的研究，吸引了相當多學者的關注。臺語存在文言音與白話音兩套音韻系統，再加上訓讀的問題，不斷阻擾臺灣話發展出書面語，如果過渡遷就漢字，結果會在這三叉路口的死胡同迷失方向。而解決之道，就在於有沒有合理而方便的正字法。

　　從語言的使用來看，日治時代舊文學以文言文爲主，而新文學似乎以中國白話文、日文爲主流，而臺灣話文反而被邊緣化。這種語言的混亂，可說是殖民地文學的特色。被殖民者失去語言的主體，而任何能夠表達作者思考的言語都可以上場。然而，這種功利觀點容易失去自己言語的主體性，而對自己土地情感、社會認同與族群認同等有疏離的現象。嚴格來看，1930 年代臺灣鄉土文學、臺灣話文論爭，似乎比較侷限於理論路線爭論，而夠實際印證理論的作品並不多見。當年支持漢字書寫的學者，又有「屈話就文」／「言文一致」的論爭。黃純青提倡「屈話就文」的理由是擔心造新字過多（黃純

青，2003〔1931b〕：177），其實踐作法就是採取訓讀。而這樣一來，一字多音的情形更複雜，必須仰賴「音標旁註」（黃純青，2003〔1931a〕：130），特別是造新字，必須「用最善的方法註明新字的字音」（郭秋生，2003〔1932〕：223）。不過到底要採取哪一種注音方式，黃純青提議過日本阿伊音、中國注音字母、羅馬字等三種（黃純青，2003〔1931a〕：131）。值得注意的是郭秋生贊成「言文一致」，主張吸收民間俗字及另造字（郭秋生，2003〔1931a〕：91～98；2003〔1931b〕：160），而他認爲可借用各種文字的語音，「漢字做音符也好，日本假名也好，羅馬字也好」，而對造新字沒十足把握時，也可借用日本假名或羅馬字（郭秋生，2003〔1932〕：225）：

> 但是臺灣話文所要用的漢字又未達讀音的統一，所以對這音符的漢字要格外小心，沒有十分妥當的時節，便要合日本假名或羅馬字併用。

從歷史進程來看，郭秋生主張「漢羅合寫」或「漢和合寫」，可能是受到林鳳岐的啓發。林鳳岐因華僑身份的國際視野，及在中國教會的觀察的經驗，他發現「有的僅讀兩三個月的夜學校，便能看讀各種書報，可算是文學百分百的大眾化了」。因此，他對於改造臺灣鄉土文學，曾提出幾項提案如下（林鳳岐，2003〔1931〕：185～186）：

一、由歷史的立場，臺灣語言當以中國現在通行的白話文做標準。

二、求白話文迅速普及起見，當推行臺灣音的羅馬字，把它夾註漢字的音，並解釋意義。

三、臺灣語言如有不能以白話文發表意思的時候，就無妨做和文的例子，用羅馬字來代替，不必另做新字。

四、編撰羅漢字典、臺羅字典及各種臺灣鄉土詞典以便學者自修使用。並選取各種適合現代潮流的漢文學各書，盡量用羅馬字註音，並附白話解説及羅馬字解説對照，使學者可以無師自通。

這樣的方案，可說是臺灣鄉土文學論爭較具實踐意義的策略。這種書寫方式以漢字爲主，遇到有爭議的漢字用字時，改用白話字的折衷方法，可以同時擁有漢字的閱讀便利性，及白話字的精確語音紀錄，可說是當前書寫臺語文學的主流。

　　戰後口頭文本的整理，語言學家的紀錄與嘗試較值得一提。1952 年語言學研究者董同龢找臺大學生來紀錄一齣劇本〈蜈蚣釘〉，由呂碧霞看劇本的口述，旁人筆錄，雖然相當簡短，亦彌足珍貴（董同龢，1967：37～51）。當年這批語料是以標音為語料主體，下面的漢字做為註釋。1985 年鄭良偉請三位夏威夷大學東亞語文系的助教所筆錄的《廖峻大爆笑》（鄭良偉，1989：103～121），及張郁慧所寫的〈楊麗花歌仔戲劇本及臺詞比較〉（鄭良偉，1989：123～152），而漢字書寫選字方面，幾乎是在實踐鄭良偉〈臺語裡容易混亂的常用虛詞〉中關於臺語文選字的問題。

　　本書所引用的文本，幾乎全部都是筆者自己從布袋戲有聲資料整理為書面文字。這種工作較接近法語學習過程中的聽寫（*dictée*；dicatation）訓練，對於熟悉漢字的知識份子而言可說相當陌生。這種偏重語言聽覺的訓練，與受漢字訓練反覆「寫字」練習，強調的視覺訓練相當不同。法國人從小學生到社會人士，對這樣的語文訓練幾乎都樂此不疲，甚至舉行盛大的法語聽寫比賽，聽寫的訓練目的，是使受訓者將注意力放在發音最細微的差異處，尤其是對語意關係最為密切的語音能保持相當敏銳的辨別能力。依照筆者學習法語的親身經驗，耳朵對語音的敏銳度，確實會使自己對於清晰發音的自我要求也會相對地提高。聽寫訓練的過程，訓練者口頭唸出一篇講稿，受訓者經由耳朵的聽覺，與大腦的語言理解力判別語意，重新以拼音文字書寫成文章。這樣的訓練，對於對於熟悉漢字的知識份子可說視若畏途，而筆者只能將自己當作接受臺語聽寫訓練的學生。若有文字紀錄上的差錯，文責當由筆者個人承擔。

　　布袋戲是相當活潑的口頭表演，在筆者試圖將它文字化的過程當中，很多細節可能微不足道，卻是實踐者必須面對的不可避免的難題。近年來的實踐與反省，將這些紀錄原則整理羅列如下：

　　一、筆者以漢字與羅馬字合寫，盡可能將主演者精彩的口頭語音紀錄下
　　　　來，重新整理劇場形式的臺語文。

　　二、白話字歷史相當悠久，最早的是 1837 年麥都思（Water H. Medhurt, 1796～1857）所出版的《福建方言字典》，而影響較大的是 1873 年杜嘉德（Carstairs Douglas, 1830～1877）的《廈英大辭典》，及 1885 年巴克禮牧師（Thomas Barclay M.A., 1849～1935）在臺南創刊的《臺灣府城教會報》、1913 年甘為霖（William Champell, 1841～1921）出

版的《廈門音新字典》。本文臺語白話字的使用原則，大多參考《大學臺語文選》（鄭良偉，2000：335～346）、《白話字基本論》（張裕宏，2001）等相關規定，請參見附錄，希望有助於讀者掌握白話字。

三、漢字使用，參照《臺日大辭典》（小川尚義，1931）、《彙音寶鑑〔註7〕》（沈富進，1954）、《臺灣話大詞典》（陳修，1991），及教育部「臺灣閩南語常用字辭典」。

四、本演出文本中的所有名詞，都是筆者依照所聽到的語音推敲出來的，例如趙天化、梁白桃、參眼參腳參臂人、萬匠大師，或故事發生地點秦樓、楚館、雷音谷等。採用這些漢字，希望增加文本的可讀性。

五、戲劇發生的地點，也是筆者所加入的，以括弧標示，例如【秦樓】。

六、述說臺詞的劇中人物，筆者自行加入其姓名與冒號。例如「趙天化：」、「秘雕：」。而戲劇對話中，主演有時稱「矮冬瓜」，也有時稱「矮仔冬瓜」，筆者完全遵照口頭紀錄，但在標示說話的角色時，則統一為「矮仔冬瓜：」。

七、戲劇場次，基本上以每組人物的進出場，為一場（scene）。本文不以劇場場次數字標示，僅以標題字的字級來區隔。

八、以文言文發音的詞彙，或有漳泉音區別的語彙，筆者在首次出現之處，盡量先標示漢字，括弧標示羅馬字。例如秦樓（chîn-lâu），講（kóng）。

九、在文白交互使用的情況下，筆者紀錄特別考慮如何保留主演者語音表演的豐富性。例如數字「三」，有念 sam 或 saⁿ，紀錄時以〔參〕與「三」區隔；第一人稱代名詞，語音 góa 或 ngô 以「我」、「吾」區隔。而虛詞「就是」，念成 chiū-sī 或 tō-sī，書寫時以「就是」與「都是」紀錄。同樣的，「親像」與「chhân 像」的差別，也以不同的書寫方式來表達。

十、來自英文、日文的借用詞彙，以斜體字標示。例如 *ngô-bú*、*Tango*。

〔註7〕臺灣人最早自己編印的辭典，也是最通行的，應是1954年嘉義梅山沈富進所編的《彙音寶鑑》。這本辭典幾乎臺灣布袋戲主演都人手一冊，凡是遇到不會呼音的字，經常要仰賴辭典的標音，當然有時也不盡然完全依照這本辭典的語音。這本辭典還有相當重要的特點，也就是將白話字與傳統韻書結合起來，相當程度增加初學者的便利性。

十一、來自北京話的借用語，以雙引號標示。例如『異想天開』、『看一看，
　　　便知道』、『立正』。

十二、音位變化（董同龢，1967：14）的問題，例如實際聽到語音是「chit-lê」、
　　　「chit-lê」、「hit-lê」、「chit-lē」、「m̄-mó」，語意其實是「一个」、「此个」、
　　　「此个」、「一下」、「毋好」，筆者書寫時還是顧及可讀性而採取後者。
　　　但希望讀者在朗讀時，可以自然地讀出音位變化音。

十三、合音字的書寫，筆者以「落*去」、「叨*位」、「予*人」、「共*人」、「毋
　　　*愛」、「啥*人」、「遮*呢」、「聽*見」等方式，來紀錄語音 lòe、toeh、
　　　hông、kâng、mài、siáng、chiáng、聽 ì，以兼語意表達。

十四、輕聲：凡後接輕聲時，前字皆讀本調，中間示以「--」。如「大--的」、
　　　「牛鼻--的」、「好聽--的」、「大箍--的」、「hiông--的」、「第五--的」。

第二章　布袋戲臺灣化的
　　　　歷程與承傳發展

　　臺灣布袋戲的起源，來自兩百年前的泉州、漳州、潮州等地。早期的演出形態，當然沿襲原有的模式，一如其他源自於中國的傳統戲曲，但是隨著臺灣移民族群的重新組合，及政治、社會形態的變遷影響，在經過漫長時間的發展之後，很自然的產生質與量的變化。從起源論而言，布袋戲當然是來自中國文化的延伸發展，而以文化生態論〔註1〕的觀點來看，從中國帶到臺灣的這些文化產物，經過客觀環境與主觀品味的改變，內涵與形式已經產生變化。布袋戲不斷推陳出新的表演形式與創作，展現的可能是臺灣獨特的文化形態，及濃厚本土特色的藝術形象與觀賞趣味，而整個表演藝術的發展與內

<hr>

〔註 1〕 對文學史影響相當廣泛的法國美學家丹納（Hippolyte Adolphe Taine,1828～93）
　　　　認為：藝術家不是孤立的人，最偉大的藝術家是賦有群眾的才能、意識、情
　　　　感而達到最高度的人。因為他們都有同樣的習慣，同樣的利益，同樣的信仰、
　　　　種族相同，教育相同，語言相同，所以在生活的一切重要方面，藝術家與觀
　　　　眾完全相像。而作品的產生，取決乎時代精神和周圍的風俗。這兩因素，也
　　　　就是他所稱的「精神的氣候」，如自然界的氣候對於動植物產生「選擇」與「自
　　　　然淘汰」的作用，而時代精神與風俗習慣，也對藝術品產生「選擇」與「淘
　　　　汰」的作用。這種理論，與文化人類學者史徒華（Julian H. Steward, 1902～1972）
　　　　所倡導文化生態論有共通之處，他認為「生態」的主要意義是「對環境的適
　　　　應」。環境即是在一特定地域單位內，所有動物與植物，及自然界彼此互動所
　　　　構成的生命之網。適應性的互動，可用來解釋演化過程中，基因的變異與新
　　　　基因的起源，並可藉由競爭、繼承等其他輔助觀念來描述生命之網本身。而
　　　　「文化生態學」追求的事「存在於不同區域之間的特殊文化特質與模式之解
　　　　釋，而非可應用於所有文化-----環境之狀態的通則」（陳龍廷，1997a：154～
　　　　155）。

涵，越來越變得與中國不同。我們必須嚴謹地思考：作爲一種表演藝術的布袋戲，如何在臺灣這個橫跨熱帶、副熱帶的島嶼，經過特殊的風俗習慣，及歷史時代氣候的孕育，最後開出富有土地芬芳的藝術花朵。清代從中國傳來的戲劇形式，包括平劇京班、亂彈戲、四平戲、九甲戲等，經過時代與社會的「選擇」與「淘汰」的作用，最後還剩下哪些仍具有影響力的戲劇類型？布袋戲這種表演藝術爲何能夠深耕本土化？其力量到底是來自木偶的操作、音樂的變革、情節的創作，或口頭表演的萃煉？這相問題都很值得我們嚴謹地思考。

首先，本文企圖提出的「臺灣化」概念，以解釋布袋戲在臺灣演變的過程，以傳統的語彙來理解，布袋戲是屬於「俗」的文化。臺灣學界「土著化」與「內地化」等概念，在此直接套用並不一定很恰當，因而在此斗膽地提出新的研究框架，或許能調和這兩種概念的歧異與不足。「土著化」是文化人類學者研究清代臺灣拓墾史所提出的概念：臺灣當地所形成的土地所有制度，及社會階層化的關係，並不完全延續華南地區的社會組織型態。經過長時間演變，逐漸拋棄原有的祖籍分類意識，而培養出新的地緣意識的社會組織，如祭祀圈、宗教組織、水利共同體與市集社區等。簡單來說（陳其南，1987：92）：

> 從 1683 年到 1895 年的兩百年中，臺灣的漢人移民社會逐漸從一個邊疆的環境中掙脫出來，成爲人口眾多、安全富庶的土著社會。整個清代可以說是臺灣人由移民社會（immigrant society）走向「土著化」（indigenization）變成土著社會（native society）的過程。

相對的，提出「內地化」觀點的學者則認爲，十九世紀中葉之後，如臺灣等邊緣社區日益內地化，對於中國文化的向心力極強，終於形成與中國各省完全相同的社會型態（李國祁，1978：132～133）。但李國祁在提出理論時，也發現臺灣移墾社會有相當多不同於內地的特質，包括血緣觀念不及內地濃厚，而呈現強烈的地緣觀念，而社會的領導階層與內地大爲不同，「多爲意氣自雄的豪強之士，而少文化水準較高的知識份子或仕紳人士」（李國祁，1978：136）。既然臺灣移墾社會有其特殊性，那麼這樣的社會的價值取向及文化發展趨勢，理應也有其不同於內地之處。

有研究者試圖從文化的觀點，來調和「土著化」與「內地化」的概念歧異，論者認爲清代臺灣移墾社會重商趨利取向相當濃厚，尤其是渡海來臺的移民大多在謀求經濟利益，或希圖改善其生活狀況。顯然他們在內地時都不

是屬於上層社會的人士，他們藉由開墾而累積財富，進而憑藉其優勢的經濟能力晉身社會的上層。既然早期移民多屬於「社會下層人士」，他們所偏好的文化，必然也不同於內地注重文教科舉的上層文化，而是所謂的「俗化」。這種文化發展趨勢，一方面文教不興，精緻文化無由發展。另一方面，社會上「陋俗」盛行，諸如衣飾奢侈、婚姻論財、豪飲好賭、好巫信鬼、觀劇等，成為臺灣移墾初期的普遍現象（蔡淵洯，1986：59）。

這樣的觀點是將臺灣文化發展趨勢與移民社會階層相結合：「雅／俗」二元對立價值的文化，正好呼應社會階層「上層／下層」的關係。來自民間的、俗民階層的文化，與出自文人、菁英階層的文化，在價值上分別對應於低俗的／典雅的、平凡的／特出的、粗糙的／精緻等兩個截然不同的領域。這種論述的基本出發點，似乎很容易落入傳統社會上層階級兼具有正統地位的文化霸權（hegemony）思考脈絡底下，但這種文化層面思考，卻為我們提供了另一條可釐清問題的途徑。

筆者認為正是因為臺灣移民社會「雅」的文化不夠強，反而提供民間「俗」文化的發展空間，特別是這些是大夫所輕忽的民間戲曲〔註2〕。臺灣方志文獻在紀錄臺灣的風俗特色時，無不強調「俗尚演劇」，如康熙五十五年（1716）受聘來臺灣協助方志編纂的陳夢林，考察約略現今北從基隆南到嘉義，這麼廣泛地區的漢人民俗風情。將他所觀察的臺灣特有社會現象，紀錄於《諸羅縣志》〈風俗志〉（陳夢林，1962〔1717〕：147～149）：

> 神誕，必演戲慶祝。二月二日、八月中秋，慶土地尤盛。秋成，設醮賽神，醮畢演戲，謂之壓醮尾。比日中元盂蘭會，亦盛飯僧；陳設競為華美，每會費至百餘緡。事畢，亦以戲繼之。家有慶，鄉有期會、有公禁，無不先以戲者；蓋習尚既然，又婦女所好，有平時慳吝不捨一文，而演戲則傾囊以助者。(--) 演戲，不問晝夜，附近村莊婦女輒駕車往觀，三、五群坐車中，環臺之左右。有至自數十里者，不艷飾不登車，其夫親為之駕。

〔註2〕 以往中國內地的階級觀念強烈，基本上分為兩大類：上九流、下九流，只要被歸於下九流的階級出身，便不可能參加科舉考試。下九流的行業，分別是娼女、優、巫者、樂人、牽豬哥、剃頭、僕婢、拿龍、土工等（鈴木清一郎，1995〔1934〕：14～15）。「優」即俗稱「搬戲的」，比俗稱「藝旦」、「做婊」、「趁食查某」的「娼女」還要低一等。由此可見，戲劇從業人員在傳統中國的階級觀念中是相當低賤的。

臺灣在清代移民社會的時代，已經潛藏另一條文化發展的契機。尤其是民間宗教信仰與演戲結合，加上掌握經濟能力民眾的大力贊助，整體所呈現出來的戲劇文化現象，已經使得內地來的士大夫瞠目結舌，如《諸羅縣志》所記載的，臺灣清代婦女平日節儉到幾乎吝嗇，但對於演戲活動卻是慷慨解囊。只要是演戲，不論白天或晚上，附近村莊的婦女都會坐著牛車前去觀賞。這些特殊的戲劇文化現象，其實已經蘊藏著臺灣戲劇兩大基本劇場形式的因子，包括信徒酬神謝戲的「祭祀劇場」，及掌握經濟能力民眾出錢贊助表演的「商業劇場」（陳龍廷，1994b；1995a；2000）。不同於清代中國婦女幾乎大門不出的保守心態，臺灣婦女還能夠濃妝豔抹地，由其丈夫駕車前往公開場合看戲。這種偏好看戲的行為，及女性的自主意識強烈，或許可能是受到平埔族母系社會的價值觀及生活習性的影響〔註3〕，而加深這樣的「俗」文化的發展。如此繼續發展下去，不就是走向「土著化」而變成土著社會的過程？

「內地化」的觀點，基本上是從「儒漢化」（尹章義，1989：527）的觀點出發，著重臺灣與中國內地從早期的差異，演變到幾乎完全一致，但這種價值觀似乎過於推崇上層社會的「雅」文化，而輕視民間底層的「俗」文化。「土著化」的觀點，從民間社群的層面出發，強調清代早期移墾社會在社群認同上，為中國大陸本土社會的延伸，從一開始的相同，最後演變到完全不同（陳其南，1987：167；181）。後來的學者發現這兩種理論模式，雖各有學術貢獻，但這兩種觀點似乎較不關注底層文化價值，其特殊性與差異性，及在臺灣這塊土地上持續的影響力。內地化論者雖敏銳觀察到，社會底層的文化價值在臺灣與中國內地的差異性，但他們站在「雅」文化的立場，而忽略「俗」文化的價值，整體看來似不夠周延。筆者認為臺灣底層的民間文化就有其特殊性，而在臺灣文化發展的過程，這些特殊性不斷地扮演相當重要的影響因素，這種「臺灣化」的觀點或許較能調合學術的爭議。

在這些「俗」文化的發展過程，布袋戲是相當晚才出現的。咸信布袋戲傳到臺灣的年代，約清代道光、咸豐年間（江武昌，1990：90。邱坤良，1992：

〔註3〕原住民母系社會中另有一套不同於漢人社會的男女分工：平埔族婦女的工作包括農耕、砍柴、汲水、紡織，而男人則從事狩獵、防禦等工作。臺灣西部平原上的平埔族大多是母系社會，婚姻上，男人入贅女家，隨妻而住；在財產繼承上，由女子繼承家產（李亦園，1982：64～65）。

173。詹惠登，1979：46），約十九世紀初期。這二百年來，布袋戲表演藝術隨著臺灣社會、經濟、文化、政治的特殊背景，從早期移居來臺的布袋戲老藝人開山立派而人才輩出，到後代不斷地創新改變，許多藝人因而創造出獨特的表演藝術風格，而臺灣也自發地形成各重要布袋戲承傳系統，如五洲園、新興閣、世界派等。這些歷史演變過程，可說是布袋戲隨著移民社會而走向「臺灣化」的歷程，終於創造出臺灣布袋戲的獨特風格。若不論演藝水平的參差不齊，光以現在遍佈臺灣各地布袋戲團約一千團的數量來看，這樣的文化現象本身，就是一項驚人的奇蹟。

　　布袋戲起源的說法，可能只是一個歷史的點而已，並非呈現一個完整的線、面。從社會土壤、時代的精神氣候、表演與觀眾支持與互動的微妙關係，或許才能夠勾勒出民間生活的真實面貌。我們將從不同的層面，來瞭解布袋戲如何從唐山過臺灣的原始型態，逐漸轉變為臺灣化的表演藝術。以戲曲音樂來看，布袋戲的發展脈絡由最早的南管、潮調，到北管布袋戲。這些音樂風格的差異，也與臺灣布袋戲承傳的流派有密切的關係。由演出的劇本來看，布袋戲從最早的清代師傅所傳下來的，以才子佳人的文戲取勝的籠底戲，到吸收民間曲館表演劇目，以武戲擅長的正本戲，甚至完全天馬行空自創的劇情。所謂「籠底戲」，大抵是延續先輩師傅所傳下來的戲齣。

　　臺灣布袋戲的承傳系統，從歷史淵源來看，最早可分為南管與潮調兩種。而北管布袋戲，則是受到子弟曲館的盛行流風所致，稍晚出現的土生土長的承傳系統。這三種布袋戲流派，又與臺灣各地布袋戲師承有密切的關係，幾乎掌中班的主要承傳系統都是從此演變出來的。經由這樣不同角度的觀察，我們將可以很清楚看到布袋戲臺灣化的歷程，及整個社會時代的氣氛。

第一節　唐山過臺灣的布袋戲

　　戲劇的發展，不可能脫離其生存的土地。當年隨著移民到臺灣來的中國戲曲種類相當多，但卻只有少數能夠在這塊土地上發芽、成長，尤其是布袋戲，這是很值得思考的問題。首先從其生長的社會土壤，及分佈南北各地的重要藝人的生命史來觀察。

一、戲劇發展的社會土壤

民間娛樂事業的發展，與市集聚落的發展，乃至都市經濟消費能力息息相關。布袋戲從中國傳來，從田野調查的資料來看，最早來臺灣的掌中班，可能是在農村鄉下地區落地生根的潮調戲班，而後往清代臺灣都市聚落形成有關的商業劇場發展，更標誌著這項表演藝術臺灣化逐漸成熟的過程。清代臺灣重要的都市，都是港都，大抵是與臺灣物產的集散地，及貿易商行的聚集地。十九世紀初期，民間流傳所謂的「一府、二鹿、三艋舺」，指臺南府城、鹿港、臺北萬華這三個城市聚落。

臺灣布袋戲也就是以臺北盆地、臺南府城、以及鹿港三個地區為重要的傳播地。這三個城市都有所謂的「郊」，即貿易商的聯合組織，其中與泉州貿易的「泉郊」、與廈門貿易的「廈郊」等最為重要。清代臺灣稱為「郊」的商業團體，以臺南三郊、鹿港泉郊、臺北三郊與澎湖的臺廈郊最為有名，組織也龐大而有力（王一剛，1957：13）。這些貿易商不但經營生活基本物資進出口貿易而已，對於文化事業的傳播也有相當的助力。他們直接或間接地將中國的地方戲曲引進臺灣，尤其是布袋戲。而唐山師傅之所以來臺表演，甚至傳藝，重要的客觀環境就是「臺灣錢淹腳目」，使得他們願意在臺定居發展。

二、艋舺的鬍鬚全拼命

臺北盆地的布袋戲發展，最早是以艋舺為中心。艋舺是臺北盆地較早發展的都市，也是唐山過臺灣的布袋戲名家聚集地。早期著名的南管布袋戲師傅，包括「麒麟閣」金雞師、「龍鳳閣」許潭、「哈哈笑」許阿鼻、「解人頤」呂阿灶、「奇文閣」鄭金奎等（呂理政，1991：87；沈平山，1986：96），其中最重要的莫過於「金泉同」的童全，及陳婆兩人。

童全（1854～1932），據流傳照片得知（吳逸生〔註4〕，1975：104），他天生一臉美髯，因而人稱「鬍鬚全」。他原本為泉州人，二十歲時（1873）隻身到臺灣闖天下。他雖然不識字，但記性很強，口才很好，聲音宏亮，最擅長演〈掃秦〉、〈斬龐〔註5〕王〉、〈白扇記〉、〈唐寅磨鏡〉、〈乾隆遊東山〉、〈藥

〔註4〕 這位熱心紀錄艋舺布袋戲盛況的觀眾，有文學寫作的背景，也難怪他所書寫
　　　 的戲偶動作，特別細膩動人，其背景資料如下：吳逸生，萬華人，1907年生，
　　　 一生熱衷於民俗戲曲，並喜愛文學，早歲曾參加新文學運動，並以吳松谷、
　　　 春輝等名發表文章（吳逸生，1980：74）。
〔註5〕 疑為〈斬龍王〉，應是關於魏徵斬龍王的故事。

茶記〔註6〕〉等。據說他操弄戲偶的動作相當細緻（吳逸生，1975：101～102）：

> 光看他問案時那副動作，對於兩造，時而怒目而視，時而好語相慰，
> 時而沈思推理，手中那把摺扇搖來晃去，有板有眼，的確夠你瞧了。
> 看他演那個推車的，動作的優美自然，在布袋戲中實難得一睹。一
> 邊在推車，一邊在擦汗，而上坡時的推車更是他的一絕，推上去又
> 退下來，掙扎著再推上去，上氣不接下氣地在推，這種表現實在委
> 實太靈活太美了。

童全曾經是 1920 年代臺灣報章媒體所稱奇的民間藝人，據說他因演布袋戲致
富，累積金錢曾高達二千八百圓秘密地藏在地磚底下，可見當年他受到歡迎
的程度。然而 1923 年 5 月 11 日，他突然發現畢生積蓄的鈔票，一夜之間全部
白蟻吃掉，而上了當時報紙得社會版。《臺南新報》與《臺灣日日新報》
（1924.07.31 第四版 第 8696 號）都有類似的報導。《臺南新報》記載尤為翔
實，而報導的日期離事件發生僅差五日，應該是當時最新鮮的新聞（臺南新
報 1923.05.16 第五版 第 7620 號）：

> 臺北市新富町三丁目童阿全。善弄布袋戲出名。顏面鬍鬚。故無論
> 男婦老幼。皆稱為鬍鬚全。所以彼之布袋戲。比他人較好景氣。生
> 平吝嗇。一錢如命。逐年粒積十圓金票二百八十枚。計金二千八百
> 圓。以數束入於小木箱。乃於自己寢臺下。掘開□磚築一小地窟。
> 而後置木箱於其中。上蓋以枋及土。雖家中妻兒。亦莫之知方謂除
> 自己一人以外。固神不知鬼不覺。初不料被□地術白蟻君所聞。然
> 於舊正月曾竊視一番固無恙也。及本月十一日午前第二次開看。竟
> 顏色頓變哀聲如狂。家人集視惟見蟻土一堆。所謂金神者已消於無
> 何有之鄉矣。或謂鬍鬚全年已老耄。粒積金錢。又不使家人知之。

〔註6〕 值得注意的是，林鋒雄老師認為〈藥茶記〉應屬於臺灣常見的亂彈戲齣。但
筆者無法判斷這是紀錄者吳逸生的誤植，或真的看過童全演過這齣戲。如果
童全真的演過〈藥茶記〉，那麼意味著南管布袋戲的師傅，也逐漸向當時臺灣
民間流行的北管亂彈吸取養分。從整個布袋戲臺灣化的歷程來看，這可能是
第一個演北管布袋戲的例證。一般只知道陳婆的徒弟林金水開始吸收北管布
袋戲（呂訴上，1961：416），或與許天扶同時代的盧土水，最擅長演三國戲
（呂理政，1991：88）。相較之下，童全演出的年代，及其輩份都可能是最古
老的。

結局奉送白蟻富貴。真可為金錢死藏者戒。惟臺灣銀行無端得二三
千圓大利益。未稔肯多少貢獻於社會云。

陳婆也是泉州人，傳說是個不第秀才，因功名無望，才成為布袋戲師傅。因
臉上曾長過麻子，故外號「貓婆」。他是讀書人出身的關係，所以文辭優雅、
出口成章，特別擅長南管的文戲，最著名的有〈天波樓〉、〈寶塔記〉、〈回番
書〉、〈養賢堂〉、〈孫叔敖復國〉、〈喜雀告〉等（呂理政，1991：88）。

　　童全與陳婆兩位藝人的演技，可說是各有千秋，他們的對臺戲，可說是
艋舺當年的盛事。當地曾經流傳相關的諺語「鬍鬚全拼命」，或「貓的奸臣，
鬚的不仁」，指的正是兩人打對臺時，彼此針鋒相對的互別苗頭，一方罵出「貓
的奸臣」，另一方則還之以「鬚的不仁」（吳槐，1942：19）。由此可以想見，
這兩位南管布袋戲的高手過招，競爭激烈的狀況，宛如同拼命。而關於陳婆
的描述卻顯得虛無飄渺，大抵只根據這兩則俗諺衍生而來（呂訴上，1961：
416；吳逸生，1975：102），頂多只稍微提及身份背景，據說陳婆曾做過「童
生監」，因考場失意，才改行演布袋戲（吳逸生，1980：75）。

三、府城、鹿港的南管布袋戲

　　臺南府城，可說是南管布袋戲班的另一個發展重鎮，著名的戲班包括「大
飛龍」顏宰、「小飛龍」顏朝、「小飛虎」吳鴻、「小集虎」鱸鰻師、「雙飛虎」
周亮、「雙飛鳳」吳士、「錦飛鳳」薛博、「錦花閣林城」等（沈平山，1986：
92）。臺灣總督府文教局社會課在 1928 年出版的《臺灣における支那演劇と臺
灣演劇調查》，臺南清水町「小飛虎」吳鴻，常演的代表戲碼有〈金魁星〉、〈枝
無葉〉、〈四幅錦裙〉、〈五美賢〉。臺南臺町「雙飛虎」的周有榮，他擅長演出
〈孝子守墓〉、〈丹桂圖〉、〈一門三孝〉等戲齣（邱坤良，1992：427～428；
林鋒雄，1995：181～182）。

　　從戲齣看起來，這些南管布袋戲與「九甲戲」頗雷同。一般九甲戲的
藝人雖自稱「南管」，或「九甲南」，不過他們都相當清楚知道自己所學的
與一般所謂「正南的」南管不同。一般的南管，又稱做「洞館」，其音樂特
色有使用洞簫，而且純粹以清唱表演為主，無法演戲。但「九甲南」不使
用洞簫，其音樂特色報導人稱為「南唱北拍」，結合南、北管音樂的特長，
可以登臺表演戲劇。他們學過的戲齣包括〈丹桂圖〉、〈四幅錦裙〉、〈剪羅
衣〉、〈三狀元〉、〈楊宗保取木棍〉等（林美容，1997：209～211）。由此或

可推斷，當時臺南府城的南管布袋戲表演風格，可能是受到「九甲戲」的影響。

　　臺灣中部一帶的重要貿易重鎮鹿港，也是南管布袋戲的傳播點。清代著名的南管〔註7〕布袋戲藝人算師、狗師、圳師等人，曾經應清代鹿港首富日茂行邀請來臺演戲。不料因此造成轟動，觀眾欲罷不能，他們客居鹿港四年餘（沈平山，1986：95）。其中圳師的南管布袋戲，擅長演的劇目包括〈孟麗君〉、〈二度梅〉、〈大紅袍〉、〈小紅袍〉等。如果追根究底，他還是目前雄霸臺灣布袋戲界的五洲派祖師黃海岱的師祖。

四、好暝尾的潮調布袋戲

　　潮調布袋戲傳到臺灣的歷史，也相當古老，可能在十九世紀初期，可能就已經在臺灣落地生根。

　　潮調音樂的特質，一般都認爲「北管好暗頭，潮調好暝尾」，意思是北管戲鑼鼓齊鳴，極其熱鬧，傍晚時分聽起來，其神明慶典的氣氛最令人振奮；而潮調音樂節奏緩慢，文雅悅耳，文辭婉約，適合在更深夜靜的夜裡細心品味，其詞頗富書卷氣，如「娘嫺相隨今行去，往到花園看景致，若是花木看已畢，速速回房勤針黹」（陳龍廷，2000：53）。依學者的研究，大致可歸納出兩大特點：一唱眾和，在主唱引領唱完一句之後，其他樂師往往跟著一起和（張雅惠，2000）；潮調音樂唱腔，使用相當多的聲詞，在原有文句之外，另外加入沒有文字意義的母音，於是整個音樂聽起來「咿咿啊啊」。這種音樂節奏沈緩，曲風與南部黑頭道士「做功德」的音樂頗類似，一般民眾戲稱爲「司公調」。

　　潮調布袋戲的分佈，幾乎都集中在臺灣中南部。雲林的斗六、斗南、西螺，彰化員林、埔心，南投、臺南麻豆、中營等地是臺灣潮調布袋戲的重要發展地。潮調布袋戲班包括南投竹山「鳳萊閣」陳君威、集集「永興閣」張仁智；西螺「新興閣」鍾任秀智，斗六劉平義、「福興閣」柯瑞福，斗南有陳金興、「法師」；彰化員林「新平閣」詹其達、吳乞食；嘉義朴子「瑞興閣」陳深池；麻豆黃萬吉、龜仔港水錦師、中營朝枝師等（江武昌，1990a：95）。

〔註7〕田野調查報導人認爲「白字仔布袋戲」，應屬南管音樂的系統，但念白卻使用白話，在此我們仍採戲曲音樂爲基準的分類。而「白字仔」對於布袋戲語言的發展，乃至臺灣文學史的意義較少提到，留待下一章討論。

　　臺灣民間生活的環境，潮調的子弟曲館似乎較不普遍，因而戲曲風格流行的範圍也相當有限。通常潮調布袋戲班只有學戲時學一、兩齣潮調戲，而正式「出師」之後，後場音樂上採取「南北交加」，也就是大量採取北管音樂的後場，僅保留少數的潮調音樂。西螺「新興閣」的傳人鍾任壁認爲：潮調的正本戲在他父親鍾任祥的時代就已經在縮減了（陳龍廷，2000：53～54）。由此可見，潮調布袋戲經過日治時代北管戲曲聲腔的洗禮，實際表演的劇目與後場音樂所剩可能極爲有限。據田野調查瞭解，潮調布袋戲的主要劇目有〈金簪記〉、〈一門三及第〉、〈臨水平妖〉、〈鋒劍春秋〉、〈楊文廣打南蠻十八洞〉、〈莊子破棺〉、〈李奇元哭獄〉等。

第二節　從後場音樂的變革到自由創作

　　布袋戲走向自由創作的歷程相當曲折。改變的最大契機，源自後場音樂聲腔的變革，源自布袋戲班開始結合臺灣北管子弟館，進而引發起的巨大改變。

　　臺灣民間通稱的「北管」，可說是個相當混雜，又相當流行的戲曲音樂，在舞臺表演呈現的稱爲「亂彈戲」。亂彈戲是乾隆年間（1736～1795）在中國地方發展出來的戲曲類型。沿襲了中國歷代統治者將樂舞分爲雅、俗兩部的舊例，這種新興的劇種被稱爲「花部」。所謂花，就是雜的意思，指地方戲的聲腔花雜不純，多爲野調俗曲，如《揚州畫舫錄》所說的，包括京腔、秦腔、弋陽腔、梆子腔、羅羅腔、二簧調等，統稱亂彈；相對的，「雅部」，即當時奉爲正聲的昆曲。花部亂彈在發展的過程中，並沒有得到文人士大夫的扶植和幫助，而是直接來自民間的聲音，脫胎於民間俗曲和說唱藝術。花部創作是從劇場藝術本身的唱、做、念、打累積發展而來的，並非文人的書齋案頭作品（張庚、郭漢城，1985）。

　　從創作的精神層面來看，北管的影響就不止於後場音樂的風格而已，北管原始的創作精神，似乎也鼓舞布袋戲的走向民間。亂彈戲曾被文人批評爲「文辭鄙俚，不入讀書人之鑑賞」，但愛好者支持理由卻正好就是這種文辭的通俗性。如焦循在花部農譚》所指出的：「其詞質直，雖婦孺亦能解；其音慷慨，血氣爲之動盪。郭外各村，二八月間遞相演唱，農叟漁父聚以爲歡，由來已久矣。」（青木正兒，1982〔1930〕：477）而歷史的演變過程，並非這麼直接了當。這些曾被清代官方貶稱爲「花部」在漫長的演變過程中，逐漸取

代雅部的崑曲，而成爲表演藝術的主流，被奉爲「正音〔註8〕」。

　　原本以通俗文辭而獲得民眾支持的亂彈戲，經過臺灣民間藝人的承傳，卻成爲隨著時代變遷而怪異難懂的語言。臺灣的亂彈戲唱念雖然採用「變質京音」，卻曾在臺灣風靡一時，連最具臺灣特色的歌仔戲、布袋戲，在劇目和唱腔上都受到影響（林鋒雄，1974：75）。

一、孕育正本戲的搖籃：北管子弟館

　　日治時代，掌中戲班後場更結合臺灣各地最盛行的北管子弟戲。布袋戲沿用北管戲的劇本，大多屬於歷史戲，通稱爲「正本戲」。

　　這種創新的表演風格剛出現時，還曾經被嘲笑爲「虎咬豬」，意思是相較於南管的文戲，北管只能搬出老虎、獅子翻滾等毫無戲文的情節，顯得喧嘩粗俗。而後來民眾欣賞的品味改變，北管音樂卻被高度評價，有句諺語「食肉食三層，看戲看亂彈」，正好說明北管亂彈戲在這個時代沛然莫能禦的趨勢。北管布袋戲除了結合較熱鬧的戲曲音樂品味，也標誌著將戲偶動作表演獨立出來成爲審美對象的時代傾向。特別是以老虎做爲表演主軸，似乎是日治時代新莊的布袋戲班，爲了讓不懂臺語的日本人（即「內地人」）欣賞，才發展出《武松打虎〔註9〕》之類的戲齣。據《臺灣日日新報》的報導（1927.07.14第四版　第9774號）：

> 據云內地人不解布袋戲之臺灣語云。然極喜觀打虎故吾輩到處。多演出打虎以投合其所好。於是水滸傳中之武松打虎。日夜大大的宣傳。彼白額弔睛之大蟲。咆哮一聲。向前便撲。武松施展神威。揮出巨拳。與之相拒。內地人觀者。皆樂此不疲。亦可見其國之尚武使然也。

實際演出的實例，1933 年 7 月 6 日晚上八點新莊小西園的藝師許天扶在臺北草山（即今陽明山），爲日本皇族久邇宮殿下演出布袋戲《二才子》與《武松

〔註8〕　較早傳進臺灣的北管約乾隆嘉慶年間，稱爲「亂彈」；而二十世紀之後，中國京戲取得正統地位，稱爲「正音」或「外江戲」（邱坤良，1992：151～152）。雖然民間藝人都將這些音樂統稱爲「北管」，但實際上這兩種音樂風格並不相同。以布袋戲後場音樂而言，中南部的黃海岱屬於亂彈系統，而北臺灣許王、李天祿則屬於正音，或「外江」的後場。

〔註9〕　《武松打虎》，應是改編自崑曲的戲齣《義俠記》（林鋒雄，1988）。從田野調查經驗研判，這種戲齣可能是經由北管子弟社輾轉傳來的。

打虎》。《二才子》，又為《養閒堂》，或《大鬧養閒堂》，應屬於「六才子書」中的戲齣，是傳統的南管布袋戲「籠底戲」，偏重戲文的表演。當年曾聘請日人一條慎三郎做解說（臺灣日日新報 1933.07.07 第二版 第 11944 號）。以筆者欣賞過小西園《武松打虎》的經驗研判，當年這短劇應是以打鬥為主要表演內容的戲齣，目的是為了跨越語言障礙，讓不懂臺語的日本人也能夠欣賞，因此口白臺詞相當稀少。從這些當時媒體報導，可以瞭解這相當宣告北管布袋戲時代的來臨。

臺灣曲館的發展趨勢，與一般人以為日本時代政府強力打壓所有中國文化的刻板印象，正好完全相反。從實際的田野調查發現：臺灣的曲館在日本時代最為蓬勃發展，遠遠超過清朝時代與戰後時代〔註 10〕，這似乎與日本政府對臺灣民間文化傳統的態度有關。除了太平洋戰爭後期的「皇民化運動」之外，日本政府對臺灣民間的文化大都採取包容的態度，尤其是他們相當鼓勵曲館活動。因而臺灣北管音樂曾風行一時，連一些原本非北管後場音樂系統的掌中劇團，也開始加入這種戲曲音樂流行的趨勢，甚至南管承傳系統掌中戲班的主演，也參加社區的北管子弟社（陳龍廷，2000：53）。

日治時期臺灣北管子弟戲，有西皮、福路之分。西皮系統的北管音樂與京戲相當一致，大部分北臺灣的北管布袋戲班，都是承襲這種戲曲音樂，中南部戲班習慣將這類戲曲稱為「外江--的」，而這類後場音樂的掌中班，也稱為「外江布袋戲」。中南部子弟館兩類兼學，而宜蘭、基隆等北臺灣卻分得相當清楚，甚至演變兩派子弟械鬥，即西皮、福路為戲曲分類械鬥。筆者曾經參與彰化地區的曲館、武館田野調查，及資料編纂等工作，我們發現往昔中部地區有名的「軒園咬」，其實是以彰化集樂軒分支出去的軒派，及梨春園為源頭的園派，兩派曲館之間的互相競爭，往往軒者助軒，園者助園，無論是比曲藝高下或人氣旺弱，進一步加強城鄉之間的承傳、聯繫等互動關係（林美容，1997：800）：

新莊北管布袋戲班，很多都出身自新莊「西園軒」北管子弟館，包括「錦上花樓」王定、「新福軒」簡金土、「小西園」許天扶等。「宛若眞」盧水土，人稱「貓仔水土」，採用京戲後場，將連本《三國志》改為布袋戲表演，非常叫座（呂理政，1991：88）。戰後李天祿也模仿京戲的後場與戲齣轉換為布袋

〔註 10〕 以曲館成立的數量而言，清代有 35 個館，日本時代有 189 個館，戰後有 143
個館；而武館的成立數量，清代有 18 個館，日本時代有 223 個館，戰後有 145
個館（林美容，1997：797）。

戲的表演〔註11〕，中南部戲班稱之為「外江布袋戲」。雖然紀錄者沒有明確的標音，無法從《李天祿口述劇本》中感受到李天祿特有的腔調語音。不過仍可比較李天祿擅長演出的《三國演義》〈過五關〉（李天祿，1995I：53），與京戲《劇考大全》（胡菊人，1979：404），即可明白這些主演的創作淵源，其實與京劇的關係相當密切。筆者將之列表如下：

李天祿口述劇本	京戲劇本
胡華：（詩）隱居山林下，喜的是，琴棋詩酒。（坐椅介）（白）老漢，胡華，許昌人氏，只因朝亂奸多，棄官隱居山林，我兒胡班，在滎陽太守王植部下為將。今日閒暇無事，不免莊外遊玩便了。（起身出門介）（唱西皮原版）隱居山林樂陶陶，扶琴飲酒快逍遙。遊玩前山到後山，日落百鳥歸山巢（坐介）。	（胡華上白）隱居山林地，喜的是，詩酒琴棋。老漢，胡華，世居許都城外，只因朝中奸佞專權，不願為官，隱居田野，我子胡班，現在滎陽太守王植部下為將。今日閒暇無事，不免到莊前莊後遊玩一番便了。（唱西皮原版）隱居山林樂陶陶，焚香彈琴快逍遙。莊前莊後遊玩到，日落西山鳥入巢。
雲長（唱西皮搖板）曉行夜宿尋兄長，披星戴月馬蹄忙。	（馬童引甘糜關同上）（關唱搖板）加鞭催馬如風湧，那傍坐定一老翁。
小校：二爺，天色已晚，大家找一所在投宿。	
雲長：待某向前，老丈請了。	（關白）看天色已晚，不免在此借宿一宵，明日再行。吓，老丈請了。
胡華：來的可是二將軍關雲長？	（胡白）來者莫非關將軍麼？
雲長：啊！某與老丈素不相識，怎知某的名姓？	（關）我與你素不相識，為何認得某家？
胡華：久聞將軍，赤面長鬚，在曹營之中，斬顏良誅文醜，如雷灌耳，今見將軍，相貌堂堂，故而冒叫一聲，將軍莫怪。	（胡）久聞將軍，赤面長髯，在曹營之中，曾斬顏良，誅文醜，威震天下。今見將軍相貌相似，故而認得。
雲長：豈敢？	（關）原來如此。
胡華：將軍今欲何往？	（胡）將軍意欲何往？
雲長：河北尋兄，行到此間，天色已暗，要借寶莊，投宿一宵，明日早行。	（關）要到河北尋兄，只因天色已晚，欲在寶莊借宿一宵，明日早行。
胡華：這有何難？請到寒舍一敘。	（胡）請到寒舍一敘。

〔註11〕 依照許王的報導：李天祿頗崇拜盧土水，口白、口氣都是學盧土水，甚至戲班團名「亦宛然」也承襲自盧土水的「宛若真」。而小西園在他父親許天扶的時代，只有採用平劇的音樂、鑼鼓點來搭配演出，並沒有學習京劇的腔調、口氣（林明德，1999：17～20）。

李天祿口述劇本	京戲劇本
雲長：皇嫂在車輛之上。	（關）還有二位皇嫂。
胡華：請到莊內歇息。（向幕內白）丫環走上（一丫環上）好好陪同二位皇娘，後面歇息。	（胡）還有二位皇嫂，請到莊後歇息。丫環走上（丫環上）陪伺二位皇嫂後面歇息。（丫環引甘麋下）

　　由此可知外江布袋戲的表演內容，與京戲的密切關係。不過筆者親自欣賞過李天祿的表演，他的口氣雖然模仿京劇，但對白的部分並非完全講「官話」，而是濃厚泉州腔的臺語，否則一般觀眾可能完全聽不懂。

　　常見的北管布袋戲劇目有《取五關》、《斬瓜奪棍》、《渭水河》、《走三關》、《晉陽宮》、《天水關》等，如《倒銅旗》、《斬瓜》等難度相當高的北管戲齣，仍有布袋戲班學過。布袋戲主演大多是參加地方的戲曲子弟館，連帶著戲曲音樂所學來的劇情，布袋戲主演與曲館子弟之間關係密切的現象，許多布袋戲主演本身，就是地方曲館的北管先生，或主演出身自曲館世家。這種民間人才交流的關係非常活絡，曲館的人才不但可以擔任布袋戲的後場師傅，而對布袋戲表演有興趣者，還可以「整布袋戲團」。同樣的，布袋戲的師傅，也可能因後場音樂的興趣，而受聘為地方曲館的先生（陳龍廷，2000：62）。

　　來自北管的劇本，大多是武戲。如黃海岱由北管亂彈學來的《倒銅旗》，是全本福路戲《破五關》中「泗水關」的一段，內容敘述唐代開國武將秦瓊，受封為掃隋大元帥，銜命破五關。到泗水關時，靠山王楊林奉隋煬帝之命擺下銅旗大陣，並修書向羅藝請求相助。羅成前往助陣之前，母親告訴他說，前來破陣的是他的表兄秦瓊，必要時暗中幫助，最後羅成協助秦瓊破銅旗陣。這齣戲的情節相當簡單，重點放在英雄豪傑的如何與敵軍廝殺的武打招式。這類型的戲齣，可說是結合北管子弟戲，及武館文化的布袋戲表演。其中羅成與守關主將東方白、東方紅，分別教其軍隊演示了三個陣式：雙龍出水、八門金鎖、五虎擒羊，都與武館的陣法有關。主角秦瓊使用的雙鐧，是武館中常用的短兵器之一。

　　武館是臺灣的村庄開發過程中，有相當重要社會功能的志願性社團。在清代械鬥盛行，而農村子弟為了保衛家園，利用閒暇學習拳術、陣法、舞獅等技藝。這樣的民間文化更進一步孕育了純粹以武打取勝的布袋戲表演，甚至有的主演以「武戲霸王」的名聲響遍南北二路。

二、武戲霸王的誕生

　　日治時代的臺灣，過去的仕紳官宦階級沒落，取而代之的是新興的農村文化，最重要的就是各地林立的曲館、武館等民間社團。臺灣特殊的歷史情境，造就某些地方尚武的風氣，塑造了特殊的社會文化，如武館林立、獅陣盛行。據筆者在彰化的田野調查，我們瞭解這樣的武館文化，其實與地方庄廟迎神賽會的活動息息相關，甚至成為同一庄頭團結的象徵（林美容，1997：805）：

> 彰化的武館大多與當地庄廟的活動有相當密切的關係，他們或為了
> 庄廟的迎神賽會，或為了團結庄民，往往就成立了武館的陣頭，其
> 形式有獅陣、龍陣、宋江陣。這些陣頭若配合十八般傢俬的武器，
> 才稱之為「武陣」，否則若只有弄獅頭、弄龍而已，就稱之為「文陣」。
> 過去，這些武館陣頭通常被視為同一庄頭團結的象徵，在迎神賽會
> 中是很重要的代表。通常一庄只有一獅陣，若同時有兩獅陣存在，
> 迎神賽會時則會出現激烈的「拼館」，如二林萬興庄就曾經存在兩陣
> 不同的館號的獅陣。

　　這些地方的「精神氣候」為這類型的布袋戲表演提供基本觀眾。處於這樣的環境，布袋戲創作者朝武戲的熱鬧場面發展，似乎是一種必然的趨勢（陳龍廷，2000：62）。從歷史發展來看，布袋戲的武戲最遲從日治時期就已經相當流行。在觀眾品味大為改變的情況下，一些固守偏重文戲傳統的老藝人，也不得不改學起布袋戲尪仔的武打招式。老輩藝人都還流行一句俚諺「食老，即咧學跳窗」，指的就是武戲盛行的時代傾向。從布袋戲的表演來看，操作戲偶模擬真人的走路姿態，要練到維妙維肖的地步相當困難；布袋戲的武打，因為戲偶操作非常靈活，跳窗反而是最簡單，而武器的對打招式比較需要苦練，尤其是各項「傢俬」（ke-si）都有各自獨特舞動的特色，非得觀察入微，加上苦練，才能夠打得虎虎生風。

　　五洲承傳系統第一代祖師黃馬，他的師傅蘇總當年學成布袋戲後，在西螺整布袋戲班「錦春園」，由於他本身精通武術所以武戲在行，但因為他對武術的熱愛，後來將整個戲班給門徒黃馬，自己改行當拳頭師傅。臺灣布袋戲的重要特質之一，應該就是武術表演，而這項武戲的傳統，似乎來自於布袋戲演師在承傳之際，逐漸將民間喜好拳腳功夫的草莽生命力，注入原本文人雅興的布袋戲表演中。五洲承傳系統的門徒中，筆者看過臺中第一樓掌中班

林瓊琪的表演，林瓊琪，因生肖屬雞的緣故，人稱「雞仔師」，他對戲偶武器對打的招式，練得相當精湛，無論是刀、槍、藤牌等，一招一式，各有其特色，看起來就好像眞實的武器對打過招一般，令人嘆爲觀止，就好像在欣賞武館陣頭的「對套仔」（tùi-thò-á）一般。

武戲盛行的時代，布袋戲界出現許多武戲霸王，關廟玉泉閣黃添泉是相當著名的一位。黃添泉擅長以木偶表演刀槍對打、跳牆、木棍展花、空中翻跳等高難度動作，甚至能以木偶演出宋江陣。宋江陣在南臺灣的屏東、高雄、臺南等地的迎神賽會中，是很重要的陣頭。宋江陣的操練稱爲「牽箍」（khan-khoo）。「箍」就是宋江陣操演時，整隊排成員圈的隊形，而操演陣式約十八套，次序如下：龍吐耳、跳四門、走蛇洄、跳中村、開斧、蛇脫殼、田螺陣、雙套、連環套、蜈蚣陣、排城、破城、跳城、交五花、四梅花、八卦陣、黃蜂結巢、黃蜂出巢。而宋江陣操練中使用的武器，以齊眉棒最多，其餘如頭旗、雙斧、大刀、雙鐧、雙劍、雙刀、鏈仔刀與盾牌、勾鐮槍、斬馬、扒仔等（董芳苑，1982：28）。對布袋戲創作而言，宋江陣確實提供給主演創作的靈感淵源。玉泉承傳系統的門徒之中，筆者還欣賞過黃順仁的武戲，在高速的對打過程中最令人目不轉睛的是，在戲偶互相交錯的刹那間，原本左手操作的戲偶已經換到右手，正好與另一尊木偶對調過來。所謂的目不轉睛，並非形容詞而已，而是現場觀眾即使再怎張大眼睛注意看，似乎也沒辦法察覺什麼時候主演悄悄地完成這樣的對打動作。都是等到發現戲偶不知什麼時候已經對調，才不由得發出驚嘆聲。

西螺新興閣鍾任祥，在戰後戲園布袋戲也被稱爲武戲霸王。鍾任祥據說曾拜過西螺振興社的蔡樹欉爲師，又曾跟過張二哥學白鶴拳。他本人對武術功夫的興趣，演起武戲，可說是內行中的內行。他曾在警官學校演布袋戲表演，那些高級警官都學過柔道，知道如何制敵克剛。鍾任祥以他過去學過的大刀步演三國誌中的關羽，舞臺上這仙尫仔將大刀弄得殺氣淋漓、虎虎生風，幾乎與眞實的武術沒兩樣，觀者無不動容，忍不住與熱烈的掌聲（陳龍廷，2000：57）。

三、古冊戲的誕生

日治時代中南部的戲班，已經開始著手改造戲曲音樂，創造出專門配合布袋戲使用的「北管風入松」，使得布袋戲團獲得改編章回小說以適合舞臺演出的自由。據學界的研究發現，當時許多北管子弟投入布袋戲後場當樂師，竟而將北管音樂縮減、改爲爲適合布袋戲表演的後場配樂（徐雅玟，2000：15）：

因爲當時許多北管子弟投入布袋戲後場行業，有感於正統戲曲音樂在布袋戲演出時節奏上的搭配不足，遂將最熟悉的北管戲曲音樂中擷取部分曲牌，如西洋音樂的「變奏曲」模式，改編成各式不同性質與風格的配樂曲，其中以【倒頭風入松】旋律最多。(---) 雖然運用的是用同一曲調，但經過樂師們精湛演奏技巧與內涵，樂曲透過快慢、長短、管路、配器、裝飾音等不同的表現方式，依然可以表現出柔美的，(如五馬風入松)、激烈的 (如武打風入松)、逗趣的 (如三花風入松)、快速的 (如過場風入松) 等各類風格互異的後場配樂，非常適合戲法變化快速的布袋戲使用。

南投新世界掌中班的陳俊然出版後場配樂的唱片，可說是從日治時代到戰後臺灣民間樂師對後場音樂改革的時代紀念碑。這些後場配樂的發行獲得劇團極大的迴響，因而後場逐漸剩下一個負責 teh-kài（壓介）的師傅，負責前後場串連的鑼鼓點，而音樂演奏的部分開始爲唱片所取代。這套布袋戲後場專用唱片，據悉是陳俊然當年集合南投、員林等地一流的後場樂師灌錄而成的。從相隔半個世紀的距離來欣賞，可說是紀錄了戰後戲園音樂風格。這些布袋戲配樂的共同特色，就是音樂長度非常短，有的甚至不到一分鐘。在這麼短暫的時間內，卻能保有戲曲音樂的氣氛，不得不讓人佩服這些民間樂師的改編能力。筆者將這套唱片細目整理如下：

年代	唱片內容	唱片編號	劇　團	錄製型態
1969	七字仔、都馬寶島調、都馬調、背詞仔、慢頭風入松、南管、串仔、寄仙草	中聲唱片 CSN-1	南投新世界劇團 陳俊然領導	LP 唱片
1969	劍鬥專用、緊仙	中聲唱片 CSN-2	南投新世界劇團 陳俊然領導	LP 唱片
1969	金殿用、爲官用、員外及走路用、哭科、陰調、倒板、流水、板仔曲、風入松慢板、風入松快板、急三昌、陞堂、緊通	中聲唱片 CSN-3	南投新世界劇團 陳俊然領導	LP 唱片
1969	五馬管、吉他揚琴風入松、阿哥哥風入松、怪聲	中聲唱片 CSN-4	南投新世界劇團 陳俊然領導	LP 唱片
1969	風入松慢板、風入松快板、陞堂、緊通、過場、迎神拜神娶新娘通用	中聲唱片 CSN-5	南投新世界劇團 陳俊然領導	LP 唱片

對於布袋戲口頭表演而言，這麼簡短的配樂，可說是相當經濟有效的創作元素。這套配樂唱片有幾項特色，首先劍鬥專用的配樂佔相當重要的部分，這說明了 1960 年代臺灣布袋戲表演的現象，即武戲為主的布袋戲佔據主流地位。最有趣的是，風入松音樂的大量出現。風入松音樂，大多從北管音樂精華萃取而來，做為場景之間的過場音樂。日治時代彰化、臺中、南投一帶，有許多的北管子弟館師父投入布袋戲的行業，在他們投入布袋戲的實際演出經驗當中發現：原有的北管戲曲音樂配合布袋戲的演出，卻顯得相當冗長，因此他們從傳統北管戲曲音樂擷取【風入松】曲牌音樂，重新編曲而成，主要的目的就是搭配布袋戲表演。這些後場樂師創造的風入松，有的甚至冠上【阿哥哥風入松】、【吉他揚琴風入松】的名目，可說是臺灣化的布袋戲音樂。

「北管風入松」的影響是全面性的，一方面臺灣民間曲館盛行，已經培養相當鼎盛的戲曲音樂欣賞人口，另方面是因節奏輕快、熱鬧、簡短，使得表演創作可以從戲曲唱腔脫離出來，使得敘事的表演可以更自由，而劇團也順勢融合北管戲劇本及章回小說，更豐富了戲劇創作的想像空間。在新款戲曲聲腔的廣泛影響之下，布袋戲團將章回小說改編成適合舞臺演出的故事。章回小說，臺灣人通稱為「古冊」，依此演出的戲碼即「古冊戲」，如《大唐演義》、《月唐演義》、《萬花樓》、《薛仁貴征東》、《五虎平西》、《羅通掃北》、《七俠五義》、《三國演義》或《濟公傳》等。

此後，金燕唱片、永久唱片等公司，也陸續出版布袋戲後場的專業配樂唱片。大量運用後場配樂唱片之後，劇團幾乎完全從後場師傅的制約底下，完全解脫出來。主演可以全心全力與排戲先生構思故事創作，而完全不受到後場師傅的影響。布袋戲後場唱片的出現，意味著新時代的錄音工具已經逐漸影響到整體布袋戲的表演形式。原本的布袋戲後場，是由後場樂師搭配主演的口白、戲偶操演的現場演出方式，從此逐漸被唱片所取代。1970 年代戲園布袋戲後場，演變為只需要一位頭手鼓負責與前場搭配的鑼鼓，及一位專門負責配樂的工作人員。鑼鼓師傅搭配主演的口頭表演，兼播放唱片，其工作內容實際上已取代原先負責絃樂、管樂的師傅。甚至演變到後來為節省人員開銷支出，布袋戲後場只剩下一位配樂師傅。如果有機會欣賞到有配樂師的布袋戲演出，看到他專心聆聽前場口白表演，飛快而且精準地抽換唱片、夾式、卡式錄音帶等繁雜的工作，真令人大開眼界。然而現成錄製音樂的大量使用，同時也意味著後場戲曲音樂迅速衰退。臺灣整個社會審美氣氛的趨

勢不斷改變，傳統戲曲歌詞的語言隔閡之外，民間的曲館組織衰微，觀眾越來越缺乏欣賞戲曲音樂的修養，不容易感受戲曲音樂性的優美。

四、金剛戲的廬山真面目

掌中戲班在戲園做商業性質演出的，稱之為「內臺戲」；在酬神祭祀場地演出的，叫「外臺戲」，又稱「民戲」、「民間戲」，或帶有貶意的「棚腳戲」、「野臺戲」。「外臺戲」是提供劇團基本技術磨練，與生存的主要經濟來源，而「內臺戲」則提供讓布袋戲發揮自由創作的想像空間，本身如同欣賞職業棒球比賽一般，必須付費收門票，稱之為「布袋戲商業劇場」（陳龍廷，1995a：150）。

布袋戲商業劇場的經營，與祭祀劇場不同。內臺布袋戲的經營，可分成兩種模式：一是租戲園，二是瞨戲（pák-hì）。通常較負盛名的掌中班，傾向於租戲園的經營模式：劇團在表演檔期中所獲得的門票收入，除了必須按合約支付戲院老闆租金、稅金、水電費等開支之外，其餘所得都歸劇團所有。戲園布袋戲盛行的年代，甚至有專門負責接洽劇團與戲院兩者之間的中介者，他們介紹出戲機會給戲班，並從中抽取佣金，即俗稱的「班長」。劇團與戲院之間中介的有力者，甚至事先預付前金租劇團來戲院表演，即「瞨戲」。劇團一旦接受瞨戲的模式，就不需負責門票收入的盈虧，他們所獲得的酬勞幾乎都是固定的。

戰後早期臺灣商業劇場，不需要扮仙戲，只演日戲、夜戲。後來金剛戲大為盛行的時代，甚至演變為日戲兩場、夜戲一場。通常日戲比較多上年紀的觀眾，因而演出的劇碼都屬於古冊戲。夜戲的觀眾比較多年輕人，因而劇團通常安排自行創作的金剛戲齣。劇團的主演只負責夜戲，而日戲則交給練習口白技巧的學徒。布袋戲進入戲園之後，除了後場音樂產生變革之外，在劇情內容最大的改變就是：不再滿足於改編自章回小說的古冊戲，而更進一步創作有飛劍、奇俠等幻想的「劍俠戲」。閣派著名的《蕭寶童白蓮劍》、五洲派的《五美六俠〔註12〕》等，都是布袋戲主演揉合劍俠劇情的創作。這些表演故事都是隨著主演者自行編造的，其特色我們只要拿出情節中的一段來

〔註12〕 無論是《蕭寶童白蓮劍》或《五美六俠》，可能在日治時代就已經出現，但缺乏實際演出的紀錄。從筆者掌握的資料，可以肯定這些創作在戰後初期就出現，如1951年12月崙背五縣園廖萬水在臺中合作戲院演的《錦飛劍大破陰陽樓》、1952年7月賜美樓在嘉義大光明戲院演的《五美六俠大破江南九雲寺》、1952年9月斗六福興園柯瑞福在臺中合作戲院演出的《新俠白蓮劍大破七星殿》。

看，就可以瞭解，如《五美六俠》劇情：慈悲仙姑交付徒弟殷飛虹「子午悶心釘」，要飛虹下山助巡按大人李文英建功立業。李文英率領三俠等大隊人馬前往江西平定匪亂，孰料哈虎、哈彪中途攔路，以「子午神光罩」捉走三俠，欲剖取三俠的心肝下酒。危急之際，殷飛虹銜李文英命令前來解圍，不僅以「子午悶心釘」救三俠脫險，並剿滅一班匪徒（黃海岱，1999）。在這樣的情節中，「子午悶心釘」與「子午神光罩」可說是最重要法寶，而對布袋戲的舞臺表演而言，卻是輕而易舉的，只要隨著樂聲揮舞著道具，就可以讓觀眾想像奇異的法寶的神奇力量。這種在情節中穿插法寶的表演，無論是「子午悶心釘」、「子午神光罩」或戲劇中最主要的英雄趙飛翎受佛祖法令而追隨的「西方錦飛箭」，都是劍俠戲相當顯著的標誌。

五洲派有「西方錦飛箭」，相對的閣派也有「西方白蓮劍」。趙飛翎受佛祖法，必須受滿百劫才能功德圓滿；西方大俠蕭寶童奉師令下山，必須斬一百零八魔（林鋒雄，1999）。五洲派的有《五美六俠》，也就是前後出現五位英雌、六位英雄，關廟玉泉閣也來一個「十三俠」、「卅十六俠」，或乾脆濃縮為兩位俠女加上三位大英雄的招牌戲《三雄二俠女》。不管是幾位英雄俠客，最後終究會團結會合而成為正義之師，而他們所要打敗邪惡勢力的巢穴，無論叫「玉青樓」、「八寶樓」或「七星殿」，總是有著複雜危險的機關陷阱。

劍俠戲相當重要的情節，都圍繞著舞臺上出現的法寶或寶劍，而且都是具有靈性，會自動飛出斬殺妖精的法寶。這種有俠義之士，以飛劍或飛箭，斬魔除妖的戲劇，通稱「劍俠戲」。劇情中常出現奸臣的子弟仗著官府的惡勢力，欺負良家婦女。正在危急時，正好出現卅六俠中的英雄俠客，將壞人打得落花流水。為何這樣的劍俠故事如此大快人心？或許就是戰後 1950 年代的臺灣，一般民眾經歷了米糧缺乏、通貨膨脹、合作社倒閉、舊臺幣換新臺幣等經濟恐慌。在官方「取締迎神賽會」、「嚴禁大拜拜」的嚴厲管制底下，連精神寄託的宗教，都有被視為「非法集會」的危險。劍俠戲中武功蓋世、仗義勇為的俠客，或許正好反映當時臺灣人心底的悲情與渴望，期望有那樣的俠客英雄打倒邪惡的勢力（陳龍廷，1997a：47）。

戰後臺灣布袋戲最常演出的劇目，除「劍俠戲」外，就是關於少林寺的英雄傳奇故事。布袋戲的「少林寺」，並非河南嵩山少林寺，而是福建九蓮山的少林寺。相關的故事經過許多民間的創作者接力陸續編寫，並沒有前後一致的標題，而故事的主題，也隨著參與創作者的差異而重心有所調整。早期

少林寺的故事很短，在日本時代臺灣民間人通稱爲《方世玉打擂臺〔註 13〕》或《萬年清〔註 14〕》。戰後香港的作者「我是山人」接續這套故事，並將故事的重心由少年英雄胡惠乾、方世玉身上，轉移至洪熙官等人反清復明的重任上，即《三建少林寺〔註 15〕》。故事由二次火燒少林寺之後，洪熙官身負家仇國恨，要三建少林寺，打倒滿清，對抗峨眉派高手白眉道人。少林寺英雄傳奇的故事，對布袋戲的影響非常深遠。西螺新興閣的鍾任祥當年，曾經把他由西螺武館「振興社」所學到的拳腳功夫放入少林寺戲齣，而創出了「拳頭戲」。武館的武術豐富布袋戲的創作，這是結合武館招式與少林寺故事的演出，在戰後曾大受歡迎（陳龍廷，1994b）。

　　嚴格說來「金光戲」並非精確的名詞，而應是「金剛戲」。這個名詞源於戰後全臺各戲班競演《火燒少林寺》，書中提及內家工夫的三種層次，包括刀槍不入的「金鐘罩體」等，進而在各戲班衍生出「金剛體」或「達摩金剛體」。在戲班主演、排戲先生與觀眾三方面互動之下，所誕生的情節創作，深刻地反映了時代社會脈動的和聲。年輕一輩的主演爲了更進一步演義少林寺的故事，接續英雄的系譜，最後發展出轟動一時的「金剛戲」。劇中人物之仙道鍊氣士，即稱「先覺」，當然被隨著他們所練就內功的深厚，出場時必搖動五彩布旗以示金剛飽滿，如臺詞所形容的「金光閃閃、瑞氣千條」，此即一般媒體稱之爲「金光戲」一詞的由來（陳龍廷，1997a：50～58）。

　　1950 年代吳天來與李天祿所創作的《四傑傳》，是以「青天一鶴漢文人」、「百草翁」等武功蓋世的人爲維持武林正義，而展開鬥智鬥勇的戲。這齣戲是吳天來的第一齣戲，也可說是專業排戲先生開始參與布袋戲創作的重要指

〔註 13〕　《方世玉打擂臺》，曾以歌仔冊面貌曾大量流行。至少有四個以上的版本，包括廈門會文堂民國本《新刻方世玉打擂臺》、上海開文書局《方世玉打擂臺》、臺北黃塗活版所大正 15 年（1926）版《方世玉打雷歌》、臺北周協隆書局昭和 7 年（1932）版《最新打擂臺相褒歌》等。

〔註 14〕　民間藝人口中的《萬年清》，完整的書名爲《勝朝鼎盛萬年清》，又名《萬年清奇才新傳》、《乾隆巡幸江南記》八集六十七回，北京師範大學出版社，依據光緒 19 年（1893）上海五彩公司石印本，及民國上海日新書局石印本點校。據筆者統計：書中情節大半是乾隆遊江南的故事，而少林寺故事僅二十九回，約 176 頁，佔全書 556 頁的三分之一以下。

〔註 15〕　「我是山人」的《三建少林寺》在臺灣廣爲流傳，包括〈洪熙官大鬧峨嵋山〉、〈洪熙官三建少林寺〉、〈洪熙官三破白蓮觀〉、〈洪熙官大鬧羅浮山〉等集。很明顯的，整個少林寺英雄的重心已經從方世玉，轉移到洪熙官身上。

標。李天祿對吳天來如何由一位教漢文的先生，變成一位布袋戲班爭相邀請的排戲先生，描述得相當清晰：吳天來的父親原本是個打鐵工，平日以打製柴刀、剪刀為生，父親死後，他沒有繼承父業，而和李天祿的後場師傅明仔很知己。明仔知道吳天來的漢文基礎很好，介紹他到亦宛然幫忙。剛開始李天祿請他教大兒子煌仔讀漢文，寫一些《天波樓》的劇本，慢慢地才讓他排戲。他的工作就是前一晚先讀一段古書或小說，消化了解之後趁第二天下午沒戲的空檔，把故事的內容講給李天祿聽，等晚上正式演出時，他站在臺下看，看李天祿如何把他所講的故事搬上舞臺演出來，就這樣慢慢磨，磨了三年後他已經可以幫戲班排戲。李天祿的好友鍾任祥看吳天來戲排的不錯，商量要商借到他的新興閣一個月，於是他就到西螺新興閣排戲，一個月後鍾任祥卻把吳天來留下來教他的兒子鍾任壁。吳天來隨後又被南部的戲班請去，在南部一待就十多年，他也排過歌仔戲，現在南部很多戲班的劇本都是出自他手筆（李天祿，1991：142～143）。對照其他布袋戲界人士的說詞，除吳天來離開李天祿的動機有不同的見解之外，其餘應該是可信的。由此也可以更進一步瞭解李天祿與這種自創武俠戲，即「金剛戲」的關係密切，至少他不但促成了金剛戲著名的排戲先生吳天來的出現，而且他的劇團亦宛然也演過吳天來所創造的《四傑傳》。吳天來的排戲能力，李天祿是這麼形容的（李天祿，1991：143）：

> 我覺得吳天來最擅長安排各種恩怨情仇，他還有一種本事，就是能把「無理說成有理」，大概當編劇的人都要有這種無中生有的本事吧！

這種在布袋戲舞臺上的恩怨情仇，及「無理說成有理」的情節，即1960年代在臺灣風靡一時的金剛戲的最重要特質，直到現在的布袋戲更演變為充滿權謀、詭譎多變的劇情。「愈請愈強」是這個時代布袋戲的戲劇模式，越晚出現在舞臺上的劇中人物武功、聰明、才智越是高強（陳龍廷，1997a：52）。

　　布袋戲排戲先生的後起之秀，首推陳明華。他就是日後在華視以「保鑣」、「胭脂虎」聞名一時的編劇，據布袋戲界的看法，他是將金剛戲的技巧來編連續劇，才會造成如此轟動。廖來興的《五爪金鷹》、張清國的《玉筆鈴聲世外稀》就是陳明華排的。廖來興演的「五爪金鷹」是個雙目失明，眼睛蒙一塊黑布的人，他有一招最恐怖的絕招「內功殺人法」：只要他喘一口氣，哈一

聲，輕則破功，重則「變血水」，廖來興自言道他最擅長這類的 hàm-hì（譀戲）。「變血水」成爲陳明華排戲最鮮明的特色，其原委據說（陳龍廷，1994c：52）：

> 一般觀眾必認爲戰敗的一方必然「被人救去」、「假死」或「和解」，故陳明華針對這種心理，爲了與觀眾鬥智，若要讓一個角色死去就要眞死「變血水」最乾脆，讓觀眾傷腦筋：「這個這麼重要的角色死去了，戲怎麼還有辦法再演下去呢？」結果戲不但再繼續下去，還比原先料想的情節要更好，讓所有人，包括主演本人，在驚奇之餘也稱讚不已。因爲觀眾最討厭老套，一般對這種情節的處理常常是主角已經中傷了，卻還不死，通常是被打落萬丈絕谷，被一癡情女子救起，再來兩人相戀，此女的師父或父親不允之類節外生枝的情節。

新一代推陳出新的布袋戲，將戲劇的重心更單純地放在英雄俠客身上。這時臺灣南北各個著名的掌中劇團，幾乎都有自己的招牌戲，如鄭壹雄的《南北風雲仇》、廖英啓的《大俠一江山》、廖來興的《五爪金鷹》、陳俊然的《南俠翻山虎》、呂明國的《儒俠小顏回》、張清國的《玉筆鈴聲世外稀》、黃俊卿的《文殊世祖》、關廟玉泉閣的《怪俠紅烏巾》等。理論上不同的布袋戲承傳系統，各有其獨特的戲劇創作風格。例如五洲派的始祖黃海岱擅長「三小戲」，通常其門徒大抵也會承襲師傅的特質，而口白臺詞也會比較相似。各個掌中劇團的主演所擅長的角色，幾乎就是主演人格特質的反映，布袋戲學徒「出師」之後，還得看自己的性格以及領悟力，才能夠創造出屬於自己的招牌戲齣。例如寶五洲的主演鄭壹雄，天性就好打抱不平，他掌中最著名的主角「天下美男子」自然也富有江湖人的氣魄與俠義精神。在他看來，他的師兄弟黃俊雄最擅長的人物就是「天生散人」，此角色的足智多謀與神秘莫測，正是黃俊雄的個人性格特質；「進興閣」主演廖英啓最拿手的角色「六元老和尚」，因爲這個人物性格憨厚、愛聽別人誇獎又喜好自我吹噓，非得在廖英啓的戲臺上，才能演得如此幽默生動。

五、解嚴前後的時代新趨勢

1980 年代布袋戲的相關報導，很流行「傳統／現代」思考辯證的二元論。論者大多將李天祿與其它臺灣的布袋戲作對比的關係，於是有所謂的「傳統」、「正統」，及與之對立的「現代」、「金光」。持平而論，這種二元對立的

形容詞，可說是出自觀察者的一種任意的判斷，其隱含的價值判斷很容易產生誤導，或斷章取義式的曲解。臺灣於 1987 年正式解除戒嚴，而於解嚴後一年出版的《臺灣民間戲曲人類學研究論文集：扮仙與作戲》，正好見證了這個時代的氣氛：

> 在一個流動的歷史脈絡中，傳統與現代永遠是一組被當代人用為理解的分類架構；在基本特性上，二者是「相對的」。亦即，當我們或任何時代的人提到傳統與現代時，多半指涉其經驗範疇中可被掌握的時間，因此，如果定義者一旦改變，其所涵括的範圍便自不同。除非我們在企圖呈現一種完整的事物圖像時，很明確的指定涵蓋的內容，才能展現出其本有的性質。否則，傳統是很普化流泛、失之空洞的概念。傳統在此所呈現的階段性特質，已隱含內中本位素質的持續及其變動（王嵩山，1988：225）。

這種二元論的矛盾，就在於「傳統」的概念隨著每個人掌握的時間經驗不同，而有不同的定義，容易流於空洞、主觀認定。他更進一步思考傳統本身有「延續性」的特質，因此傳統必須被視為整體性的活力，或「結構原則」，才能確定傳統文化面對外來的物質、理念、制度的接觸碰撞時，堅持什麼或放棄什麼。更切確說，他所反省的「傳統」意涵，其實包容了「變遷」的概念。這種「傳統／金光」的二元論判斷，當然是經不起「事實」的驗證。在「傳統／金光」的認知架構底下，我們只能認知所能認知的部分，如李天祿以京戲聲腔為特色的「外江仔戲」，以及因緣際會，由法國人將他推向「復古」之路而名噪一時的新聞盛事，而忽略所不能認知的、卻活生生的、多面向的歷史事實，如他演過電視布袋戲，及參與「金剛戲」重要的排戲先生吳天來共同創作的《四傑傳》等，作為一個民間藝人的寶貴的成長歷程（陳龍廷，1999b）。

　　布袋戲在解嚴前後有幾個主要的趨勢。官方與媒體引導的布袋戲發展的主流，開始重新流行「古路戲」（kó-lō-hì），指金剛戲齣之外的古冊戲、劍俠戲，或正本戲。支持者振振有詞的訴求，就是這些戲劇表演有歷史根據，因表演的相關情節不外乎中國歷代的演義小說。1990 年代由公家機關所支持的「文化場」，最流行的戲齣不外乎取材自《三國演義》或《西遊記》。而學校社團的布袋戲活動，大多是學習戲偶的動作，或雜耍等表演，或以

「古路戲」為主要類型的戲劇來做校園巡迴表演。他們從「傳統藝術」的觀點來看待布袋戲，強調布袋戲源自中國的泉州、漳州、潮州等地，以古泉州的木偶雕刻師傅所留下來的作品為楷模。整個公部門的資源都在整理所謂的「傳統布袋戲」，而不屬於這個範疇的作品，則有意無意地被排除在外，時間一久也塑造一般大眾對「傳統」的刻板印象。如許王的經典戲劇整理計畫，也看不到他相當擅長的金剛戲編劇能力，或重新灌錄他當年成名的《金刀俠》；而李天祿的口述劇本中，看不到他的金剛戲齣《四傑傳》、《風刀琴劍鈴〔註16〕》。

　　另一個傾向，是來自海外的知識份子所持的「本土化」批判觀點，他們批評「古典布袋戲」的劇目變來變去，都在中國故事的範圍（陳清風，1996：146）。不過這種完全失去歷史認知的簡化口號，比起為被批判的對象指出一條路要容易多。理論與實踐上似乎仍有相當大的距離，如批評者實際上所編的布袋戲齣《蛇郎君》、《虎姑婆》等，卻似乎看不出實踐「本土化」的企圖。

　　江武昌在員林的歲月，曾鼓舞二水明世界掌中班，共同創作臺灣歷史布袋戲，反而看得出「本土化」的成績。因 1995 年縣議員陳聰結提出「演出臺灣歷史布袋戲」的構想，請江武昌擔任編劇的工作，並答應提供經費上的協助。陳聰結議員頃向於把發生於二二八事件時，鮮為人知的二水人參與的歷史編為劇本，但政治題材對於民間演藝團體而言過於敏感，在劇本處理上和演出上也有其困難。最後達成的共識那就是：以彰化先民開鑿八堡圳的故事為經、以二二八事件當中發生在二水的感人事件為緯、以閩客鬥爭（族群爭紛）為由、以派系分化為諷，將彰化先民開拓史編為布袋戲演出本，劇目就決定為《二八水風雲》（江武昌，1997）。這齣布袋戲創作曾吸引許多媒體的報導，可惜隨著江武昌返回淡水而未能持續下去，目前看到的只有留下影音資料。此外 1998 年嘉義市黃俊信木偶藝術綜藝團演的《南臺灣風雲：鴨母王朱一貴》，又名《朱一貴魂斷六腳溝尾寮》，還有 2001 年之後布袋戲外臺匯演的場合，江賜美將民間傳說片段加入劇情演出，包括新竹雙美人梳粧穴、南投萬丹山十八盒藍、日月潭白茄苳傳奇等故事，而 2004 年臺中聲五洲也改編臺灣民間傳奇演出《臺灣傳奇人物：義俠廖添丁》等。

〔註16〕《風刀琴劍鈴》是五位擅長使用風、刀、琴、劍、鈴等武器，且好打抱不平的隱士，包括「風聲聖人」、「五馬分屍無形刀」、「一琴山人」、「背劍者」等。戲劇的衝突是由神秘怪貓為搶奪寶物，而與五位隱士展開戰爭。

　　這是不可忽略的新趨勢，顯然是由知識份子加入，或在理論創作的支持而展開，但能夠眞正獲得多少民間藝人的支持，是有待時間考驗。知識份子仍然與民間藝人有相當的距離，從臺灣布袋戲演變的歷史來看，無論是太平洋戰爭時期的「皇民化布袋戲」，或戰後「反共抗俄劇」，顯示出知識份子加入布袋戲創作，即使在國家力量的支持之下，仍然不容易成功。而民間的「漢學仔先生」加入布袋戲的排戲，在金剛戲的創作上獲得相當顯著的成功，兩者之間重要的差別因素，可能還需要我們審愼思考。

　　歷史事實與戲劇表演虛幻之間的距離，並不是很容易突破的困境。如何從歷史架構尋找可以花揮想像力的空間，似乎還有等待更成熟的作品誕生。希臘哲學家亞里斯多德，曾經回應過他的老師伯拉圖認爲詩人是「說謊者」的嚴厲批評，他寫下西洋藝術創作理論的里程碑作品《詩學》，並在書中提到：「詩」比「歷史」更哲學、更莊重（姚一葦，1982：86）。因爲歷史所陳述的對象是特殊性，而詩的陳述對象則具有普遍性。歷史所顯示的爲已經發生的事件，而且照時間所紀錄下的各事件之間，並無一定的因果關；詩所模擬的是一個完整的「動作」，所有的各事件之間蓋然或必然的因果關係，所以它所揭示的是可能發生的事，因此它表現的是更高的眞實（a higher reality）。亞里斯多德所謂「詩」包括史詩、悲劇、喜劇等。從這觀點來看布袋戲，天馬行空的金剛戲創造，無非都是爲了滿足現實中無法實現的想法，如男女的情感奇遇，或是刻劃詭奇的人性善惡。雖然表面上看起來的「神奇怪誕」，而如果它表達得很令人信服，甚至引起同時代民眾的共鳴，那麼這種虛構的藝術，可能比起歷史要更眞實。

　　戒嚴時代的臺灣老百姓不敢公開說出自己的政治意見，是相當普遍的現象。藝術創作者在不敢直接面對現實的情況下，選擇在想像的世界得到情緒發洩的滿足，勿寧是比較安全的選擇。這意味著完全幻想的世界，並非就完全與現實無關。張大春在〈看不見的文革—臺灣民粹主義嘉年華〉（2004），尖銳地指出：1970 年代《雲州大儒俠》所掀起的收視熱潮更是空前的，它恐怕也是有史以來最受普遍觀眾歡迎的臺語節目。透過字幕傳譯，聽不懂臺語的觀眾亦能全無障礙地欣賞劇情。但這齣戲的歷史地理背景，卻完全建立在虛無飄渺的遙遠國度，而且虛構的布袋戲人物「史豔文」，卻挑戰了當時黨國機器縮減過後的國小歷史材料，以致於學童所寫的「最崇拜的民族英雄」，作文題材的選擇竟然不是教科書裡的田單、少康、勾踐，或蔣介石，而是「史

豔文」。因此他認為《雲州大儒俠》這個純屬虛構的「擬似古中國」，正是庶民文化對黨國機器在「中國論述」上「雙重的兩難」所發動的反撲。他這麼評論 1970 年代布袋戲的意義：

> 「史豔文」此以一角色的造型和性格微妙地隱喻著臺灣人──本省
> 人的處境；在黃（俊雄）的設計裡，這位最終當然會以武力取勝的
> 英雄在大部分的情節裡不是受傷、便是受誣，卻仍近乎固執地堅持
> 中國傳統主流思想──儒家；的處世風格，這反而使急於伸張正義、
> 懲治惡徒的庶民觀眾對世俗化了的儒家道德教訓產生不安和疑慮。
> 觀眾不得不因「史豔文」所遭受的磨難來怪罪儒家道德教訓延長拖
> 宕了英雄的痛苦。（---）由「史豔文」所示範的囚犯髮型則在爾後數
> 十年間以百計的武俠電影、電視劇和漫畫等通俗文中被無限複製。
> 囚犯或流放者於焉同本土的悲情英雄相溶接、形成互文。而這一庶
> 民反撲要比知識界、文化界的本土關切早了至少六年。

很令人驚訝的，該文對「史豔文」囚犯髮型的詮釋，與筆者碩士論文（1991）及〈布袋戲人物的政治詮釋：從史豔文到素還真〉（1999a）有頗雷同之處〔註17〕。雖然這篇文章論點還有商榷餘地，而其目的在於將《雲州大儒俠》布袋戲所掀起的熱潮當作值得批判的「臺灣民粹主義」的源頭。不過值得注意的，顯然該作者肯定地認為「史豔文」的忍辱形象，與戒嚴時代臺灣人的處境相互呼應，而這些來自臺灣布袋戲的文化抵抗（resistance），比起知識份子在 1976 年前後所掀起的「鄉土文學論戰」，至少要提早六年。這個躲在純屬虛構的時空表演的

〔註17〕 如筆者文章所論的：「史豔文最突出的形象是一種為天下蒼生而受難的英雄。
從木偶造型來看，史豔文的固定造型「散鬃」，其實是傳統戲曲中囚犯的髮型，
就舞臺上的涵意而言，意味著這個人物是必須身負重任以期「待罪立功」的
待罪之身。1970 年電視布袋戲的劇情中，史豔文還有一些很特別的受難場景，
例如「被捉而釘於十字架上，遊街示眾，並於三月後要起火燒死史」，或「叫
史戴上鐵鍊，往鞾靼磨練三月謝罪」。而另一位英雄人物六合，在 1973 年的
〈六合三俠傳完結篇〉中，還出現過六合「通過七十二丈之遠的刀山，腳底
下已鮮血直流」的情節。為何在這個時代所突出的英雄形象是一種受難的、
悲情的英雄呢？我們在史豔文身上所看到的，並不是一個布袋戲人物而已，
如同丹納所言「辨別出群眾的複雜而無窮無盡的歌聲，像一大片低沉的嗡嗡
聲一樣」，這些複雜的和聲反映了臺灣人自己沒辦法為自己的命運當家作主的
悲哀，呈現出 1970 年代臺灣人政治上的集體潛意識」（陳龍廷，1999a：176
～177）。

布袋戲，反而可能是戒嚴時代臺灣人唯一可以凝聚共同時代感的地方。如張大春所說的，站在國民黨政府的立場上看《雲州大儒俠》，它的確是危險的。這是日治時代結束，臺灣交還中國人統治以來的第一次，臺灣庶民以一個純屬虛構的人物在執行其「擬以古中國」的英雄任務中顛覆了中國論述。

而延續自黃俊雄電視布袋戲《雲州大儒俠》的秦假仙，在霹靂布袋戲當中，仍然能言善辯，雖然有一點點正義感，卻又貪生怕死，這樣的個性卻也讓他福大命大，活得好好的。在霹靂布袋戲中，生性樂天，活得天長地久的秦假仙，毋寧是臺灣廣大民眾的化身。有時秦假仙與小跟班的對話之間，卻很自然地透露出時事議題，包括臺塑六輕開發與土地飆漲、鴻源地下投資公司發生的金融危機、股票大跌、環境保護等議題，乃至公共政策的評論，或「政治是一種高明的騙術」這樣的流行話語，都藉著秦假仙之口說出（陳龍廷，2005a：94～95）。

由此看來，虛構故事的歷史，有時比起歷史故事的虛構，要更接近真實。面對本土化題材的時代趨勢，歷史的真實如何在表演藝術中呈現，這是個很值得反省的問題，值得我們共同思索。

第三節　布袋戲的承傳系統與發展

臺灣布袋戲的承傳系統，幾乎都是從前面提過的南管、潮調與北管等各種戲曲源流演變而來。有少數天才主演，從小就對布袋戲表演有相當的興趣，而學藝的過程，多半還是會跟隨臺灣著名戲班，而成為師徒相傳繁衍的承傳系統。

一、虎尾五洲園承傳系統

五洲園，是黃海岱在雲林虎尾所創的。臺灣民間廣為流傳的俗語：「虎尾好詩詞」，「虎尾」就是指五洲園的代名詞，形容黃海岱布袋戲口白文雅，出口成章。

「五洲園」班名，黃海岱向父親黃馬學藝出師之後所組的。原名「五州園」，著眼大正九年（1920）臺灣總督府的市街改正計畫，將全臺分為臺北、新竹、臺中、臺南、高雄等五州，及臺東、花蓮港、澎湖等三廳。意喻日後名揚全臺，後改為「五洲園」，更彰顯年輕的雄心壯志，期盼有朝一日以掌中技藝征服世界五大洲。

　　黃海岱初整團時，在中南部各鄉鎮巡迴表演，尤其是將清代著名的公案小說搬上布袋戲舞臺，立刻博得觀眾的喜愛，轟動一時。尤其在臺南新化，每年七月中元節的酬神演戲，黃海岱整團南下，一演就是整整二個月。因此，新化一帶的耆老以「紅仔岱〔註 18〕」的暱稱來叫黃海岱，對他鋪排過的戲劇情節更是如數家珍。

　　而與新興閣鍾任祥的園派、閣派大拼戲，更是雲林父老所津津樂道的往事。鍾任祥小黃海岱十歲，人稱「矸仔師」，擅長武戲，黃海岱則以詼諧的「三小戲」聞名。「三小戲」指主要由小生、小旦、三花三種戲劇行當，所編而成的戲齣。兩人各有專長，也各有死忠擁護的戲迷。在雲林西螺以西的埔心、廣興村、下埤頭、油車、崙背、褒忠、麥寮、許厝、草湖一帶，黃海岱較佔優勢；西螺以東的頂埤頭、莿桐、廣興、大茄苳、斗南、林內可說是鍾任祥的地盤。而西螺、二崙、虎尾、馬公厝、土庫一帶，雙方則是勢均力敵（陳龍廷，2000）。

　　戰後臺灣戲園布袋戲開始萌芽，五洲園沿著臺灣縱貫線各地戲園表演。為了應付各地觀眾熱烈的需求反應，黃海岱不得不廣收門徒，甚至一度將五洲園分為五團，除了自己執掌「五洲園本團」之外，其餘戲班都交給兒子與徒弟們，其中黃俊卿「五洲園二團」、黃俊雄「五洲園三團」更是青出於藍，而徒弟鄭壹雄「寶五洲」、廖萬水「省五洲」、胡新德「新五洲」、詹寶玉「錦玉社」等各據一方，奠定五洲派日後揚名立萬的基礎。尤其是黃俊卿、鄭壹雄、黃俊雄等各自擁有三、三十名以上的門徒。黃海岱的再傳弟子當中，鄭壹雄的學生「五洲小桃源」的孫正明、黃俊雄的門徒「正五洲」呂明國、洪連生等，都是出類拔萃的人物。

　　黃海岱的兒子，黃俊卿是戰後戲園布袋戲的霸主，黃俊雄的電視布袋戲是 1970 年代最有族群藩籬的全民運動。至於孫子輩的黃文擇、黃強華創造的霹靂布袋戲王國，黃文耀的天宇布袋戲等，都在臺灣布袋戲史上留下一連串的驚嘆號。黃氏家族四代人承傳的掌中技藝，及所注入的改革心血，可說是臺灣布袋戲發展的歷史縮影。「五洲園」傳授的門徒遍及全國，如果稍將冠上

〔註 18〕　黃海岱在戰後早期戲園布袋戲的演出廣告，有時不直接稱「五洲園」，而叫「紅岱戲團」，由此可知「紅岱」的盛名響亮。據筆者田野調查與研究，民間人口中的「ang-á-tāi」或「ang-tāi-á」，照理應該寫成「尪仔岱」或「尪岱仔」，意思相當於木偶大師黃海岱。臺灣民間人習慣將職業與人名並稱的情形相當普遍，如雲林水林蕃薯厝的潮調布袋戲師傅「戇帶師」，外號叫「尪仔帶」。

「五洲」的戲班做統計，至少全臺灣有超過三分之一以上的戲班屬於這個承傳系統。

五洲園派，可說是臺灣影響最爲深遠的布袋戲承傳系統。其風格特色就在於「五音分明」，各種腳色獨特的聲音區分清晰，而透過腳色想向所創造的音色，往往給人留下深刻的印象。而且五洲派在戲劇表演中，偏好穿插「謎猜」、「對聯」等文字趣味遊戲的情節段落，形成一種文言、白話交錯的風格。

依筆者長久觀察，黃海岱的表演有很濃的即興風格，即使看似千篇一律的劇情，他每一次演起來，不但對白細節有所差異，甚至可能連結局都會有所不同，在戲劇界稱呼這種表演方式爲「做活戲」。因此，黃海岱的表演相當活，完全不是「口白念死--的」。除了口白相當程度口語化，而且經常吸收流行話語，無論是來自太平洋戰爭時代日語漢字的詞彙「爆擊」、「情報」，或1980年代新聞媒體的用語「掃黑」、「刑事組」等，相當自然地夾雜在臺語當中，所以即使故事時代背景在遙遠的古代，給觀眾的整體觀感卻是相當新鮮靈活。

這種即興風格對五洲派徒子徒孫的影響相當深遠。後期霹靂布袋戲的轉變，可說又是另一層變革。後期霹靂布袋戲已經邁入劇本文學，不列入口頭表演討論的範圍。

二、西螺新興閣承傳系統

新興閣，是鍾任祥（1911～1980）在西螺所建立的。鍾任祥十三歲時，便開始擔任布袋戲主演，以「矸仔師」馳名中南部一帶。日後，在戲園布袋戲的時代，「西螺」幾乎成爲新興閣的標誌，除了劇團布景繪有腳踩螺殼的雄獅爲象徵，報紙廣告有時甚至也沒有劇團名稱，只有斗大的外號「西螺祥」三字。

鍾任祥師承他的父親鍾任秀智，原爲潮調布袋戲。在鍾任秀智之前的祖先，大多只有鍾姓與任姓家族祖先姓名，他們之間如何承傳，尚未有足夠資料說明（沈平山，1986：337；林鋒雄，1999：352）。據說鍾任秀智先是擔任潮調布袋戲的後場樂師，精通各種樂器，後來才學習前場表演（林鋒雄，1999：353）。在鍾任祥的手中，他吸收北管戲曲音樂的後場，並將西螺武館的拳腳武藝融入布袋戲的表演當中，贏得「好尪仔架」、「閣派好武戲」的美譽。一般戲劇界幾乎都公認「紅岱師好文戲，阿祥師好武戲」，意思是黃海岱擅長文戲，而鍾任祥以拳頭戲名震一時。據說鍾任祥曾拜過西螺振興社的蔡樹叢爲

師，又曾跟過張二哥學白鶴拳，他本人對武術功夫的興趣，因此演起武戲可說是內行中的內行。原本以文戲為特長的潮調布袋戲，在他手中變成以武戲聞名。

戰後，以黃海岱為師的「五洲派」與以鍾任祥為首的「閣派」，雙方派下徒弟眾多，在各地戲院經場有拼戲的熱烈場合。戲班之間的拼戲，從創作的觀點，卻是促進雙方在技藝上精益求精，而失敗者在殘酷的競爭之中，觀摩別團的演出特色或吸收其它視聽藝術的經驗以為營養，以求反敗為勝。

新興閣承傳系統以「新興閣二團」鍾任壁、「進興閣」廖英啓、「光興閣」鄭武雄（林啓東）、「隆興閣」廖來興等四大系統，都是縱橫各地戲園的掌中名班，傳徒較多，影響力最大。

鍾任祥的兒子鍾任壁，1932 年出生於雲林西螺鎮，戰後公學校畢業後就跟著在劇團學藝。1953 年鍾任壁在嘉義文化戲院，開臺演出《鋒劍春秋》、《蕭寶童白蓮劍》等戲碼，都獲得極好的票房。從此展開縱橫南北的演出事業，最負盛名的戲齣包括《洪熙官大破七十二連環島》、《奇俠怪影》、《大俠百草翁》、《斯文怪客》等（林鋒雄，1999：356）。不過，鍾任壁壯年時代的演出，似乎沒有留下有聲資料，因此近年來傳藝中心經典保存計畫，算是彌足珍貴的資料。

鄭武雄 1937 年出生於嘉義梅山，十五歲時進入「新興閣」學戲。1953 年初，鍾任壁分團為二團，廖英啓在一團做午場主演，鄭武雄在二團做二手。十八歲時，「新興閣」成立第三團，由鄭武雄正式擔任主演。當兵退伍後，鄭武雄決定自己組班「光興閣」。鄭武雄當年是闖蕩臺灣南北各地戲園的老將，最擅長的招牌戲《大俠百草翁》。他的門徒曾錄下他壯年時在臺北佳樂戲院演出的口白，筆者曾經聽過這些錄音，無論是陰沈神秘，或詼諧笑鬧的戲劇氣氛掌，都握得相當得體。大臺員掌中班劉祥瑞的《大俠百草翁》，可說是承襲自鄭武雄的戲齣，

廖啓英在「新興閣」學藝與演藝歲月長達十年之久，1956 年正式組團「進興閣」，成為內臺布袋戲名班之一。廖英啓曾與排戲先生吳天來、陳明華合作，他們所創造的《大俠一江山》、《六元老和尚》馳名一時。表演最顛峰的年代，廖英啓曾在鈴鈴唱片灌錄《孫臏下山：秦始皇吞六國》，而「史豔文」帶動電視布袋戲流行的年代，1971 年廖英啓曾與陳明華合作，在中視推出《千面遊俠》。

　　廖來興、廖武雄兄弟是「新興閣」鍾任祥門下相當重要的一支兄弟檔劇團。廖來興（1929～2002）是雲林縣崙背鄉人，二十六隨時正式拜鍾任祥為師，三十歲左右出師組班「隆興閣」，與當時還在「新興閣」學藝的廖武雄一起在戲園奮鬥。他們曾經重金聘請陳明華所排的招牌戲齣《五爪金鷹》，風光了十幾年（陳龍廷，1994c）。

　　新興閣派的風格，比較偏好武打為主的「三大戲」，即大花、老生、正旦為主的戲齣，對於歷史典故掌握很熟練。與其他布袋戲承傳系統相較之下，他們的戲劇創作相當重視聘請排戲先生與劇團的合作關係。這層合作關係，讓他們的表演事業，在戰後戲園奠定深厚的基礎。當布袋戲幾乎完全失去戲園的舞臺之後，他們對於昔日複雜情結構成的金剛戲齣大多比較生疏，反而不如他們當學徒時代所熟悉的古冊戲、劍俠戲。依他們的說法，學徒時代的課程已經「學入腹啊」或「tiâu 腹啊」，想要遺忘也不太容易。

三、關廟玉泉閣承傳系統

　　玉泉閣，是臺南關廟黃添泉（1911～1978）開創的。

　　黃添泉的父親黃春源原本為引戲的班長，後來自己出資整籠。黃添泉十三歲就能擔任主演，有「仙仔師」的雅號，後來正式拜師朴子「瑞興閣」陳深池，據說僅習藝二十七天而已，可說相當天才型的主演。陳深池可說是南臺灣閣派的宗師，除了黃添泉之外，屏東「全樂閣」鄭全明、麻豆「聯興閣」胡金柱、臺南「興旺閣」楊金木、「天天興」鄭能波等，都是出自他的門下。

　　戰後布袋戲界所謂的「五大柱」：「一岱、二祥、三仙、四田、五藏」，指的是虎尾五洲園黃海岱、西螺新興閣鍾任祥、關廟玉泉閣「仙仔師」黃添泉、麻豆錦花閣「田師」胡金柱、屏東東港復興社的「藏師」盧崑義。黃添泉專精武打戲，將南臺灣盛行的宋江陣武打招式融入表演當中，普獲好評，而「關廟仙仔師」之名也響遍臺灣各地戲園。

　　玉泉閣興盛之時，也分為二團：一團由他的兒子黃秋揚主掌；二團由他的姪子黃秋藤擔任主演。黃秋揚是他最得意的掌中技藝接班人，有「武戲霸王」的雅稱，可惜三十二歲英年早逝。

　　「玉泉閣二團」黃秋藤，則在戲園布袋戲的舞臺上闖出一片天地。他在師傅傳授的武戲基礎，再加上劍俠小說，而創造出膾炙人口的《三雄二俠女》。1970 年還曾經在中國電視公司演出《楊州十三俠》、《武王伐紂》。黃秋藤傳徒

甚廣，其中最重要的便是「美玉泉」黃順仁。早年筆者採訪他時，他認為師傅黃秋藤的戲劇創作，也是從傳統的劍俠戲擷取精華，再加以重組的。黃順仁以自編的金剛戲齣《胡奎賣人頭》馳名南臺灣，後來接續黃秋藤在中視演出《無情劍》。

玉泉閣承傳系統的風格比較偏向白話，文言音系統方面的口白較少。早年黃秋藤所灌錄的布袋戲唱片，整體表演相當有「廣播劇」的味道。尤其他與黃素珠共同合作，創造出男女擔任不同角色的對白模式，相當不同於傳統主演一人獨攬全部的口白的形式。1960 年代黃秋藤編的布袋戲齣相當多，目前所知的有聲資料，至少包括惠美唱片出版的《卜世先生》、《朱素貞巡案》、《三雄二俠女》、《劉伯溫奇傳》等。而錄音帶時代，則只有黃順仁的弟弟黃順興灌錄、杏聲唱片公司出版的《西岐封神榜》、《黃巢試寶劍》等。

四、林邊全樂閣承傳系統

全樂閣，是鄭全明（1901～1967）所開創的布袋戲承傳系統。

鄭全明是屏東林邊放索村人，年輕時拜師岡山跛齊，後來正式拜師朴子「瑞興閣」陳深池。戰後戲園布袋戲盛行的年代，鄭全明以精湛的武戲，與東港復興社的「藏師」盧焜義的愛情戲齊名。

鄭全明傳徒甚廣，包括「全樂閣二團」鄭來法、「全樂閣四團」鄭國安、「國華」鄭來成、「新紫雲」劉春蓮等，其中鄭來法與劉春蓮兩大系統的影響力最廣。劉春蓮的學生劉勝平，在 1984～85 年之間，華視演出《多情流星劍》、《流星海底城》、《七巧多情劍》。

鄭來法是鄭全名的兒子，雖然目不識丁，但其掌中技藝最為人所稱道的是詼諧的「三小戲」。在戲園布袋戲的時代，他曾經聘請過許多著名的排戲先生，幫他編排新劇情。鄭來法傳徒最多，包括「新全樂閣」陳朝岸、「明興閣」蘇明順、「大自然」陳勝雄、「金樂園」吳清德、「新樂閣」鄭川田等也都曾經在各地戲園表演過。

全樂閣承傳系統以往很少看到表演的有聲資料，直到 2001 年傳統藝術中心「屏東縣祝安、全樂閣、復興社掌中劇團經典劇目劇本整理計畫」，才看到一些相關的資料。整體看來，全樂閣承傳系統的風格比較偏向白話口語的風格。

五、南投新世界承傳系統

南投新世界，是陳俊然所創立的布袋戲承傳系統。在臺灣兩大布袋戲主流，園派，閣派父子技藝承傳的局面之外，他能夠開創出獨創一格的世界派，實在相當傳奇。

陳俊然（1933～1997），原名陳炳然〔註19〕。南投民間鄉人，童年時期即進入當地的北管子弟館學習戲曲，後來拜師「森林園」鄒森林學布袋戲。然而，他出師之後，卻經歷過多次的失敗，最後又投入西螺新興閣鍾任祥門下。

歷經當時的布袋戲名師的磨練之後，陳俊然成立「南投新世界」，從此名聲響遍南北二路的世界派出現江湖。1953 年他以一齣自編的《江湖八大俠》扎下根基。這齣戲又名《玉蝴蝶》或《玉蝴蝶反奸》，主角是外號「玉蝴蝶」的周雲，其經歷跟歌仔戲《秦世美反奸》的「秦世美」相似，都是一旦事業成功，便忘記糟糠之妻的忘恩負義的人。據說是當年正值他最失敗落魄的時候，借住在員林劉火營家中，遍覽群書，絞盡腦汁構思而成的戲劇創作。從戲院演出資料來看，他在 1953～54 年之間，夜戲經常以這齣戲為招牌，在嘉義文化戲院、臺中合作戲院一演再演，似乎有欲罷不能的趨勢。陳俊然對臺灣布袋戲最大的影響力，是他所灌錄的近百齣唱片布袋戲，包括《紅黑巾》、《韓信操兵》、《武松打虎》、《孝子復仇記》、《五龍十八俠》等，幾乎沒有一齣不是經過他的情節巧妙編排而變成經典。他所創造的《南俠翻山虎》，也成為世界派的招牌戲，尤其他所創作的小人物，如「福州老人」、「土俠無牙郎」等幾乎是當地布袋戲的代名詞。1960 年代廣播布袋戲盛行，中南部地區，陳俊然布袋戲擁有為數相當龐大的死忠戲迷的支持，而成為當時廣播電臺的賣座節目。

陳俊然傳徒甚多，如果連其他派門的學徒，私底下從陳俊然灌錄的唱片學會「開口」的例子來看，更是不計其數。他的門徒較出名的約有二十餘位，包括茆明福、陳山林、藍朝陽、張俊郎、洪國楨、「目鏡--的」張益昌等。其中，外號「黑人」陳山林，他的口白非常鮮活逗趣。1970 年代，陳山林在南臺灣的鳳山，及屏東的民立廣播電臺表演《南俠風雲》，其風靡的程度，據說高雄、屏東一帶的計程車司機每天布袋戲播音時間，都乾脆完全休息不做生

〔註19〕 據說當年他曾經很不順利，有後場打鼓師傅指點他將「炳」（péng）改掉，才不會有翻覆的意象。果然此後，事業一帆風順，幾乎使得人們一提到南投布袋戲，就聯想到「陳俊然」，而忘記其原名。筆者所蒐集的陳俊然早期 1952～54 年戲院演出資料，仍是以「陳炳然」的原名闖蕩江湖。

意。陳山林著名的作品，包括《南俠翻山虎》、《紅黑巾》、《五龍十八俠》、《江湖八大俠》等。

世界派第三代的門徒，以「斗六黑鷹」柳國明最為重要，他所灌錄的專業布袋戲錄音帶不下二、三十齣，包括《萬花樓》、《五虎平西》、《五虎平南》、《三國演義》、《天寶圖》、《月唐演義》、《羅通掃北》、《仁貴征東》、《紅黑巾》、《南俠風雲》。柳國明擅長「大花戲」，他的五音分明清晰，刻畫木偶舞臺上的角色性格，無不入木三分。他的代表作《萬花樓》，龍圖閣大學士包公辦案的勇猛威嚴，及武將莽夫焦廷貴的粗線條個性，「鳥屎面」劉慶的詼諧灑脫，令人印象相當深刻。

世界派的承傳，應歸功於始祖陳俊然對於臺語語言教育的重視，據說他曾聘請私塾「漢學先」傳授文言音，為門徒的口白創造奠定基礎。世界派的表演風格，偏好小人物的刻畫與想像，屬於民間底層社會開玩笑的「孽話」比較多，一般臺灣布袋戲界稱之為「山內底氣」。

六、新莊小西園承傳系統

小西園的創團者許天扶（1893～1955），人稱「拗訥（àu-tùh）師〔註20〕」。

許天扶十五歲時，在大稻埕拜師「楚陽臺」許金水。許金水即是艋舺南管布袋戲老師傅陳婆的得意弟子。三年後出師，受聘擔任新莊「錦上花樓」主演。許天扶曾加入新莊北管子弟館「西園軒」，學習唱老公末的戲曲腳色。1913 年，他買下板橋「四時春」的戲籠，正式成立「小西園」（吳明德，2004：149～150）。

小西園是日治時代新莊布袋戲的後起之秀，繼承許天扶的衣缽的，最重要是長子許欽的「新西園」，及次子許王。許王早年擔任父親的助手，後來實際擔任劇團的主演，除了在臺北布袋戲戲園中曾經刮起一陣旋風，在外臺演出曾經廣受熱情觀眾組織「椅子會」來捧場。1964 年許王曾與鈴鈴唱片公司合作，將許多他廣受歡迎的戲齣，包括《金刀俠》、《三國因》、《西漢演義》等，灌錄相當多的布袋戲唱片。1970 年代黃俊雄電視布袋戲引發一陣熱潮，許王應邀在中視演出《金蕭客》，塑造出膾炙人口的角色，如「雲山秀士」、「七殺浪人」等。1980 年之後，許王成為臺灣文化界閃亮的寵兒，經常出國表演。

〔註20〕據老布袋戲藝人黃海岱說：「àu-tùh 師」的由來，是因為平日表情嚴肅的形容詞 àu-tùh-tùh 之故，熟似的朋友就以此綽號稱呼他。

早年許王曾經聘請過「片先」、「沙聲仔」、「連堂先」、吳天來、陳明華等（吳明德，2004：156），而他自己的排戲能力，似乎也在集各家之長之下，所磨練出來的。許王也曾經幫某些劇團排過戲，據聞鄭壹雄就曾經請他排過《武林三奇》等戲齣。

許王的口白比較多文言文，念白幾乎遵照傳統章回小說的語法，例如許王沿襲自父親的南管籠底戲《二才子》，書生韋佩埋怨他相當自然地唸出「爲人女婿」，語法比較文言，而不是白話的「做人的囝婿」。以文謅謅的臺詞塑造書生的談吐口吻，是可以瞭解的，而運用「女婿」一詞，並非生活中語彙「囝婿」（kiáⁿ-sài），與一般人的語言接受距離更遠。

七、大稻埕亦宛然承傳系統

大稻埕亦宛然的創始者李天祿（1910～1998）。

他是 1980 年代臺灣回歸傳統時代的傳奇人物，隨著媒體報導及口述傳記《戲夢人生》的出版發行而家喻戶曉。由臺灣布袋戲的發展歷史來看，布袋戲回歸傳統的潮流，或許可以將之視爲重新尋找生命力源頭的一種時代潮流。

臺灣布袋戲的整體演出環境開始漸入窘境，肇因於 1974 年黃俊雄布袋戲禁止在臺視播出，連帶的也影響到布袋戲在戲園生存的空間（陳龍廷，1999b）。許多臺灣布袋戲界著名的藝人逐漸淡出舞臺，或轉行經商，原本全臺灣各地都有專門演布袋戲的戲園，這時開始衰減，於是布袋戲劇團演出的機會就剩下爲慶祝神明生，或爲謝神而演出的「民戲」，即俗稱的野臺戲。面對這個困境，包括李天祿在內的許多布袋戲師傅都已經是半退休狀態了。1977年農曆正月十五，李天祿在臺北溪洲底社子附近的土地公廟演出，散戲時，李天祿正式宣佈退出戲劇界，解散亦宛然，從此，所有的戲棚、尪仔全部封箱（李天祿，1991：184）。但在 1978 年，李天祿應邀到法國巴黎參觀訪問，而他法國的徒弟班任旅也成立了「小宛然」，經過媒體的爭相報導，形成了 1980年代以來要求布袋戲表演回歸「傳統」的呼聲。因政府的重視，李天祿相關文物的保存最多，也最廣泛。

李天祿的學藝過程，相當奇特。從布袋戲師承來看，他承襲自南管布袋戲的開臺祖陳婆，陳婆傳許金水，而許金水也就是許天扶，及李天祿的父親許夢冬的師傅。李天祿的南管布袋戲應該是繼承自父親許夢冬（沈平山，1986：436）。

　　李天祿實際的作品相當多樣，應歸功於他年輕時參加過平劇的票友（李天祿，1991：117），後來不僅吸收平劇的後場音樂，也吸收不少平劇的戲齣。根據民間曲館子弟的戲曲分類名稱，一般將「平劇」稱呼「外江仔戲」，而布袋戲後場以平劇為主的演出，也就被稱為「外江--的」。這種以平劇為後場的布袋戲，可說是北臺灣布袋戲的一種流行，很難說是哪一位布袋戲演師的創舉。此外，他也是第一個聘請排戲先生吳天來創造「金剛戲齣」，如《四傑傳》、《風刀琴劍鈴》的布袋戲主演。不過，目前這些「金剛戲齣」，都只有剩下相當簡略的題綱而已。

　　李天祿演出的有聲資料，目前所知最古老的應該是鈴鈴唱片出版的《唐朝儀》、《珍珠寶塔記》等，但這些老唱片很難找到。不過，1988 年「臺灣地區傀儡戲、布袋戲、皮影戲綜合蒐集整理計畫」也曾經錄製一些戲齣，如《劈山救母》等。

第四節　小結：布袋戲的兩種審美態度

　　從布袋戲在臺灣兩百年來的發展歷程，重新回頭思考所謂的「傳統」，是相當值得玩味的。敏銳的學者會發現「傳統」隨著每個人掌握的時間經驗不同，而有不同的定義，容易流於空洞、主觀認定。如果進一步思考傳統本身有「延續性」的特質，則傳統必須被視為整體性的活力，或「結構原則」，才能確定傳統文化面對外來的物質、理念、制度的接觸碰撞時，堅持什麼或放棄什麼。更切確說，「傳統」意涵其實包容了「變遷」的概念：

> 變遷是一個「連續的過程」，因此在變遷現象的掌握上，也就必須要界定地域、時間間斷與情境；並且在現象的探究上，也必須指明各種發展、成長或退化的階段，從而使之顯現出某種因果關連與特性的趨向。變遷在此意義之下，可被視為一種為完成的事實，是一件事物或社會狀態，從各種可能性走向實現的過程（王嵩山，1988：226）。

這種變遷過程，並非一朝一夕之間突然改變的，隨著個人見解差異於是有爭論出現。有人認為傳統布袋戲應該是「三分前場，七分後場」（李天祿語），也有人認為應該是「七分前場，三分後場」（鍾任壁語）。如果我們放在歷

史變遷的過程來看，這兩種看似水火不容的觀點，都可以找到其對應的歷史舞臺。在布袋戲與民間曲館文化結合的過程當中，美的欣賞對象著重在音樂聲腔的表演。但隨著後場樂師逐漸將複雜的北管音樂，濃縮成適合舞臺表演的「北管風入松」，加上後場配樂唱片的出現，前場的戲劇表演隨著從音樂聲腔的束縛中解放出來，而走向欣賞自創性故事與舞臺視聽效果的另一種表演。可以說布袋戲主演者的職責與觀眾的審美趣味，在經歷了戰後商業劇場的洗禮之後，已有了天翻地覆的改變（陳龍廷，1995a）。

布袋戲在臺灣發展歷程，至少發展出兩種不同的審美態度。一種是以音樂抒情的美感爲主，木偶的表演純粹只是搭配音樂，故事並不是最重要的，這種審美態度與西洋的歌劇相似。類似此類布袋戲表演風格，筆者稱之爲「準戲曲風格」（quasi-opera style）。以音樂抒情的美感爲主，木偶的表演純粹只是搭配的次要角色，布袋戲班的演出也就是符合一般戲劇界所稱的「三分前場，七分後場」。在這種審美態度的引導之下，一場表演除了前場負責操偶與口白的表演之外，鑼鼓絃吹等後場師傅的搭配更是重要。往往戲班的主演對後場的師傅以「先生禮」相待，除了口頭對後場師傅以老師頭銜尊稱之外，好學的主演實際上確實也在散戲之後，趁酒酣耳熱之際，向後場師傅學習戲曲音樂。五洲承傳系統的元祖黃海岱所學過的南北管戲曲音樂，除了年輕時代參加西螺錦城齋的北管子弟館之外，有相當多的曲牌是在劇團南北奔波之際，從後場樂師口中所學到的。但時隨著審美態度的轉變，布袋戲表演逐漸傾向於以欣賞故事情節爲主的，音樂變成陪襯或烘托氣氛的功能，這時戲班前後場的搭配關係轉變爲「七分前後，三分後場」。既然觀眾注意的焦點，都著重在前場師傅操作木偶與口白的故事表演，音樂逐漸變成陪襯的角色。

另一種審美態度是以欣賞故事情節爲主的，觀眾的注意力都集中在懸疑的情節，木偶的表演是爲了描述曲折離奇的故事，音樂變成陪襯或烘托氣氛的功能而已，這樣的審美態度與臺灣民間的「講古」相似，這樣的布袋戲表演可稱之爲「敘事風格」（narrative style）。如果我們瞭解臺灣布袋戲發展歷程的演變嬗替，至少存在這兩種不同審美風格表演，那麼也比較容易釐清布袋戲前後場搭配的時代差異。「準戲曲風格」的布袋戲，雖然著重戲曲音樂的欣賞，從口頭表演來看，布袋戲的觀眾並非以閱讀字幕的方式來瞭解戲劇，而是直接訴諸他們聽覺上的語言理解。這些「準戲曲風格」的布袋戲語言，是否能夠讓觀眾直接經由耳朵的判斷就能夠聽懂是頗有問題的。在表演戲齣方

面，除了早期由唐山過臺灣的籠底戲之外，在歷史演變的過程當中，布袋戲不斷地由其他「非布袋戲」的表演藝術吸收過來，如北管布袋戲的出現，即是吸收臺灣各地流行的亂彈戲戲碼。後來的傾向是「古冊戲」，吸收章回小說的情節而進行舞臺表演的改編創作。表演風格轉變最大的關鍵，就在於對於一般庶民大眾相當不容易聽懂、且節奏略嫌沈緩的戲曲音樂進行改造，而民眾也樂得將布袋戲表演當作一種口頭表演的藝術，享受創作者天馬行空的編造故事的想像力。從口頭文學的觀點出發，本書將研究重心盡可能地放在「敘事風格」作品的分析。

第三章　布袋戲發展歷程的語言考察

　　面對布袋戲臺灣化的發展歷程，不可避免地必須思考：它如何由「地方戲劇」，轉變成民族文化的象徵，甚至是臺灣的意象？1990年代臺灣布袋戲興起復古的風潮，讓人們重新關心起這個被忽略已久的民間藝術。筆者在討論李天祿的時代意義時，提到晚年的李天祿所帶動的一股布袋戲的「復古風」，對於布袋戲表演而言，或可說是對1960年代以來，布袋戲過份強調劇情之趨勢的一種反省。相對的，因為演出環境的變遷，一般的野臺戲既然已經失去觀眾，木偶表演就隨隨便便應付了事，這也是備受媒體記者或知識份子所詬病之處。是這股復古風潮，將布袋戲的欣賞，由著重劇情，轉變為著重操縱木偶的掌上功夫，及戲曲音樂上（陳龍廷，1999b：153）。但隨之而來的臺灣各地興起的校園布袋戲，大多侷限在認識布袋戲，及教導學生如何操作木偶。布袋戲的年輕學習者，在學過掌中技藝之後，一旦要開口說臺詞時，常出現非常生硬不自然，甚至錯誤百出的語言。更嚴重的是，布袋戲創作者遷就於學生普遍低落的母語能力，反過來配合他們的語言現狀，甚至出現要求布袋戲改用華語演出。負責布袋戲推廣者似乎都避免去碰觸言語的問題，不願意去面對布袋戲的語言如何學習，或如何欣賞的問題。這是個缺乏關注，或蓄意被忽略的問題，並不等於完全沒有討論空間。布袋戲的語言傳承，或說母語存亡的問題，不但是每況愈下，甚至已經是病入膏肓。

　　年輕一代的布袋戲迷，幾乎完全置外於整個臺灣歷史、社會。早期的布袋戲歷史及其演變歷程，似乎都視若無睹，甚至是極端輕忽的態度。活在當下的感官世界當中，欣賞這個世代的布袋戲作品，倒也無可厚非。但令人驚心動魄的卻是，這些年輕的戲迷對於臺語的理解力與接受能力，有每況愈下的傾向，反映在布袋戲表演問題上，最奇特的現象，就是原本與臺語緊緊結

合在一起的口頭表演藝術，到現在卻變成需要以「翻譯」的方式存活，甚至可能自動放棄母語的危機傾向。如果布袋戲放棄自己的母語，在自我否定自己語言的情況之下，那麼臺灣布袋戲將何去何從？將如何生存得有尊嚴？

從口頭文學的觀點出發，需要釐清的是布袋戲使用的語言系統。重新回到田野調查資料及歷史文獻之間的對話與考察，這些複雜糾葛的語言問題才能得到妥當的解答。相對於臺灣眾多的傳統戲曲，布袋戲能夠深獲人心應當有其特殊的地方，就在於語言的使用策略。布袋戲出現的大量白話的文化現象，是基於什麼文化思考邏輯才產生？而這樣的文化邏輯，如何在民間社會經過不斷的歷練與累積？

在臺灣移民社會，轉型為土著社會的過程，移民分佈語與言腔調所形成的邊界，如何被布袋戲之類的表演藝術所跨越？這些邊界的跨越，對於臺灣各地言語的腔調產生什麼作用？布袋戲表演者對於各種腔調採取什麼樣的態度如何？或說，布袋戲之類的表演藝術在「臺灣話」的形成過程中，扮演什麼樣的角色？

最後要瞭解的是布袋戲藝人的言語能力來源。布袋戲主演經常為強調他們高人一等的語文能力，他們基本的語文涵養從何而來？特別是考察民間漢文傳統教育與布袋戲的關係。布袋戲曾經藉助電視字幕來輔助口頭表演，但否過份倚賴字幕而產生另一種質變的問題？

以下從布袋戲白話意識的覺醒、言語腔調的邊界與跨越、臺灣民間的漢文傳統，及書面文字與口頭表演的辯證關係等四個角度來探討。

第一節　布袋戲白話意識的覺醒

清代或日治時代，由中國輸入臺灣的戲曲相當多，而布袋戲應該不是最古老的，不過卻後來居上，成為最受民眾廣大歡迎的戲劇之一。觀察昔日布袋戲在臺灣傳統戲劇市場佔有率，我們必須思考戲劇與觀眾之間的關係：為什麼布袋戲表演能夠在臺灣擁有如此廣大的觀眾？值得分析的是，布袋戲的語言與觀眾階層的關係。其次從布袋戲表演體系出發，重新思考「白字布袋戲」歷史發展原委，及「白字」對於文學史發展的重要意義。

一、戲劇、語言與觀眾階層

關於傳統戲劇在臺灣的發展，清代文獻資料大多僅提及極簡單的名詞而

已，缺乏明顯的數據可資比較。日治時代臺灣總督府文教局社會課曾舉行大規模調查，時間是 1927 年 3 月。這次調查的重要性，就在於可能是臺灣有史以來首次落實到基層的調查活動，如臺南州（即現在臺南、嘉義、雲林），由該州的警務當局命令基層的庄長，調查管區內的中國戲與臺灣戲。要求他們選出「精於斯道者」的劇團，並調查出該團劇團名、劇種、重要演題、代表者姓名地址、該劇的社會教化利弊、每年全島巡迴演出天數、收支等七項調查。當年的報導（臺灣日日新報，1927.03.06）：

> 臺南州警務當局。鑒於演劇一道。關於社會人心。至深且切。是以今回為調查上必要。移文郡部。令查華劇與臺劇。將其詳細稟報。如新豐郡。日昨經以此旨。傳達所轄各庄。定來十五日。令各庄長。集現在管內開演中之華劇或臺劇。依規定事項。以公學校通學區域內為標準而開演。選精於斯道者。就其劇團調查。而後申詳其調查規定七。一、劇團名。二、戲之種類。則閩滬正音。四平。亂彈。歌仔戲。掌中戲。傀儡及南北調。三、重要演題或藝題。四、代表者宿所姓名經歷。五、斯劇於社會教化上所及利弊。六、該劇團客年中在島內開演回數及延日數。七、同上收支計算。不明時約略推定云。

這些調查成果在 1928 年集結出版，即《臺灣にける支那演劇と臺灣演劇調查》。從現在學術角度來看，這份調查報告似乎不夠完整，原因在於各地區選出「精於斯道者」的劇團時，可能有所偏頗，或調查的執行能力不佳，因而遺漏許多日後相當具有影響力的戲班。根據調查結果（陳全永，1932：9～11），筆者重新作成〈臺灣各劇種調查的數量比例與語言關係表〉，大致上仍可視為當年傳統戲劇的抽樣比例：

劇種	正音戲	四棚	亂彈	九甲	白字戲	歌仔戲	布袋戲	傀儡
團數	10	10	26	7	13	14	28	3
比例	9.0%	9.0%	23.4%	6.3%	11.7%	12.6%	25.2%	2.7%
語言	北京官語	轉訛北京語	轉訛北京語	泉州語	俗語	臺灣語	臺灣語	轉訛北京語

由上表可知，布袋戲在 1920 年代臺灣流行的各傳統戲劇佔有比例高達 25.2%，其次才是亂彈戲的 23.4%，兩者加起來幾乎相當整體戲劇比例的一半，

第三名是逐漸往成熟道路發展的歌仔戲，佔 12.6%。同時這份調查報告也讓我們瞭解，當年整體表演環境：中國劇團通常是在臺灣各地設備最完善的劇場表演，相對的，臺灣劇團大多是在酬神祭典場合，在戶外搭起臨時戲臺表演。值得注意的是，布袋戲甚至也可在「亭仔腳」搭戲臺開演。戲金酬勞方面，臺灣劇團一般團員十五人到二十五人，每天開演的酬勞約十五圓至二十圓；而掌中戲班的每日酬勞，約七、八圓至十一、二圓左右。

　　1920 年代臺灣流行的劇種所使用的語言，顯然除使用臺灣俗語的布袋戲、歌仔戲等，能夠讓一般老百姓所能容易聽懂明白之外，其餘的戲劇所使用的北京官話，或轉訛北京語，都屬於當年上層社會的流行時尚。這種奇特的社會階層與戲劇品味的關係，曾被 1930 年代的知識份子撰文批評（臺灣日日新報，1933.07.06）：

> 世人貴耳賤目，殊如資本階級，動則曰上海班、京班，下層階級，
> 近又熱狂於歌仔戲，傷風敗俗之事，時有所聞。

這種上層階級崇尚中國上海班、京班的傾向，與現在某些人崇尚外來舶來品的心態如出一轍，而下層階級者喜歡的歌仔戲，常被視為「傷風敗俗」而備受衛道知識批評。布袋戲之所以在臺灣總督府這份調查報告中佔最高的比例，除外在環境，如請戲的戲金相對於其他劇種較為低廉外，最重要且不可忽略的因素，應該就是布袋戲使用的語言，比較貼近臺灣民眾。如當年評論短文所指出的（臺灣日日新報，1930.08.12）：

> 布袋戲，純用臺灣語。極通俗易曉。舉天下間離合悲歡，運諸掌上。

由此重新思考臺灣傳統戲曲的歷史現象：布袋戲這種表演藝術為何能夠深耕本土化；相對的，從中國傳來的平劇京班、亂彈戲、四平戲等戲劇形式，經過時代與社會的「選擇」與「淘汰」的作用，最後卻所剩有限。兩者之間最大的差異，應該就在於布袋戲有意或無意之間選擇屬於民間底層的「聲音」，不但相當通俗易懂，同時有不可忽略的強韌表演的生命力。這層意義，應該我們重新認識布袋戲不可輕忽的重點。

二、「白字」在文學史的意義

　　布袋戲的語言現象相當複雜，並非如此簡單地歸諸「純用臺灣語」就可

以解釋。特別是早期發展過程中出現過的「白字仔」（pėh-jī-á）布袋戲，對於掌中班日後在臺灣具有相當的地位，可說是重要的關鍵要素之一。以下我們詳論「白字仔」的意義，及其相關的語言觀念對布袋戲表演藝術的啓發。

白字仔布袋戲在戲曲分類經常被忽略，其原因應在於它並不強調戲曲音樂特徵，而是語言表達的表演型態。從日治時代臺灣總督府文教局社會課的調查報告，我們發現「白字戲」使用的言語是「俗語」，可見白字戲的認定相當寬鬆，即使演出內容與梨園戲、四平戲、亂彈戲差不多，即使唱腔都延續原有的戲曲音樂，只要演出時人物之間的對白使用「俗語」就算是。從布袋戲田野調查，我們僅約略其表演型態，雖然其後場音樂系統被民間藝人視爲「南管布袋戲」，而從某些戲齣與九甲戲的關係來看，情形卻頗複雜。可見「白字」在布袋戲表演藝術的實踐意義，確實有重新釐清的必要。一般而言，學者認爲白字戲的原意，應是民眾對使用本地方言的戲曲最直接的稱法，有別於正音、官音、正字的戲曲，所以每個地區都有白字戲，因而每個地方、每個不同時期的「白字戲」，其指涉的對象未必指的是同一個劇種（邱坤良，1992：147）。證之歷史文獻資料，如報載短評說的（臺灣日日新報，1918.9.19）：

> 蘇州之灘簧、福州之平講、泉州之南管，皆所謂白字戲也。蓋戲之感人最深，當語言未統一之時代，尤以此爲直捷暢快。

可見白字戲的面貌多端，如上引文所提的蘇州、福州戲曲或許離臺灣經驗較遠，而日治時代的臺灣戲園，至少也出現過泉州白字戲、潮州白字戲〔註1〕、廣東白字戲〔註2〕等。白字戲的實際意義，就在於語言系統未統一的時代，直接使用當地的語言，讓當地的觀眾明瞭戲曲的表演內容，最能達到藝術感動人心的境界，即所謂的「感人最深」與「直捷暢快」。從文學史意義來看，「白字」指對應於白話（colloquial）的俗字，而與古典漢字的使用方式無關。當然我們不可能將「白字」的意涵，完全等同於白話文學的「白話」，但這詞彙

〔註1〕如報載所說的：「此次在新舞臺扮演之潮州班。唱念說白。調與泉州七子班類似。舉止不甚懸殊。殆彼此同其源流。彼爲泉州白字戲。此則潮州白字戲者歟。」（臺灣日日新報，1918.07.25）

〔註2〕據 1928 年的臺灣總督府調查資料：新竹州竹東庄陳阿泉的「永樂軒」，屬於「廣東白字戲」。依其地緣關係，筆者推斷他們的語言應該是海陸腔的客家話，而不是現在通行的廣東話。

的出現，確實意謂著「白話意識」的覺醒：庶民大眾因應口頭表達的迫切需要，而自行創造出另一種與口語相對應的書寫符號，可說是當時的民眾基於漢字知識，而進行符合口語書寫的語言符號改造工程。

這種民間自發性的白話意識何時出現？依照筆者追尋「白字」這個詞彙的根源，最早應該是出現在乾隆十二年〔註3〕（1747）漳州出版，由蔡奭所撰寫的《官音彙解》。這本辭典所收錄的「白字」一詞，見〈戲耍詈罵禁賭語〉所載的（長澤規矩也，1989〔1977〕：1580）：

　　○做正音，正唱官腔；○做白字，正唱泉腔；○做潮調，正唱潮腔。

可見當時漳州不但已經出現唱官話的「正音戲」，也出現唱泉州話的「白字戲」，及唱潮州話的「潮調」。這本工具書本身的編纂體例，其實已經直接展現這些民間流傳已久的白話觀念。依照這本書的使用說明，引文中標示「○」的就是漳州白話〔註4〕的「白字」使用的詞彙，而「正」標示底下的即相對應的官話語詞。筆者將這段〈官話彙解小引〉標點如下（長澤規矩也，1989〔1977〕：1543）：

　　此書後，凡有圈者，係白音。有「正」字者，乃官音。旁有字者，
　　註解。內白音有字者，以本字解之；或無字可解，則借別字同音者，
　　呼平上去入。解之，有註白音者，白；音，即官音也。內中物類十
　　全，註解明白，次序不雜，初學者一件學過一件，自然通曉。間或
　　有忘記者，各有門類可考，不致遺失。

〔註3〕 本文依據的「霞漳顏錦華刊本」，原始封面右欄「西湖蔡伯龍先生著」，左欄「霞漳顏錦華藏板」，編者長澤規矩也並未指出成書年代。而邱坤良根據的「萬寶樓刊本」，指出成書年代1747年（邱坤良，1992：213），應該是有所本的。

〔註4〕 編者題解如下：「此書係以浙江語音與官話對照表為主，而用以學習官話之書」（長澤規矩也，1989〔1977〕：1542），筆者認為編者可能有所誤解。雖然作者蔡伯龍是「西湖人」，卻不一定是浙江杭州的西湖，而福州西湖的可能性應該更高。更重要的，無論是本文所依據的「霞漳顏錦華刊本」，或臺灣大學圖書館楊雲萍文庫收藏的「霞漳大文堂藏板」，都將出版處指向「霞漳」一地，這地名毫無疑問地是福建漳州的古稱，與編者所說的浙江省無關。因此從出版地及其內文來判斷，筆者認為這本書應該是以漳州語音與官話對照為主的工具書。

整本《官音彙解》可說是具體地呈現「白字」語言系統的詞彙與「白話」（即作者所稱的「白音」）的觀念。特別是「白字」詞彙的書寫原則，作者採取找得到漢字的，採取「本字」，而找不到漢字的，則借同音字。證之後代臺灣民間流行的歌仔冊，我們發現許多出現率相當頻繁的俗字或同音字，可說是依循這樣的思考模式下的文化產物。《官音彙解》編纂的原始動機，應該是爲了讓漳州本地人學習官話而編的工具書，但筆者發現它具備另一層重要的文化意義，就是將十八世紀的漳州話詞彙紀錄成文字，而成爲雙語（bilingual）的辭典。辭典的編纂者爲了方便讀者從生活的漳州話來學習官話，因而製作兩種語言系統的對照，結果讓筆者相當意外地發現，辭典中收集相當多古老的漳州話。如戲劇用語「看戲」，相當是官話的「瞧戲」；「做戲」相當是「唱戲」；「揀戲文」就是「摘錦」；「戲一坪」即「戲一本」。而生活用語「琢龜」，相當是「打盹」；「相斟」也就是官話的「親嘴」；「姑情人」，也就是「求情」；「料理完」，就是「打發明白」；「事滲做」，即「胡亂做事」；「火花」，官話就是「火熄了」；「八不八」，就是「認得不認得」；「食了了」，是「吃得精光」；「即大」，相當是「那麼大」；「共你無值代」，以官話說就是「和你無干」；「無心適」，則是「無趣」；「無采工」，就是「可惜了功夫」的意思等。

民間廣爲流傳的「白字」觀念，在後代辭典的編纂與收錄中延續下來。尤其 1873 年傳教士所編的《廈英大辭典》曾收錄「peh-jī」一詞，並相當精確地解釋其意義："characters written according to the colloquial, without regard to classical usage." （Douglas & Barclay，1990〔1873〕：364），由此可知，「白字」就是完全依照白話的語音所書寫的詞彙，而與原先漢字的古典使用意義無關。1931 年臺灣總督府所出版的《臺日大辭典》，也將此詞彙「白字」收錄在書中。可見遲至 1930 年代，臺灣民眾對於這樣的詞彙應該都不陌生，這也意味著「白字」一詞，及其相關的文化現象，都是當時社會所普遍熟悉的。

五洲園黃海岱傳下來的白字仔籠底戲，據說包括《大紅袍》、《小紅袍》、《孟麗君》、《昭君和番》、《二度梅》等（呂理政，1991：202），雖然缺乏實際演出的影音紀錄，而從田野調查得知：白字仔布袋戲的老師傅，大多比黃海岱年長，黃海岱生於 1901 年，由此推斷白字仔布袋戲活躍流行的年代，大約是十九世紀末，最遲應當不晚於二十世紀初。這些田野調查的大膽推論，後來筆者從歷史文獻也找到佐證，如二十世紀初的一篇報導所說的（臺灣日日新報，1900.04.10）：

木偶戲不一種。彼掌中班，土語稱爲布袋戲。亦有亂彈、趙調之分。近日臺中，初來一班掌中戲，其稱謂復出於二者之外，而以白字爲名。聽其聲音，幾令行雲欲過，而舉動鬥舞，尤非尋常木偶所能望其項背。至于戲棚八角，華麗新鮮，亦爲島人目所未經。具此數美，觀者咸謂，別開生面，眞令人興味倍增云。

可見 1900 年的中臺灣仍有白字布袋戲班的演出，而舞臺屬於傳統布袋戲的「八角戲棚」。報導者相當驚訝這種掌中戲，不同於亂彈、趙調（即潮調 tiô-tiāu），因而留下這樣的紀錄，可見白字布袋戲班的演戲範圍並不廣泛，至少臺中這種日治時代的新都會，很少見到他們演出的蹤跡。黃海岱雖然與白字仔布袋戲有承傳淵源的關係，而從他的父親黃馬的時代，就已經開始改採北管亂彈的戲曲後場。雖然民間藝人口中的「白字仔」，大多是指南管系統的布袋戲，但「白話意識」的表演觀念，似乎也影響後來的北管布袋戲的表演方式。更明確地說，白字戲的精神就是在唱曲保持原貌，而對白部分卻已經採用臺灣話。日治時代臺灣亂彈戲盛行，許多掌中班早已經將大量的亂彈戲齣，改編爲布袋戲表演。如黃海岱的父親黃馬（1863～1928），也曾經完全轉向北管布袋戲的表演，但他們的表演言語，是否完全承襲亂彈戲的「轉訛北京語」？對這些觀眾不易聽懂的語彙，他們是否做哪些改變或折衷？雖然我們直接聽聞黃馬當年的表演言語，從文獻資料卻可瞭解，北管布袋戲在語言上確實採取折衷的轉變。這種轉變應是在二十世紀初期，地點就在臺中一帶，因臺灣的仕紳鼓吹，而悄悄進行一場戲劇語言的改革（臺灣日日新報，1902.04.30）：

　　近日有吳鸞旂〔註5〕、楊吉臣〔註6〕、蔡蓮舫〔註7〕各富紳，以昨年

〔註5〕 吳鸞旂是清朝臺中太平庄富紳，光緒十六年（1890）林朝棟負責督勇築位於臺中的臺灣府城，由吳鸞旂等董工。吳鸞旂富甲一方，不僅在臺中市内有座豪華公館，也在目前臺中後車站附近，建「天外天」戲館（即光復後的國際戲院），專供吳家親人招待親朋好友。吳鸞旂墓園，俗稱吳家花園，位於太平市車籠埔冬瓜山，1922年建造，爲現存臺灣最壯麗、最豪華的西式墳墓。

〔註6〕 楊吉臣是林獻堂的妹婿，曾擔任彰化街長，明治38年（1905）與吳德功等人創辦彰化銀行。1921年臺灣文化協會成立時，楊吉臣擔任協理。

〔註7〕 蔡蓮舫是臺中清水的仕紳，明治30年（1897）任大肚上堡長，大正二年（1913）他與霧峰的林獻堂倡議集資，創建臺中中學（即臺中一中）。

> 大羅天之班遣散〔註8〕，梨園中不無減色，何不別開生面，轉而爲
> 新奇之傀儡乎？于是招集子弟十數人，而集成樓之掌中班遂起。日
> 前由臺中直抵臺北，即於大和行開臺。越日又往慈聖宮搬演。查得通
> 班八人皆梨園子弟，頗有名者，大小計二百餘齣。一半是操官腔者，
> 一半是操土語者，是日環睹之人甚眾，多謂傀儡中實壁壘一新焉然。

1902 年左右，臺中的「集成樓」掌中班，不僅受到地方仕紳支持，而且還遠
赴臺北表演。這團掌中班的成員共八名，都是出身自子弟館。最特別的是他
們的表演言語，所謂一半操官腔，一半操臺灣話（土語）。在那個時代出現這
樣的戲劇表演，並非是偶然的文化突變，從某種觀點來看，應該是受到白話
意識的啓發。後代的北管布袋戲，除了少數如《倒銅旗》完全沿襲大戲的表
演，其餘大多已採取北管音樂後場及唱腔，人物對白卻已放棄原始戲曲風格
的語言，而改採通俗易懂的臺灣話。由此我們可以肯定地說，布袋戲班白話
意識覺醒的時代，早在日治時代初期就已經逐漸成熟，「準戲曲風格」的布袋
戲逐漸放棄戲曲語言，而與臺灣本土語言結合。這種轉變傾向，可說是布袋
戲往「臺灣化」方向邁進時最重要的一步。

　　除布袋戲外，歌仔戲雖被衛道之士抨擊爲「傷風敗俗」，卻還能夠強勁地
存活下來，語言的通俗易解應該是相當重要的因素。見證那個時代的臺灣文
學家張文環（1909～1978）曾經將當年民間戲劇的品味轉變，寫進發表於 1942
年的著名小說（張文環，1979〔1942〕：127）：

> 說到大正十三年，那正是臺灣歌劇的全盛時代。歌仔戲從亂彈到九
> 角仔，不管北管也好，或者南管也好，都不再說戲的名稱，而一律

〔註8〕彰化大羅天北京調曲館，是日治初期臺中仕紳吳少泉等人出資倡導的子弟
館，位於彰化線東堡阿夷庄，特別不同於一般臺灣的子弟館以亂彈戲爲主，
他們延請北京調名技師來教學，但似乎「水土不服」，不過幾年就解散。據報
導說：「臺灣梨園未有演北京調者，雖一、二富紳備資教演，亦不過本島舊調，
誠不及北京調萬分之一。其召演梨園，亦絕少佳調。吳少泉君有慨乎此，首
爲之倡而於彰化線東堡阿夷庄，開設大羅天演劇練習所。延善北京調名技師
以肄，新招子弟近已漸次就序，頗有可觀。繼得楊吉臣、吳鸞旂、辜顯榮、
蔡蓮舫、陳培甲、林燕卿、林輯堂、施琢其、楊澄若、楊炳煌諸君，備資購
置清國蘇州上等服飾，不日至臺便可開場演唱，屆時清歌妙舞，別開生面。
不獨服飾之麗都，足誇擅場也，且昇平世界，亦不可少此點綴也」（臺灣日日
新報，1899.11.17）。

> 稱爲男女班要來了。受了客家歌劇對一般的戲劇的影響，戲裡的女
> 角，非由女人扮演，便被認爲是不成話說。即使是亂彈，演到夜裡
> 十一點，到了末尾時，變成了歌仔戲的曲調，使得村子裡的人們大
> 爲高興。歌仔戲爲什麼能夠這樣地抓住民眾的心呢？一方面，這也
> 是由於它與向來的戲劇不同，不再用文言體的科白，而是用易懂的
> 臺灣語來說的。

這篇小說〈閹雞〉，提到臺灣戲劇在大正十三年（1924）的重大變革，可說是
少年時期張文環對臺灣戲劇語言環境改變的敏銳觀察。姑且不論他對於各種
來自中國戲曲在臺灣歷史演變過程的正確性理解如何，在此他強調歌仔戲大
受歡迎的重要原因，就在於「不再用文言體的科白，而是用易懂的臺灣語來
說的」。這也是歌仔戲從一開始被文人貶爲「淫戲」而應予禁止的處境，最後
卻獲得明確社會地位的重要因素。

　　「白字」概念的出現相當古老，最晚在 1747 年就已被收錄在辭典中。這
種堅持民間通俗用語的書寫觀念，及其背後的語言權利的覺醒，對臺灣戲劇
發展有重要影響。從布袋戲發展史來看，至遲在二十世紀初期，已經靜悄悄
地將戲劇的語言，改爲白話與官話參半。相對的，「白話」在文學史成爲鮮明
的概念，反而是 1919 年中國「五四運動」之後才產生的主張，而臺灣的知識
份子還要等到 1921 年臺灣文化協會成立，在中國目睹白話文學運動蓬勃發展
的黃呈聰、黃朝琴等，發表文章鼓吹學習中國白話文（葉石濤，1987：22）。
1920 年代臺灣的知識份子見證當年的時代風氣，而認爲應該回過頭來看看臺
灣民間早已風行的歌仔戲、白字戲，更強調推動白話文學也可以不必捨近求
遠（臺南新報，1925.06.11）：

> 數年來。歌仔戲、白字戲盛行於島內。嬉笑怒罵盡成文章。調韻聲
> 音應絃合拍，識者謂是新文學之進化。其然豈其然歟。世之改革文
> 學者。如善鼓吹之。豈非別開生面之新文學。奚舍近圖遠。拾人糟
> 粕哉。

這位作者感慨 1920 年代某些知識份子倡導以中國爲師的白話文運動，反而忽
略這塊土地存在已久的文化精髓，可說是捨近求遠、拾人糟粕。雖然來自民
間的「白字」觀念，與來自西洋文藝復興之後所推崇的「白話」觀念，不能

說是完全等同一致。但對古典的漢字中心主義者而言，這些重新從民間語音、語詞出發，尋找相對應書寫符號的企圖心卻是值得肯定的。臺灣的知識份子如果能從這種民間文化的實踐中吸取教訓，並累積經驗，或許這股本土自發性的白話文學的發展局面應不僅如此〔註9〕。無獨有偶的，日治時代彰化鹿港人葉榮鐘（1900～1978），曾撰寫布袋戲評論，來回應林炳耀在《新民報》發表的〈臺灣人形劇調〉。葉榮鐘當年曾參與林獻堂發起的議會請願活動，而且在臺灣文化協會但任要角，1931 年與賴和等人創辦《南音》雜誌，以提升臺灣文化為旨趣。在這篇布袋戲評論，他相當明確地指出用臺灣白話的「白字布袋戲」，有其鄉土藝術與民族娛樂的文化意義（葉榮鐘，2002〔1932b〕：308）：

> 林氏〔註10〕分「布袋戲」為南調與北調，南調大概是指定從來的白字布袋戲，北調必定是所謂「官音」的意味吧。這個見解似乎還有略加釋明的必要，因為北調的布袋戲是完全模仿所謂的「官音」的，不過是將人演的「官音」換做木偶登臺而已，沒有「布袋戲」的特色，所以在鄉土藝術的見地來講，還須尊白字的布袋戲為正宗呢！且在民族娛樂觀點看去，也是白字布袋戲纏有發達的餘地的，因為「官音」所用的不黑不白的說白唱念，完全聽不懂。除起小數的知音者而外，沒有容納於一般觀眾的可能性。白字布袋戲那就不然了，它是完全用道地臺灣白話唱念說白，雖然中間亦有夾雜些文句，但也是純用臺灣音讀的，所以容易了解。而且它是重在說白，不重唱念，一發教觀眾容易容易明白劇中的情節，因為是如此，它的曲目，就不得不選擇富於情節的，以繫觀眾的興味，不似「官音」布袋戲，含有歌劇的性質，可以利用唱念的聲樂的較力，來補枯燥無味的曲目的缺點。

葉榮鐘對南管、北管布袋戲特色的理解，雖還有商榷的餘地，但這種相當尖銳的，且富有洞悉力的藝術評論，可說是完全符合其一貫的文藝主張。葉榮鐘曾提倡「第三文學」，認為真正的文學必須超越文人的貴族文學，及左派的普羅文學，先立足在臺灣人特有的人種、歷史、風俗、人情等共通特性，去

〔註9〕 1885 年臺南長老教會所推廣的白話字運動，對於當時以漢字為中心思考的知識份子而言，似乎仍相當陌生。

〔註10〕 本文的「林氏」，指林炳耀。

描寫「現在的臺灣人全體共通的生活、感情、要求和解放的,所以第三文學須是腳立臺灣的大地,頭頂臺灣的蒼空,不事模仿,不赴流行,非由臺灣人的血和肉創作出來不可。這樣的文學纔有完全的自由,纔有完全的平等,進一步也才可以寄予世界的文學界」(葉榮鐘,2002〔1932a〕:292)。因此葉榮鐘對屬於民眾的「大眾文學」,與臺灣民間文學有著相當高的期待。順著這樣的思維邏輯出發,他以臺灣白話為理由來推崇白字布袋戲,批評講官話讓一般臺灣觀眾完全聽不懂的表演,已經失去「布袋戲」的味道。

　　白字仔布袋戲雖然是布袋戲發展的過渡階段,但影響卻是潛在而深遠的。這種堅持戲劇通俗用語的觀念與普及,對於布袋戲發展有相當重要的影響。布袋戲並不是最早傳到臺灣的戲劇,卻是後來居上成為相當受歡迎的本土戲劇,其中不可忽略的要素之一,就在於掌中戲班的白話意識覺醒得相當早。這也意味著,雖然在歷史上臺灣的表演藝術何其多樣,而只有與民眾站在同一空天空底下,呼吸相同的空氣,講相同的語言,能夠打動人新的藝術,才有可能在這塊土地上強勁地生存下去。

第二節　言語腔調的邊界與跨越

　　1930 年代臺灣的知識份子曾為文指出的:布袋戲不同於其他戲曲之處,就在於布袋戲的語言通俗易曉(臺灣日日新報,1933.07.06):

> 他種之戲類,多雜北京音,故觀者難解。獨布袋戲,純用漳泉鄉談,雖毫稚亦能明白。

這篇文章反映出當時一般民眾對於不同劇種的看法。日治時代臺灣上層社會流行的傳統戲曲,多半是採用北京話,或「轉訛北京語」,而布袋戲的語言與臺灣民眾比較接近,無論老年人或小孩都聽得懂。作者提到布袋戲的語言,所謂的「純用漳泉鄉談」,因而老人小孩都能夠明白欣賞。我們既已知道布袋戲的白話意識覺醒得相當早,很早就開始採用白話。臺灣各地有多少種語言族群,就會有多少種白話,那麼掌中班的表演者,除了相當自發地採取自己生長地方最熟悉的白話腔調(colloquial sound)之外,在他們跨越不同的語言族群時,或接觸到不同的口音時,是否也造成他們自身語言的改變,或形成某些共通的語言?換言之,不同的語言族群之間,多少可以觀察出邊界

（boundary）。而布袋戲衝州撞府的表演活動，對於臺灣當地語言是否促成某種融合的現象？簡單說，本文想討論的是布袋戲的口頭表演語，是否可能促成「不漳不泉」的新語言出現？是什麼樣的社會因素，逐漸促成這樣的新腔調成爲「臺灣話」？

一、布袋戲流派、移民與語言

以往討論布袋戲的研究與調查，幾乎很少觸及語言的問題。從這個觀點重新解讀舊文獻資料，顯得格外有意義。如戰後早期的報導（黃雍銘，1953：99～100）：

> 雲林掌中班，遠在民前，便分有三派：由泉州人之所傳授者，稱爲「白字」。由漳州人之所傳授者，稱爲「亂彈」。由潮州人之所傳授者，稱爲潮調。凡此均由其鑼鼓之介頭，劇中之歌調，各有異響在焉。斗六、西螺、斗南、虎尾、古坑、二崙等方面，則嗜好亂彈。臺西、麥寮、北港、褒忠、東勢、四湖等方面，則嗜好白字戲。若水林、口湖方面，則嗜好潮調戲。

筆者據此重新列出〈雲林布袋戲流派與語言分佈表〉如下：

戲曲流派	白字布袋戲	亂彈布袋戲	潮調布袋戲
地理分佈	臺西、麥寮、北港、褒忠、東勢、四湖	斗六、西螺、斗南、虎尾、古坑、二崙	水林、口湖
可能祖籍	泉州人	漳州人	潮州人
語　　言	偏泉州腔	偏漳州腔	偏漳州腔

這則資料可貴是，讓我們瞭解二十世紀初期的雲林掌中戲的分佈。布袋戲的流派承傳系統，大抵是依照後場戲曲音樂來區分，有所謂的南管、北管、潮調等，較特別的是這篇報導還依其移民來源，做出地理分佈區域的劃分：大致上，亂彈布袋戲分佈在雲林山線的鄉鎮，白字布袋則分佈在海線的鄉鎮，而潮調布袋戲則侷限在邊緣地帶的水林、口湖一帶。理論上泉州人分佈較多的區域偏泉州腔，漳州人分佈較多的地方偏漳州腔。而潮州人較多的區域，應該有潮州腔。日治時代許多潮州戲班使用的語言，據說「純用潮語，潮語與我泉漳語相近，故十中有八九可曉」（臺灣日日新報，1920.01.04），可見與

臺灣通行的語言沒有多少隔閡。而從某些潮調布袋戲的手抄本的文句「武藝高強用計良」，顯然是借用-iang 韻母的「涼」字，來表達-iong 韻母的「良」字，由此現象看來似乎與漳州腔相近〔註11〕。

　　這些截然分明的族群地理分佈，應當是臺灣開發過程，移民社會的歷史沈澱。早在乾隆至道光年間，即十八世紀中葉至十九世紀中葉，因為人口增加壓力帶來土地資源的爭奪而產生分類械鬥。械鬥的分類意識，一開始都是偏重祖籍與方言對立的分類意識。從這種將「祖籍」當作族群認同的基礎來看，可知當時的臺灣仍屬於移民社會（immigrant society）。從 1860 年至 1895 年之間，臺灣各地的分類械鬥仍持續蔓延，而分類的基礎已演變成地緣關係與血緣關係，最明顯的標誌，就是出現新的地緣意識的社會組織，如祭祀圈、宗教組織、水利共同體與市集社區等，及血緣關係的祭祀公業組織，學者據此而視臺灣漢人社會逐漸轉型為土著社會（native society）。而日治時代封鎖了新的漢人流入的管道，所有在選擇留在臺灣的漢人，因處於被統治者的關係，反而強化臺灣漢人內部的同類意識，也因此形成臺灣人的族群意識（王崧興，2001：180～289）。

　　值得注意的，「土著化」是 1970 年代臺灣跨領域人文科學研究「濁大計劃」所發展出來的重要研究成果之一，而主持該計畫的靈魂人物王崧興（1935～1995）在 1980 年代，曾運用「土著化」觀念去檢驗香港的移民社會時，特別注意共通語言的意義。他提到香港的英國殖民地統治，使中國移民大量湧入，當這些移民逐漸在香港生根的過程，也就是在進行土著化過程，其中又以語言最顯著，這些移民的第二代移民越來越不會說自己的祖籍語言，反而以廣東話作為共通的語言（王崧興，2001：278～279）。既然日治時代殖民地統治促成臺灣人意識的誕生，對應這樣意識，原本泉腔漳調如何混同，或是否演變成共通的臺灣話？這個問題，王崧興並沒有提出解答。筆者認為臺灣言語腔調演變的過程，有本領跨越「次族群邊界」（sub-ethnic boundary）的民間藝人，特別是在日治時代占傳統戲劇相當比重的掌中班，及正在興起

〔註11〕 從地理來看，潮州與漳州相鄰，而與泉州相距較遠，照理說潮州話與漳州話應比較相近。從歷史來看，漳州是唐代陳元光平定「蠻僚嘯亂」之後，才從潮州分出來，後來潮州卻隸屬廣東省。研究者認為這種歷史現象是政治分化的結果：「中國統治者自古善於分而治之，吳人被瓜分到江蘇、浙江二省，閩人被瓜分到閩、粵二省，客家人更被瓜分到粵、閩、贛三省，統治者非常害怕民族與治區吻合可能助長帝國分裂」（洪惟仁，1992：249）。

的歌仔戲〔註12〕，他們有意無意之間擔任起相當重要的推動共同語的媒介角色。

從這個角度可以重新思考：這些不同流派的布袋戲師傅的口音，是否完全侷限於他們原本的腔調？設想一個掌中班主演終其一生都守在其出生的故鄉從事表演活動，那麼他的口音不需要任何調整。但著名的主演，幾乎都是全臺灣到處巡迴表演。劇團的名氣，與巡迴表演的範圍大小成正比。名氣越大的劇團，越能夠得到遙遠地區觀眾的歡迎。而戲劇表演的訊息傳達，最直接的、也最強而有力的傳達工具就是口頭傳播。如果主演的口白無法讓觀眾很容易聽懂，那麼即使再精彩的口頭表演也無法讓觀眾滿意。「落車頭，都愛小探聽一下」，這句俗語可說是巡迴臺灣各地的掌中班的最佳寫照。一旦他們到某處未曾造訪過的戲園表演，通常都會刻意避免自己原有的地域性的腔調，以免被當地人嘲笑，或被先入為主的成見所排斥，甚至努力學習當地言語腔調。

筆者田野調查所遇到的臺灣中南部布袋戲藝人，他們幾乎都相當自覺各地言語腔調與自己習慣口音的差異。私底下聊天時，他們可以相當敏銳而精準底抓住各腔調的特色，甚至相當輕鬆地模仿表演出來。如新港寶五州的鄭壹雄，按其生長環境的嘉義新港，應屬於偏漳州腔的區域，而他模仿起臺北小西園許王的腔調，所謂「白字仔底」的四聯白，非常維妙維肖，或斗六黑鷹掌中班的柳國明，他模仿員林、永靖的口音，非常輕鬆地就抓住這些特殊腔調的精髓，如他的名字「國明」（kok-bêng）會被唸成 kok-biân。這些中南部的布袋戲主演，對於各地言語腔調的侷限都有相當自覺的意識，他們實際的口頭表演，偶而也會出現這些特殊腔調，可說是刻意地將特殊腔調當作戲劇人物的招牌特色，或為了拉近與觀眾的距離。因此他們的口頭表演的腔調，經常混合成「不漳不泉」的語音〔註13〕。相對的，北臺灣的掌中班相當堅持他

〔註12〕 歌仔戲，作為臺灣地區獨有的地方戲曲，在日治時代臺灣南北各地廟宇野臺與劇院，面對不同觀眾群，藉著戲曲的流動演出，不間斷地作語言的雙向溝通，從而建構新的臺灣方言系統。換言之，日治時代的歌仔戲，正以一種融合漳泉語言的新戲劇風格，跨越祖籍方言群的限制，表達共同生活體驗下的人際關係與新語言型態的象徵（林鋒雄，1995：197～198）。

〔註13〕 布袋戲主演在同一段口頭表演時，卻出現言語腔調的不一致的實例，正好透露出融合漳泉音的現象，如本文紀錄黃俊雄在臺南表演的〈烏狗娶某歌〉bē-與 bōe 同時出現。或以特殊腔調作為戲劇人物的語音標誌，如陳山林《南俠翻山虎》的角色「老人」以「hiông--ê」之類的泉州腔特色的語氣，作為口頭話語的特色。

們保有的特殊腔調，他們的口頭表演出現語音混合的情形卻相當罕見，因此他們在商業劇場競爭的範圍，幾乎可說是形成一種腔調的「邊界」。

二、布袋戲與臺灣語的融合

語言學者多半偏好「差異性」（divergence）的研究，極其可能敏銳觀察各地語言的差異，找出鉅細靡遺的區分，最後從語音差異性重新型塑地理區塊。雲林地區的腔調特色，可作如下細分（洪惟仁，1994：88）：

> 雲林縣漳泉之間壁壘分明，從麥寮的泉州腔、褒中保守的安溪腔、
> 元長、北港的惠安腔，以西是泉州腔，崙背、虎尾、斗南、大埤以
> 東是漳州腔。只有土庫被夾在中間，混合了漳泉的特色。

在學者敏銳聽覺區分之下，雲林的腔調不只分為漳泉而已，還可以更進一步細微區分如泉州腔、安溪腔、惠安腔等，對於我們知性的心智有相當的意義。但對布袋戲表演而言，各種不同的腔調只是作為創作與調整自我口音的參考點。對民間藝人而言，布袋戲可說是一種直接仰賴觀眾掌聲以獲得生存的口頭表演。既然是口頭表演，就是直接訴諸口頭-聽覺的過程。隨著臺灣各地觀眾等接觸層面不斷地擴展，表演者相當自覺或不自覺地實踐言語腔調的「融合性」（convergence）。他們的最高標準，就是讓觀眾聽不出他們個人成長地區的特殊腔調，達到所謂的「無腔」（bô-khiuⁿ）的境界。客觀而言，腔調屬於操作型的定義，是由聽眾的直接觀感來進行判斷，只要說話者的口音與自己習慣的口音之間存在差異，即判斷對方有特殊的「腔調」。所謂的「無腔」，其實是指掌中班主演的口音，「幾乎」無法讓一般觀眾聽出有奇怪的差異性存在。在布袋戲藝人不斷將各地言語腔調融合的結果，「不漳不泉」的臺灣混合腔的產生，似乎是一種語言接觸的自然傾向。

據語言學者調查指出：臺灣嘉南平原的語音分佈，東部偏漳，海邊偏泉。但實際上沒有一個地方是純漳，或純泉，嘉義、臺南以南是漳泉混合最厲害的地區。嘉義新港最具漳州腔特色，雲林臺西則是泉州腔最濃的地區，而高雄的口音則可說是臺灣的優勢音（洪惟仁，1994：147～148）。臺灣中南部「不漳不泉」的混合腔，在布袋戲臺灣化的歷程中，可說是相當長時期語言接觸與溝通的結果。這種混合腔所產生的徵兆，我們可由臺灣人開始發覺自己所說的語音，與中國原鄉有所差異的文化現象來思考。早期布袋戲戲園表演資

料，曾因劇團語音的差異而引起批評的，是一則明治四十三年（1910）臺南的新聞。當時臺南三郊的九位股東集資六百圓，在臺南水仙宮設戲園，聘請泉州掌中戲班來演戲，主演「來煌司」的首演戲齣《晉司馬再興避難》。據報導說（臺灣日日新報，1910.01.25）：

> 近日有慕古戲園者，臺南三郊中人之創設也。了不長進，竟以九股東共釀六百金，向泉州南關外聘來煌司之掌中班，假座於水仙宮，設園演唱。其劈頭第一劇，則演晉司馬再興避難一齣。即而聽之，其口白則泉腔不合，甚難入耳。

值得注意的，撰文者認為來自泉州的主演「來煌司」所講的口音，與臺南當地觀眾自認為的泉州腔不同，所謂「口白則泉腔不合，甚難入耳」。法國社會學家布爾迪厄（Piere Bourdieu, 1930～2002）在《語言與象徵的權力》，曾深刻地提出「語言慣習」（l'habitus linquistique）。他認為從家庭、配偶、學校等社會環境而來的語言慣習，從而促使特殊代理人進行言語實踐。擁有不同語言慣習的代理人之間，很容易因彼此的言語實踐的差異而進行語言競爭，這樣的語言交換關係，也可說是象徵的權力（pouvoir symbolique）關係（Bourdieu，2001：60～61）。在此我們看到來自泉州的掌中班主演，與臺南當地觀眾已經因彼此言語實踐的差異而進行語言的競爭，一種象徵的權力關係悄悄地在 1910 年代臺南的布袋戲商業劇場中展開。雖然臺南的觀眾主觀自認為的「泉腔」是一種表演的標準口音，但不見得是泉州掌中班主演的口音不道地。客觀來看，只能說泉州來的掌中班的口音，與臺南當地的觀眾的語言慣習有所不同。

　　顯然這兩種不同語言慣習的社群之間，已經產生語言競爭。隨著社會、歷史的差異，語言會也會各自演變。臺南既屬於日本臺灣總督府的管轄，而與大清國的泉州屬於不同的社會，語言在這樣兩個不同的社會演化，逐漸隨著各自的語言環境而產生差異是可以預見的。

　　從臺灣觀點來看，臺南當地的語言與本島各不同腔調彼此的接觸，因而產生離原始泉州腔越來越遠的情形，是很有可能的。據學者研究指出：臺南的漳州腔成分多一些，相對的，臺北的泉州腔比較多（鄭良偉，1987：18）。或許日治時代的臺南一帶，可能已悄悄地在進行「不漳不泉」的腔調融合，而逐漸形成新的語言系統。這種語音的差異性，隨著時間距離的拉大而更明

顯。1873 年的傳教士已發現兩百多年來，雖然福爾摩沙的移民來自廈門、漳州、泉州，而福爾摩沙通行的語言系統已將這些地方的語音混雜在一起，而與原先的起源地有所不同。同時這些傳教士也發現，很多福爾摩沙的原住民部落也都會講這些通行的語言。（Douglas & Barclay，1990〔1873〕：610）。雖然傳教士將林金生、陳大鑼等人在臺南一帶所蒐集的語音集結成辭典，稱《廈門音新字典》。但學者指出，臺灣各大都市通行的語言，與漳泉音比較起來，雖然比較接近廈門話，而廈門和漳州、泉州的往來沒有中斷過，相對的，臺灣與泉州、漳州的往來，曾經有清代海禁、日本的統治，與國共對立，近兩百年之內可以自由往來的期間不超過二十年。因此臺語與廈門語的詞彙，有因受自然或文化環境變遷而產生的差異、或臺灣的國語政策的外來語翻譯而帶來的差異，或臺語吸收日語而產生的差異。而廈門話在臺灣居民中消失，主要是因為臺灣各地詩社，或書學仔的唸書傳統，都是照自己的口語，而不是廈門音。有些詞彙，廈門音分文言白話，而文言音正好是臺南的白話音。臺南是文化古都，臺南腔在過去一般人的心目中有一定的地位。此外，轟動一時的黃俊雄電視布袋戲使用的也是臺南腔。凡此種種，都使得臺灣話有別於廈門話〔註14〕（鄭良偉，1987：18～22）。這種融合自然的傾向，形成我們現在所通行的「臺灣話」。

上述〈雲林布袋戲流派與語言分佈表〉的範圍，與筆者的田野調查資料大致都符合。據黃海岱所知的白字仔布袋戲，至少有三、四團，分佈於鹿港、北港、麥寮等地。再者，白字仔布袋戲既然是泉州人所傳授的，由此可知這種布袋戲屬於偏泉州腔的口語，應該是頗合理的推斷〔註15〕。從雲林布袋戲流派的興衰來看，白字布袋戲最早消失的傾向，正好與語言學界的研究相吻合。目前學者發現：雖然泉州籍人口實際上比漳州籍人口多，但臺灣優勢音

〔註14〕 臺灣通行的語言逐漸與廈門話有所差異，由 1913 年臺南長老會的牧師甘為霖編《廈門音新字典》的〈頭序〉更確認如此，他將福爾摩沙（臺南）與泉州、漳州並列，並思考採取以通行的土音來出版。原文標題 *A Dictionary of The Amoy Vernacular spoken throughout The Prefectures of Chin-Chiu, Chiang-Chiu and Formosa (Tainan)*，直接的意思是「一本通行於泉州、漳州與福爾摩沙（臺南）的廈門白話辭典」。

〔註15〕 學者曾指出「白字布袋戲亦屬南管系統，但傳自漳州」（邱坤良，1992：174），這種說法頗值得商榷。雖然黃海岱的祖籍是漳州，而且承傳自鹿港的白字布袋戲班，但我們若據此而認為「白字布袋戲傳自漳州」，在邏輯上可能有倒果為因之嫌。

的語音系統，漳州音所佔的比例較泉州優勢。這些漳泉融合的臺灣新優勢音的特色，便是將比較困難發出的聲音遺棄掉（洪惟仁，1994：103～104）。爲什麼漳州腔人口少，反而在語言的融合方面居優勢？除了語言學者從語音難易所提出的解釋外，本文正好提供另一種語言文化競爭，及布袋戲商業劇場象徵權力競爭的解釋。而雲林地區最強勢的屬於亂彈布袋戲，及潮調布袋戲，尤其是以漳州腔爲主的亂彈布袋戲在日治時代的大爲盛行，可說是預告了以偏漳州腔爲主來融合各地腔調而形成優勢音的傾向。

三、流派與腔調的最後邊界

　　目前臺灣偏泉州腔的掌中班流派，大抵只剩下臺北的戲班，如李天祿、許王等。許王口白的腔調特色，相當不同於中南部漳泉音混雜的優勢音，或許因爲如此，小西園的「戲路」比較侷限在北臺灣。基隆與新竹之間的北臺灣，可能是掌中班口音與流派隔閡的最後邊界。據筆者調查戰後戲園布袋戲演出的調查，這個區域的戲院，北至基隆的高砂戲院，南至新竹的新舞臺戲院，都屬於小西園、亦宛然經常演出的範圍。而北部掌中班跨越濁水溪的演出紀錄，卻幾乎是屈指可數。1951 年亦宛然在臺南慈善社戲院表演，還特別標榜「臺北小西園許天扶特別助演」，1952 年明盧實掌中班與小西園合作，由林添盛、楊天德擔任主演，在嘉義大光明戲院演出，同年的亦宛然也在嘉義文化戲院演出。可知他們在中南部的演出紀錄，比起他們在北臺灣的成就，可說有如天壤之別。

　　北臺灣掌中班並不容易贏得臺灣中南部觀眾的掌聲，有相當大的理由應歸諸這些劇團保有自己獨特腔調口音的堅持。如「女婿」一詞，《臺日大辭典》所紀錄的語音是 lú-sài，而許王卻唸成有一點平嘴的 lü2-sè。依照早期的傳教士杜嘉德的研究，他發現漳泉音轉換，有將 u 唸成 ü 的現象（Douglas，1873：609）。同樣的例子，「詩書傳家讀古書」的「書」，或「出仕帝王家」的「仕」，許王都會唸成 sū。此外，許王的語音變調也有其特殊習慣。如「平生慣練一對雙銀鎚」，不但將「銀」唸 gûn，而不是 gîn。而詞彙的變調，「銀鎚」的「銀」，或「賢弟」的「賢」等原本第 5 聲的字，許王卻變調爲第 3 聲，而非第 7 聲。同樣的，李天祿的口語比較多泉州音。最明顯的是將 u 唸成 ū 的現象，如「去」唸成 khü3，而不是 khì；而「追迫來緊」的「緊」，唸成 kün2，而非 kín。此外，李天祿習慣的用詞與讀法有得相當特殊，如《劈山救母》一齣戲的臺詞「喚

我囝秋香近前」的「囝」唸成 káⁿ，而不是 kiáⁿ。僕人不是稱呼主人為「頭家」，而是「老相公」（lāu-siùⁿ-kang）。

李天祿的掌中技藝相當精湛，但很多中南部觀眾，因聽不懂他特殊的口音而望之卻步。李天祿的門徒林金鍊曾經是筆者田野調查的報導人，他的父親林祥為新竹景春園的道士兼布袋戲，照理說北臺灣的口音對他而言應該是如魚得水才對，但他向筆者坦誠說，他一開始拜李天祿學布袋戲時，只能聽得懂一點點而已。相反的，黃海岱的口白在他聽起來，比較白話，有時比較「土」，不太文雅，但無論是年輕人或小孩子都聽得懂。因此真正讓他學會主演的契機，反而是他在大橋戲院看中南部布袋戲班的演出所揣摩學習來的。

依照筆者的研究，1960 年代臺北的芳明、萬華、大中華、大橋等布袋戲商業劇場，陸陸續續已經出現新興閣派的鍾任壁、廖英啓，五洲園派的鄭壹雄、黃俊雄等中南部掌中班盛大演出的蹤跡，而北部掌中班只有許王還相當活躍之外，李天祿似已逐漸退出商業劇場的激烈競爭（陳龍廷，1995a：161～164），這意味著民間藝人不但已經跨越北臺灣腔調的邊界，而且中南部「不漳不泉」的混雜音，實質上也獲得觀眾的認可，而成為名符其實的優勢音。

第三節　臺灣民間社會的漢文傳統與布袋戲

臺灣在清朝統治兩百多年以來，民間社會一直存在漢文的傳統。將布袋戲重新放回臺灣歷史語言的情境來思考，可說是相當值得探討的問題。從歷史觀點來看，臺灣民間社會的漢文傳統營造什麼樣的布袋戲的語言學習環境？「漢學仔先生」在失去晉升階級的政治意義之後，是否對於布袋戲創作產生什麼影響？他們所傳授的課程對布袋戲的創作有什麼影響？是否對於布袋戲表演中文言音與白話音混雜風格有相當密切的關係？而布袋戲的口頭表演中的文言音，是否對應社會的階層關係？

從田野調查中瞭解布袋戲師傅，他們除生活中自然習得的白話音之外，還有從私塾「漢學仔先生」學到的文言音，及向北管亂彈戲學來的清代官話的念白。這些來自北管的套語與音樂的運用，都增加布袋戲表演言語的複雜化。最有趣的是民間社會的「漢學仔先生」除了古典語音的傳授之外，也對於布袋戲的表演創作產生相當大的影響力。以下我們就從布袋戲主演的學習課程、參與民間文學創作的漢文教育者、漢文教育傳統對文學創作的影響，及做為風格轉換的文言音表演等四層面探討。

一、布袋戲主演的語文學習課程

臺灣民間的傳統漢文傳統與布袋戲之間的關係,筆者曾描寫五洲布袋戲承傳系統的始祖黃海岱,他少年時代如何打下語言基礎的學習過程。諸如老藝人的語言學習歷程,可說是相當能代表 1910 年代的臺灣的語言學習情境(陳龍廷,2003b:114):

> 黃海岱從小在西螺幫忙農務,十一歲時曾經每天走四、五里路到二崙詹厝崙仔「漢學仔」讀冊。三年的私塾薰陶,養成黃海岱好學不倦的個性,奠定他對典籍四書、五經、詩詞等傳統知識的基礎。這些文史知識,加上他靈活運用詩詞問答、談經說史、聯對、字猜、純正福佬語說白等,就成爲日後他聞名全臺的特色。臺灣民間廣爲流傳的俗語:「虎尾好詩詞,hó-bóe hó si-sû」,「虎尾」就是指黃海岱,形容他的布袋戲口白文雅,出口成章。而他所順口唸出的詩詞,都是他平日勤勉好學得來的。

臺灣民間所說的「漢學仔」(hàn-ȯh-á),又稱「私學仔」(su-ȯh-á),較正式的稱呼爲「書房〔註 16〕」(su-pâng),純屬延聘教師的私人教育機構。日治時代對於書房採取放任政策,書房的教師資格難免良莠不齊,有昔日貢生、生員、童生等科舉功名的人士,也有僅略識詩書者混身其中。他們多半已失去科舉仕途的人生規劃,而投入書房教育謀求生計。書房教育既無法與日治時代中等教育機構銜接得上,又不可能訓練學生預備科舉考試,因此書房主要的目的就在於培養學生讀書與識字的能力。一般而言,書房大多只有一位老師,而學生或多達三、四十人,普通約十餘人,學生之間沒有程度等級的劃分,教師只有在講解時,依學生不同的程度進行。教師的收入一年多則二、三百圓,少則約數十圓。書房的地點設在教師自宅,或借廟宇等場所(吳文星,1978)。這種語文教育方式,可說是老一輩臺灣人的共同經驗,對布袋戲的創作有相當重要的影響,不只是純正福佬語的言語

〔註 16〕清代臺灣教育設施主要分爲官學與鄉學兩種,官學又分府縣儒學、書院、義塾。鄉學又可分爲社學、書房。義塾、書房都屬於初級教育,而其差異在於出資者,前者爲官方或富紳倡建,後者則由私人出資所設的啓蒙教育(吳文星,1978:264)。書房在日治初期幾乎普及臺灣各地,據《臺灣教育沿革志》等官方統計資料顯示,1898 至 1905 年之間,臺灣的書房數量高達一千所以上(吳文星,1978:284~285)。

訓練而已，還有與戲劇內容相關的創作，在此要特別討論書房對臺灣話的
學習與承傳的重要性。

　　日治初期臺灣總督府曾一度擬定「再興書院，利用書房，以圖國語之普
及」的教育政策，後來則採取公學校制度與書房並行的政策，1898 年除了頒
佈〈臺灣公學校令〉之外，也頒佈〈關於書房義塾規程〉，正式將書房納入政
府的管理。當時臺灣總都府公布的「公學校規則」，就明文規定以「臺灣句讀」、
「本國訓讀」兩種教法來教授《增訂三字經》、《孝經》、《大學》、《中庸》、《論
語》等古體漢文（川路祥代，2002：135～136）。雖然日語教育是公學校教育
的主流，目的卻是以「舊慣保存」的方式，將傳統的「漢文」課程吸納成爲
教育體制的一部份。後來日本人卻認爲，《三字經》《孝經》及四書等古體漢
文的教材，不適合普通教育，於是 1906 年由總都府出版六冊的《漢文讀本》，
指定爲公學校課本，同時鼓勵書房使用（川路祥代，2002：159～160）。不過
書房與公學校似乎一直處於競爭狀態，主要是因爲日治初期，漢文在臺灣社
會具備日常記事、通信尺牘、商業簿記等功能，但這層「語言工具論」的意
義，越來越被以日文爲主的公學校教育取而代之。1937 年太平洋戰爭爆發，
公學校正式廢除漢文科，1943 年臺灣實施義務教育，總督府頒佈廢止私塾令，
於是書房完全停辦（吳文星，1978：281）。

　　比黃海岱晚八年出生的著名的文學家張文環（1909～1978），在一篇自傳
性的文章〈茨の道は續く〉提到：他出生在山裡的部落，不像都市的小孩能
有玩具或能看戲，而只能用在書房學習的漢文，看歌仔簿，或吟千家詩，慰
藉自己的無聊（張文環，2002〔1943〕：162）。他曾經將書房的童年故事寫進
小說〈論語與雞〉，意圖呈現小孩子羨慕下山到公學校念日文的心態，及民間
漢文教育的衰敗。作者採取透過小孩的眼光來觀看世界的書寫策略，雖相當
諷刺地刻畫私塾老師處境艱難與荒謬，卻也相當眞實地呈現他童年時代在嘉
義梅山念私塾的經驗（張文環，1979〔1941〕：65）：

> 書房的教育方式太單調了。在那裡，先生一天給同學用珠筆點四次
> 教你讀。這就是「授書」。當然啦，這裡說四次，也只是村子裡的孩
> 子們，從山裡來的小孩子只授書三次。最早的一次叫早學，早飯前
> 大約五點左右就得上書房，同學們輪番煮好茶，然後去請先生。先
> 生的住宅就在書房隔壁。必須去請，這也就是去稟告準備好了的意

思。在煮開水的時候，另一個同學打掃。茶沏好了，先在孔子壇恭
奉一杯，另一杯放在先生座席的桌上，然後去請先生。先生睡眼惺
忪地座落，一面啜飲一面抽一筒煙，就在這時同學們朗聲念起來。
先生不耐煩似地宣佈：大家把書拿過來。立時，讀書聲停了，同學
們把翻開的書本抱在胸口一個個踱到先生桌前。有自信的先站出
來，念給先生聽。讀畢，先生便執起朱筆，發出鼻音般的嗓聲讀字
句你點。

「漢學仔」的課程內容，大多是以中國古典經文為主，但值得注意的卻是張
文環所描述的經驗，書房的「授書」課程的經典內容似乎沒有那麼重要。反
而讓他印象最深刻的，只是日復一日的灑掃生活教育，還有學生反覆朗讀課
文，及書房先生所教授的讀書聲音旋律。雖然小說略帶諷刺意味，但這段童
年經驗，及語文教育，對他的人生卻相當重要。至少讓他日後有能力自行閱
讀《七俠五義》之類的章回小說，也有能力分辨優美的臺語，甚至在太平洋
戰爭時期，鼓吹臺語研究。他在《興南新聞》曾發表文章，鼓吹「應該以臺
語作為一個方策，提倡優美的臺語」，並建議政府相關單位「確實有必要加入
臺語的研究」。文中批評收音機播放臺語新聞的播報員臺語低劣不堪，及某新
劇演出臺詞如「賜我真歡喜」，相當不倫不類，並提及他所推崇的林獻堂、黃
純青等前輩，每當在公開場合運用流暢的臺語侃侃而談，偶然出現詩句穿插
其間也是極其自然，一點都不裝腔作勢。張文環由此肯定臺語教養的重要性
（張文環，2002〔1942〕：106～107）。

　　書房對於臺灣話的學習與承傳的意義，大多為人們所輕忽，直到 1960 年
代真正研究臺灣語言的學者才給予正面的評價（王育德，2000：106）：

> 從今日臺灣人的立場來看，筆者認為書房真正的存在意義在於：保
> 存和傳播臺灣話。書房的老師大多已經不在人世，他們也許不同意
> 筆者的說法，認為自己只是傳授聖人君子之學，臺灣話與我無干。
> 但上過書房的人大概會贊成我的看法，他們說臺灣話通常比一般人
> 流利，是支持筆者說法的有力證人。

享譽國際的臺灣語言學家王育德（1924～1985），生於臺南，幼年及少年時
期曾受過書房漢文訓練的實際經驗。他最早的書房老師是臺南「南社」的詩

人趙雲石，據說教育學生非常嚴厲。趙雲石去世之後，王育德的叔父王棄人開設書房，他也在王棄人的書房讀書。王棄人很會講古，曾經應學生要求為他們講《七俠五義》之類的故事。王育德中學時代，對歌仔冊產生興趣，相當迫切需要漢字方面的知識，每當放假時自動到叔父的書房報到。後來他發現：書房的老師習慣以文言音來念文章，反而無法正確地唸出歌仔冊白話的優美。不過當他們左猜右想，煞費苦心唸出正確的語音時，才知道是臺灣話的常用詞，卻讓他高興得如獲至寶。從保存和傳播臺灣話的觀點來看，傳統的漢文教育有其特殊的時代意義。在昔日缺乏完整的臺語文教育的情況之下，至少讓唸過書房的學生因而獲得不少關於臺灣話的知識，也瞭解臺灣話同時有兩種語音系統。漢文教育對於日治時代臺灣人真正的意義，恐怕不是深奧難懂的授課內容，而是置身於學習臺灣話的語言環境。語言環境對於人而言，就像是魚生活在水中的悠游自得一樣。置於外來統治之下的臺灣，傳統漢文教育成為一般人學習臺灣話的重要管道，恐怕是特殊情勢之下難能可貴的作為。

布袋戲畢竟是一門表演藝術，並非純粹的語言學習課程。黃海岱童年時代受過漢文訓練對他的表演創作有相當的幫助，據說他日後當主演，每到一個地方演出，經常都會去拜會當地的書房先生。他認為身為布袋戲的主演，對於傳統漢文教育的書本知識不需要念得太深，而要注意將那些知識活用在布袋戲表演。布袋戲口頭表演的知識來源相當廣泛，連〈衛生歌〉也要研究，甚至要熟悉人體經絡分佈的醫學知識，才能讓觀眾信服。這些知識很可能都來自這些傳統漢文教育的傳播者，也就是他常拜會的教漢文的先生。「漢學仔先生」的語文能力，往往是指正布袋戲演出語音錯誤的有力監督者，甚至有的「漢學仔先」會主動寫信給布袋戲主演，指正某些詞彙應該如何念。如幫鄭壹雄排戲的蔡輝昇，曾教他某些特殊的漢字讀音，如「暮景之秋」的「景」字，必須念 éng，或「悽慘落魄」的「魄」字，必須念 thok 等。雖然這些字音例子，我們未必要奉若圭臬，但至少這反映了新港一帶漳州腔漢學先生的語音見解。布袋戲主演最常參考的是《彙音寶鑑》，這本 1945 年文藝學社出版的字典，是戰後第一本臺灣人自己編的韻書，每一字除了改良傳統的反切之外，還標教羅白話字，主要是提供民間藝人查詢單音節漢字的讀書音，及漳腔、泉腔等白話語音。其作者沈富進（1913～1973），就是嘉義梅山一帶著名的「漢學仔先生」。

從口頭表演的觀點來看，語言能力的訓練對於創作而言，確實是相當重要的基本條件。令人遺憾的是，近年來雖然有識之士大力疾呼保存傳統文化，但在實質上的作為，似乎沒注意到布袋戲語言學習與承傳的問題，而讓戲班在自生自滅的情況之下自行摸索。年輕一輩主演的語言能力更令人擔憂，筆者曾經與某布袋戲主演談論語言的問題，他雖聽過臺語的聲調有八聲的說法，但卻無法正確地唸出這些聲調。他所灌錄布袋戲的戲齣，將龐涓的性格的邪惡表現得令人驚慄恐懼，而大夫朱哀、轎夫之類的小人物塑造很巧妙。但他的對白言語有些卻很怪異，偶而運用成語「人不可貌相」，卻將「貌」（māu）唸成 biāu；而孫臏的口白，自言道恩師待他「有如掌上明珠」，甚至將「下山」說成「出山」（chhut-saⁿ），而出現「孫臏尚未出山」之類的臺詞。這些言語的錯置，如果放在好開玩笑的「三花腳」身上，博君一笑，無所謂對錯，但出自「小生」的口中，就顯得不太恰當。

　　似乎年輕的布袋戲主演，並不太知道臺灣語文的詞彙如何正確使用，其實這才是目前臺灣布袋戲發展相當嚴重的問題。

二、參與民間文學創作的漢文教育者

　　日治時代臺灣書房衰落的過程中，逐漸與官方制式教育的競爭之下，失去原先的活躍舞臺。書房的「漢學仔先」並非就此在地球上消失，而是潛伏在社會的底層，如研究者指出臺灣書房衰落，反而造成各地詩社盛行，藉詩社作為傳習漢文的場所（廖振富，1996：25）。

　　筆者發現，日治時代乃至戰後，這些「漢學仔先」、詩社詩人，或受過書房漢文訓練者，他們直接或間接參與布袋戲、歌仔戲創作，有的甚至成為著名的「排戲先生〔註17〕」。從這個觀點，我們正好看到傳統漢文教育的傳播者另一種截然不同的形象，他們並不是躲在書齋當中吟詠風月，而是選擇走向民間大眾，以參與戲劇創作的方式，讓他們優美的語文能力與奇幻的想像力馳騁在舞臺上。

〔註17〕歌仔戲與布袋戲一樣，初期並沒有固定的劇本，完全憑「講戲」的表演方式，而讓演員自由臨場發揮，即「做活戲」。戰後臺灣相當重要的麥寮拱樂社歌仔戲團，曾經聘請許多編劇，其中第一位，也是最重要的一位就是陳守敬（1914～1982）。他在這份工作之前，還做過電影的「辯士」與代書。值得注意的，他在日治時代公學校畢業，且受過漢文教育，他昔日的基礎語文書寫能力，及歌仔戲班學來俚俗易懂的用詞，使他的劇本如《金銀天狗》、《孤兒流浪記》、《真假王子》、《乞食王子》、《小女俠紅蝴蝶》等大受歡迎（邱坤良，2001：113～114）。

　　張文環的〈論語與雞〉，雖然刻意諷刺民間漢文教育的衰敗現象，卻也讓我們瞭解這些「漢學仔先生」的講古能力，是臺灣民間生活具有相當有吸引力的文化創作泉源。（張文環，1979〔1941〕：69）：

> 一旦下了雨，村子裡的雜貨店口，賣起了炸豆腐，老人們便聚在那兒賭起錢來。他們吹著氣吃剛出鍋的豆腐喝酒，先生當然也不能不參加他們。先生喜歡喝酒，並且很會說些故事讓大家高興，講到列國、三國，大家便會停止賭錢，各出一份錢買豆腐和酒，在那兒享受一番桃園三結義的氣氛，於是店頭便辦喜事一般地熱鬧起來。那種熱鬧勁，加上忙碌地打在地面上的雨腳，先生的嗓音便越發地增加一份熱力。

漢文先生除了授書之外，還有可能的特殊本領就是講古，如這裡所舉的例子「列國」、「三國」，可能相當於布袋戲常演的《孫龐演義》、《封劍春秋》、《三國誌》等戲齣。或許我們可以大膽思考，是否這些漢文先生也會將這些演義小說的故事，轉述給布袋戲主演瞭解，讓他們將故事轉變成舞臺表演？甚至直接參與布袋戲的戲劇創作？

　　布袋戲的主演，藉由他人閱讀章回小說的口述故事，再轉換爲戲劇表演的情形時有所聞。據說臺北新莊的老秀才蘇清雲，曾經將他所看的古書，如《濟公案》、《彭公案》等章回小說故事，講給小西園的許天扶聽，再由許天扶重新處理成戲劇表演（林明德，1999：35）。

　　傳統漢文先生與布袋戲主演的合作，除這種被動式地講述章回小說之外，甚至也會主動參與創作天馬行空的自創故事。戰後許多參與布袋戲的創作的，不是「漢學仔先生」，就是有相當漢學根基的老先生。著名的排戲先生吳天來，原本是李天祿聘請來教小孩學漢文的老師，他曾與臺灣許多著名掌中班合作編劇，包括亦宛然的《四傑傳》、《琴刀風劍鈴》，新興閣的《斯文怪客》、《大俠百草翁》等，進興閣的《大俠一江山》，劉清田《一代妖后亂武林》、《天地情仇》、《天地大劫數》等，及劉勝平的《多情流星劍》、《流星海底城》等。

　　1950年代曾幫寶五洲鄭壹雄編過《文中俠血戰乾坤山》、《神行俠血濺陷空島》、《神行俠血戰骷髏幫》、《天山十三俠》等戲齣的蔡輝昇，是嘉義新港一帶的漢學先生，平日以開設漢藥店爲業，而天馬行空的戲劇創作是他個人的興趣。蔡輝昇除了曾經幫鄭壹雄排過戲之外，也曾經替南投新世界陳俊然排過戲。

　　嘉義東石的黃傳心（1895～1979），自幼師承趙鵬沖秀才，除了加入詩社作詩、教授漢文之外，據說對地理、命理、絃管、技擊等無不精通。戰後，曾任虎尾區署秘書、虎尾中學教師、虎尾糖廠文書，雲林縣文獻委員會編輯等職務，收集過不少雲林民謠，也曾爲五洲派編過布袋戲齣《虎兒道祖》等（黃哲永，1995）。但詳細的情形，可能還需更多的田野調查資料來證實。據筆者調查，黃海岱的徒弟胡新德之兄胡國定，也曾經參與過此戲的編劇（陳龍廷，1994b：199）。劇中主角乃老虎修煉變人形，故名之「虎兒道祖」。此劇曾風行於朴子、新營一帶，每到日落黃昏，鄉民爭相走告：「虎兒 to beh 出來啊！虎兒 to beh 出來啊！」一到晚飯後，大都趕到戲棚等著看這齣布袋戲。黃傳心與五洲園二團的黃俊卿往來甚密，據說他曾講述許多「拳頭古」，給黃俊卿作爲創作靈感，或練功夫的三要訣「看會準、拍會著、攻會入」，讓主演據此而進一步在情節上發揮。

三、漢文傳統對布袋戲創作的影響

　　昔日的漢文教育，不只是布袋戲創作者相當重要福佬語與基礎書寫能力的訓練，布袋戲的文戲，如詩詞問答、談經說史、聯對、字猜等戲劇內容相關的創作，很可能與民間漢文教育息息相關。

　　臺北掌中班師傅李天祿，在訪問中也提到他七歲時（1916）進學堂讀漢文，這段經驗對於他日後布袋戲創作，有相當大的影響。（李天祿，1991：51）：

> 長到七歲我開始入學堂讀漢文，當時日本政府尚未限制私塾和書房，有些日本人也很喜歡學漢文臺灣本土的文學傳統，還是以「漢文詩」爲主流。（--）我每天早上拖著長長的辮子到石橋仔頭的「同文齋」讀書。從「上大人、孔乙己、化三千、七十士、爾小子、八九十、佳作仁、可知禮也」背起，在描紅學寫字。我還記得描紅的本子只有兩頁，上面印著相紅邊的字，小小薄薄的一本。然後接著念「人之初」、《昔時賢文〔註18〕》、《四書》、《千家詩》、《唐詩》、《漢史》、《唐史》、《宋史》、《明史》，我只讀到《唐詩》。啓蒙老師是同宗的叔公李悌欽。

〔註18〕原紀錄者誤寫成「昔時嚴文」，筆者自行改正。

訪問所提到布袋戲主演在書房的學習課程，大約只有《三字經》、《昔時賢文》、《四書》、《千家詩》、《唐詩》而已，並未眞正讀過中國各朝代的史書。1940年代在臺灣相當重要的雜誌《臺灣藝術》的主編江肖梅，他漢學根柢很高深，尤其民間故事與俗文學作品的譯作，更是膾炙人口。他從經寫過一篇紀錄昔日漢文教育的〈書房〉。文章中提到的書房教科書，包括啓蒙的《三字經》，及後好學者念的《大學》、《中庸》、《論語》、《孟子》等合稱的「四書」，還有《易經》、《書經》、《春秋》、《禮記》、《詩經》等「五經」。但日治時代之後，一般臺灣的漢文教育大都省略這些古文，而改讀《千家詩》、《聲律啓蒙》、《幼學瓊林》、《唐詩三百首》、《指南尺牘》等教材（江肖梅，1943：23）。李天祿自認爲他和叔公學的《三字經》、《四書》，對他往後的戲劇生涯產生很大的幫助，而這些基礎的語文教育課程，就足夠一位布袋戲主演在舞臺上盡情發揮。如李天祿所熟背的描紅內容「上大人、孔乙己、化三千、七十士」等，這些描紅習字本是一般學生學習寫字的教材。完整的描紅習字本內容如下（江肖梅，1943：23～24）：

> 上大人、孔乙己、化三千、七十士、爾小子、八九十、佳作仁、可
> 知禮也。習字奉呈、氏名。

布袋戲的口頭表演內容，經常可以聽到將這些習寫字教材的內容改裝，當作口頭表演的題材，如陳山林主演的《南俠翻山虎》（1989），劇中角色「大佛俠」曾傳授「變化千萬招」功夫口訣，顯然將漢文教育的傳統當作創作題材，別有一番趣味：

> 上大人、孔乙己。
> 喝三聲，攏齊（chiâu）死。

有學者偏重布袋戲主演曾經學過漢文的經驗，及他們懂得簡單的書寫工具，而提出了布袋戲藝人具有「文人戲」的特質（王嵩山，1988：40），但這樣論點可能過於誇大傳統漢文教育的影響力。由漢文教育對布袋戲創作的影響層面來看，雖可瞭解布袋戲表演者從漢文教育的語文學習，使得他們有基本的書寫與閱讀能力，但布袋戲主演，甚至排戲先生所具備的文字能力，並不足以與傳統詩社的詩人並駕齊驅。布袋戲主演因傳統漢文教，而瞭解臺語有文

言音與白話音的差別，偶而也會引用他們讀過的四書五經等傳統書面語的文本，但我們不可忽略布袋戲的白話意識，而落入文人具有正統地位的霸權思考脈絡，以爲掌中表演藝術只是一種笨拙複製。相反地，我們也看到改編章回小說的表演，乃至戲劇創作，其實還相當仰賴漢文先生。這些天馬行空的自由創作，並非完全依照書面語的表演，而且結合布袋戲原有自由活潑的創作能量。這些複雜的因素混雜在一起，使得布袋戲口頭表演所呈現出來的是文言音與白話音混雜的風格。

四、作爲風格轉換的文言音表演

從布袋戲的口頭表演可發現，臺語文言音與白話音的混雜現象。臺語的兩種音韻系統，到底是一種負擔，或是一種豐富的資源？這種見仁見智的問題，恐怕還得回到實際的語言歷史中考察，才能了解其中曲折。

臺語的文言音產生的源頭，也就是傳統的漢文教育，而日常生活的白話音也在這樣的語言環境中一起成長。語言學家鄭良偉研究林宗源的臺語詩，特別提到傳統漢文教學的語言使用問題（鄭良偉，1989：182～183）：

> 用臺語讀古文及用國語讀全一篇古文，最少有三項眞重要的無全。第一就是發音用臺語文言音，第二就是解釋用臺語，因爲說明著愛淺白，通常用白話，所以仝一字漢字的文言音及白話音會去同時學著。這個背景對選字，抑是讀臺語詩眞有幫助。第三是解說若是用臺語，一定愛用臺語的文化背景及學生臺語經驗來做解說的基礎，所以古文和臺語直接發生關係，無經過第三語言的媒介。因爲發音、解說的語言及文化基礎攏是用臺語，不是用中文，所以 hō 讀冊人感覺，臺語及古文是一體。臺語事實上因爲按呢受古文的影響，過去也有 bōe 少讀過漢文的臺灣書生，掠準古文就是臺語的一部份，是臺語中較上流較文雅的文體。

傳統書房所教授的雖是文言音，但講解時輔以白話音的解釋，學生同時學到兩套音韻系統：文言音與白話音。臺灣民間的漢文教育教導學生學習文言音，其原始目的是爲學生打下學習古文經典的語文基礎，而日治時代的臺灣人既已經遠離科舉考試的仕途之路，因此主要的目的變成培養學生讀書與識字的能力。對一般書房的學生而言，白話音通常是被認定爲並不需要學習就會的。

不過有些老一輩的漢文先生，在原有言工具「十五音」的系統底下，仍努力發展附加的韻母系統。據筆者的田野調查得知，布袋戲主演使用最廣的臺語詞典，應是沈富進編的《彙音寶鑑》。沈富進在這本詞典中編者增補了十五個韻母，如果參考他自行標注的白話字韻母，特別再區分「平聲韻母」與「入聲韻母」兩種，那麼整本辭典有九十個常用的韻母（見附錄一）。這麼複雜的韻母系統，其目的就在於希望收錄足以表現日常生活中的語音。在臺語研究仍處於戒嚴的時代，民間知識分子的努力都值得肯定，至少它保存與提供一個讓民間藝人花揮創作的龐大語言資產。

　　傳統書房課程的古文，雖不一定是臺語詞彙的一部份。但相關的文言音，卻是我們日常生活語音的一部份。布袋戲主演與傳統漢文教育的關係密切，除了某些「漢學仔先」曾參與創作劇本，有的主演也會由「漢學仔先」口中學習文言音的聲韻系統。特別是劇中讀書人角色，往往以文言音來加強文雅的氣質，使整個表演不致於太缺乏說服力。如黃俊卿早年灌錄的布袋戲唱片《忠勇孝義傳》，史炎雲〔註19〕與書僮庸兒（Iông-Jî）從桃花山腳下經過，正好遇上桃花山的土匪搶劫。做為書生的史炎雲與搶匪之間的對話如下（黃俊卿，1960s）：

> 史炎雲：青天白日，擋住去路，群賊！通報名姓！
> 范應龍：大寨主范應龍（Hōan-Èng-Liông）。留名（liû-bêng）！
> 史炎雲：雲州玉聖人（Hûn-Chiu-Giȯk-Sèng-Jîn）。朗朗乾坤，清平世
> 　　　　界，敢圍住陸路的行劫。好好聽我善勸，自今以後，改過
> 　　　　前非，也毋倘蹛此个所在作賊，我史炎雲猶可以饒你的活
> 　　　　命。如若不肯，難脫我的純陽手。

值得注意的，文言音使用大多是搭配成語的使用。從筆者紀錄的表演文本可發現，這裡使用的成語，包括「青天白日」、「擋住去路」、「通報名姓」、「朗朗乾坤，清平世界」等詞彙以華語念起來，沒什麼白話與文言的差別，但在臺灣語的環境中，突然穿插「chheng-thian-pȯk-jit」、「thong-pò-bêng-sèng」

〔註19〕　第一代的「雲州大儒俠」叫史炎雲（Sú Iām-Hûn），外號「雲州玉聖人」。當黃
　　　　俊雄創造史豔文（Sú Iām-Bûn），成為家喻戶曉的布袋戲人物時，其實已經是
　　　　第二代了。對以聽覺取向的觀眾而言，兩者只有最後一個子音有差異，聽起
　　　　來並沒有很大的差別。

等文言音，對於觀眾敏銳耳朵的語音判斷而言，容易因與生活白話音的差距而突然引起注意。運用文言音的口頭表演的目的，似乎在於增加這個角色屬於讀書人的可信度，但有時土匪也會使用文言音。如上述例子搶匪范應龍所說的臺詞「留名」，卻是使用文言音「liû-bêng」，而不是白話音的「lâu-miâ」。這並非是孤例，在筆者所紀錄的黃俊雄布袋戲《大唐五虎將》，其中戲劇性格相當粗獷的山大王羅太保，一見到假冒郭子儀的王奇時，他們之間的對話如下：

> 王奇：『好』說了！『好』說了！匆『忙』來到，慢得『通報』，望
> 　　　你賜罪賜罪哦！
> 羅太保：E…，郭子儀咧講話，呔會按呢？
> 羅小保：是啊！因爲 in 這有讀冊的人，所以咧講話，攏有牽調
> 　　　　（khan-tiāu）啦！
> 羅太保：哦…，按呢是毋？唉呀…，聽*見講，郭子儀，你都是才高
> 　　　　八斗，而且你的武功，也練誠好。今仔日會當來到我羅家
> 　　　　寨啊，眞是阮兄弟三生有幸。
> 王奇：是啊！大學、中庸、四書（sù-su）、五經、黃石公〔註20〕、
> 　　　三韜〔註21〕（sam-tho）、四略〔註22〕（sù-liàk）、孫子〔註23〕、
> 　　　戰策，攏總愛讀。
> 羅太保：哦…，大學！
> 王奇：是！阮先生，都是李白，叫做李學士、翰林大學士。大學之
> 　　　道，在明明德，在親民，在止於至善。知止而后能定，定而
> 　　　后能靜，靜而后能安，安而后能慮，慮而后能得。知所先後，
> 　　　道則近矣。

〔註20〕　《史記‧留侯世家》黃石公，相傳是張良逃亡到下邳後所遇見的人物。他將兵法傳授給張良。後世流傳《黃石公三略》，側重於從政治策略上闡明治國用兵的道理。

〔註21〕　應該是指《六韜》《三略》，均爲中國古代兵書，攸關戰鬥用兵的道理。《六韜》指文韜、武韜、龍韜、虎韜、豹韜、犬韜。《三略》指上略、中略、下略。在此，王奇假冒郭子儀吹噓的說辭，很可能是將這些數字略增、略減，而成爲《三韜》《四略》。

〔註22〕　略：liòk 泉音／liàk 漳音。

〔註23〕　即《孫子兵法》，是中國古代的兵書，全書爲十三篇，是春秋末年的孫武所寫。

羅小保：Hmh…？尾句敢毋是「則近道矣」？

王奇：攏總相像（siâng）啦！

羅太保：喂，老細仔！伊咧講he，我鴨子聽雷。你敢聽有？

羅小保：當然啦！啊…，著！郭英雄到位，準備野味招待吧。

這裡使用的成語，如「才高八斗」、「三生有幸」等，還有來自四書的文字，都是文言音。而使用言語的角色，並非書生，而是戲劇中粗鄙無文的山大王。在此我們可以思考布袋戲的口頭表演中的文言音與白話音，是否有位階的關係，或社會語言學者所說的高低語言現象（diglossia）？高低語言現象，是社會語言學的學者佛格森（Charles Ferguson, 1921～1998）為了釐清標準語（standard language）及方言（regional dialect）之間的階序關係，所提出的觀念。費雪曼（Joshua Fishman）則進一步用高低語言現象，來討論兩種語言的距離遠近，及其功能分佈的關係。法索爾（Ralph Fasold）重新檢討這些學術研究，而提出廣義的高低語言現象。所謂高低的關係，除了指兩種不同語言的第一次與非第一次的學習先後順序差別外，社會地位上也相當於正式／非正式（forma l / informal），或慎重的／親切的（guarded / intimate）。這種語言關係依不同的程度又可分為三種，差距最大的是雙語重疊現象（superposed bilingualism），而差距最小的稱為風格轉換（style-shifting）（Fasold，1984：53～54）。如果考量同一齣戲劇當中，文言音與白話音兩種聲韻系統之間正式／非正式，或慎重／親切的差距，似乎我們也不容易說出：到底山賊搶匪范應龍，或書生史炎雲的語音與我們比較親近。雖然他們之間階層不同，但語言差距程度卻似乎沒有想像中來得嚴重。

從文言音的比重來看，兩個角色還是有所差別，書生史炎雲的文言音要多過於范應龍，而假冒郭子儀的王奇，刻意展現一大段的文言音，與山大王羅太保相較之下更是明顯的對比。值得注意的，王奇所朗誦出來的語音，或許可以單純地將它當作文言音的展現段落。但這個角色顯然不太在乎他所唸的內容，連偶而念錯也無所謂，更何況瞭解這些古文的相關哲學意義。一般而言，傳統漢文教育重視朗誦，勝過於理解內容。從表演的觀點來看，這不過是將傳統漢文教育朗誦的教材，吸納為表演的內容。因此布袋戲口頭表演的文言音運用，可說是風格轉換的高低語言現象。

　　布袋戲的言語表演（performance），最直接受到現場觀眾直接語言理解能力（competence）的限制。如黃俊雄《六合魂斷雷音谷》這齣戲，出現形容留著鬍鬚者的詞彙「五柳長絲」，文玉、秘雕將「五柳」念成文言音「ngó-liú」，而矮仔多瓜、梁白桃則念白話音的「gō-liú」（附錄二）。由此可知，同一個詞彙，在同一個布袋戲主演的口頭表演當中，文言與白話的語音並未截然二分。文言音與白話音的同時交錯使用，一方面讓觀眾能更直接明白語意，另一方面也表現該角色的識字程度。喬姆斯基所提出語言能力／言語表演的區分概念，對於我們瞭解布袋戲語言的穩定性與創造力有相當的啓發。如果主演忽略觀眾的理解力，很可能會失去觀眾的支持。在布袋戲雖偶而大量使用文言音，但並不可能完全偏向文言音的表演，如此完全違背日常生活中的語言習慣。在臺語的言談社群中，文白夾雜原本就是頗普遍的現象。在同一個言語社群中的高低語言現象，並不太會導致語言態度（language attitude）的轉變。

　　書生史炎雲的語法，如「青天白日，擋住去路，群賊！通報名姓」、「敢圍住陸路的行劫」、「如若不肯，難脫我的純陽手」等，雖與一般的口語略異，但並非將古書的文言文完全搬上舞臺，而是較接近傳統章回小說的語法。放在昔日臺灣民間社會所熟悉的漢文教育的情境中思考，似乎並不是什麼問題，就如同受過漢文訓練的學生，能夠自行閱讀《七俠五義》《月唐演義》等章回小說。雖然布袋戲主演多少也具備這樣的閱讀能力，但能力仍有高低之別，無論再怎麼比較，布袋戲稍嫌文謅謅的語句，都還是比起傳統古典小說的語言要白話得多。從布袋戲的發展歷程來看，有的主演雖受過傳統的漢文教育，對他們最大的影響，應該是將文言音當作一種表演風格，如社會語言學家所說的「風格轉換」。至於漢字的書寫能力與表達能力，客觀來看，仍有相當的限制。或許他們應該慶幸自己漢字書寫的限制，使他們並未喪失口頭表演的靈活性。從文言音的使用頻率來觀察主演的風格，大致上黃俊卿、黃俊雄等主演的風格，可說是偏好使用文言音的口頭表演風格。相較之下，本書所紀錄的陳俊然、陳山林或劉祥瑞等主演的表演文本，文言音的成語運用得較少，白話音的語彙相當多，這也形成另一種風格的口頭表演。布袋戲演藝事業所處的世界，仍是在臺語社群的口頭溝通（oral communication）與口頭傳統當中。

第四節　書面文字與口頭表演的辯證

　　1990 年代以來，隨著大量仰賴以華語書寫為主的年輕人加入，而對布袋戲的口頭表演傳統產生相當嚴重的挑戰。雖然我們該慶幸布袋戲的創作越來越年輕化，但這些局勢改變的影響卻是不容忽略的。總體來看，布袋戲表演主要面臨的挑戰有兩方面：以文字寫定的劇本來引導口白配音，使得原本相當活潑自由，容許即興表演的口頭表演日漸失去其活力。其次，是來自不同語言系統的語法（grammar），對臺語的語言干擾。越來越多接受完整國語大學教育的年輕人加入布袋戲創作，他們相當大的程度仰賴華語的白話文書寫，再交由主演將語詞轉換成臺語。這種語言的轉換，經常造成不同的語法相互的干擾，而使得問題變成更複雜。

　　思考書面文字與口頭表演的關係，更深層的也就是關於「口頭性」（orality）與「文字性」（literacy）之間錯綜複雜的關係，學者翁（Walter Ong, 1912～2003）在他的學術著曾作許多深入思考。一般所說的口頭社會，都是與「書寫傳統」來作比較、作區分。尤其在人類學家、社會學家、心理學家以及歷史學家，他們所提出的口頭社會，大多指與書寫或印刷的知識完全沒有接觸的史前社會。但現在的社會，這樣嚴格界定的口頭社會幾乎很難存在，因為每一種文化多少都瞭解書寫，而且也有書寫的經驗。特別是高科技輔助之下的口頭傳播，包括電話、廣播、電視等傳播工具，使得人類的口頭傳播的表現形式，保留許多原始社會的心智型態。為了區分方便，他將完全不接觸書寫或印刷的口頭文化，稱為「初級的口頭性」（primary orality），而接觸過書寫與印刷的口頭表演，則稱為「第二級的口頭性」（secondary orality）（Ong，1982：11）。從這種觀點回頭思考布袋戲的語言學習環境，顯然他們並不是置身於完全不接觸書寫或印刷的原始文化。相反的，他們或多或少掌握簡單的漢字識字能力與書寫能力，至於掌握能力的深淺隨不同情境而定，因此布袋戲的口頭表演可說是屬於「第二級的口頭性」，而不同於西洋傳教士的辭典編纂之前，臺灣原住民社會完全不接觸書寫或印刷的「初級的口頭性」。

　　細思考布袋戲作為「第二級的口頭性」，口頭與書寫文字之間的關係，究竟是完全不相容，抑或可以並存？如果引借不同語法的語言系統，是否會對原先的語言系統造成破壞？創作者對於外來語詞引用的界線應該是在哪裡？甚至如何借用外來語詞以表達整體臺語文化的「他者」（otherness）？

一、口頭表演的重要性

如果說文字寫定的劇本是一種極端，而另一個極端，應該是完全不識字的布袋戲主演。早期布袋戲發展過程中，曾經存在許多不識字的布袋戲師傅，他們幾乎是不憑藉文字書面抄本，或印刷品。從不識字的主演的例子來看，或許更能釐清布袋戲的「口頭性」與「文字性」之間的關係，也更容易瞭解布袋戲即興表演的重要性。臺灣曾有許多不認識字，卻享有盛名的掌中班主演，包括臺北艋舺南管布袋戲主演童全（1854～1932），或屏東全樂閣的鄭全明（1901～1967）、鄭來發（1925～1992）等，他們共同的特色，都是以口語幽默而獲得觀眾肯定。童全演布袋戲的口才，紀錄者著墨很多（吳逸生，1975：102～103）：

> 布袋戲的難處就是搭訕時的「自問自答」。設使沒有好的口才，說來說去還是那幾句老話，觀眾們便會覺得興趣索然。看他《風波亭》一劇，岳爺被害之後，還不見秦檜有任何報應，氣煞王橫、李直，到處投廟哭訴。來到潮神廟〔註24〕哭訴時，天色已晚，二人就睡在神龕下，睡到夜半李直一覺醒來，覺得褲底下濕分分，便問王橫道：「王大哥，我的褲裡怎麼濕分分的？」王橫答道：「尿床嗎？」「不像，有點黏。」「那麼是潑著湆！」（湆，稀飯汁）這個「湆」耐人尋味。他時常在正戲裡插一段搭訕場面，讓觀眾換換口味，輕鬆一下，不但是他的聰明處，而且觀眾們也可以欣賞他的「口才」。

這位艋舺著名的南管布袋戲師傅童全，其實「沒進過私塾，方塊字跟他不相識。但看他對於戲詞的運用竟那麼自如，而且說得順理成章，不會超過規矩」（吳逸生，1975：101）。不認字的民間藝人如何表演一絲不苟的文言的對白，是頗值得懷疑的。思考一下他所表演的《風波亭》，並非他同時代身邊發生的新聞事件，而是遙遠的歷史故事，那麼表演者如何得知？所謂不識字，未必是與書寫或印刷品完全沒有接觸，而僅表示他無法直接閱讀文字，卻不妨礙他間接經由別人口述來瞭解這些故事內容。很可能的情況是，他是藉著其他人口述的幫助來瞭解書面文字的內容。間接接觸文字，反而不會受到書面語的強力束縛。他們這些活潑的言語想像力當然來自民間生活，也更親近觀眾，

〔註24〕 筆者案，應為「海神廟」之筆誤。

容易獲得觀眾的共鳴。難怪紀錄者對他的表演稱讚最多的，都屬於口語可以
自由表演的「三花」與「老家婆」。他最拿手的「老家婆」一上場，不開口便
罷，一開口便廢話連篇。這些口頭表演的言語，應該都是來自民間生活經驗
的生動口語，可惜我們無法從前人的紀錄，再一次感受他如何「廢話連篇」
的精彩口頭表演。臺灣民間藝人不認識字卻能表演的情況時有所聞，尤其是
早期歌仔戲或臺語連續劇的演員，或許可以幫助我們瞭解這些不識字的藝人
與書面語之間的關係〔註 25〕。布袋戲的口頭表演，尤其是三花腳色最自由，
最能夠講笑話，常常讓人想起鄉下老阿伯講的臺話那種熟悉的感覺。在布袋
戲口頭創作下功夫的主演，特別喜歡與庄腳人聊天，無論是做田的歐吉桑、
百貨店的店員或聽廟宇的和尚講道理。他們往往將各行各業的講話談吐、詞
彙便成布袋戲的創作，因此布袋戲就像是一臺滿載著母語文化的車子，沿路
吸收民間文化的營養，也沿路將這種語言優美的內涵廣為宣傳。布袋戲如果
失去臺語活跳跳的生命力，表演起來可能也不好看。

　　布袋戲的「口頭性」相當重要，但這並不意味完全排斥他們直接或間接
接觸文字的可能性。從這觀點看，認識字與不認識字，對於掌中戲班的主演
而言，最大的差別就在於他能否直接閱讀文字或印刷品。而即使自己缺乏直
接的閱讀能力，也可以藉由他人的幫助，間接接觸書面文字。雖然有些老一
輩的布袋戲師傅確實唸過漢文，但也不可過份誇大他們的文言文能力，否則
他們也不必勞駕漢文先生來幫助「講戲」，或「排戲」。客觀來看，我們不能
排除有些布袋戲主演強調他們接受的漢文教育，無非是想要藉助漢字書寫的
文化聲望，來提昇自己在主流文化社會中的地位。筆者親眼看過布袋戲師傅
手寫的簡要演出綱要抄本，同音字或筆誤的情形相當普遍。不過更重要的是

〔註 25〕　著名的臺語老演員阿匹婆（林呂有），十八歲開始演新劇，都是舞臺導演將戲
　　　　　文講解給她聽，再經過幾次排演，臺詞就完全記熟，後來她在電視上演連續
　　　　　劇也是如此。在王禎和的採訪中，她自己承認雖然不太認識字，但是經由別
　　　　　人口述之後，她會用自己的語言重新將臺詞順過來，甚至將原來的語句改變。
　　　　　例如她曾經演一個迷信的老太婆，到處募款要做大拜拜，臺詞原先寫著：「橋
　　　　　壞修橋，是鎮公所該辦的事！這一百萬元我募來的錢是要拜拜用的，怎能和
　　　　　修橋混在一起談？」她將臺詞修改成：「橋歹，要修理，是鎮公所你厝的代誌。
　　　　　我募來的這一百萬元，是殺豬公用的。這是魚番魚，蝦番蝦，莫用水龜摻田
　　　　　螺！」（王禎和，1977：39～40）由此可知，不太認識字的民間藝人與書面文
　　　　　字的關係，雖然缺乏直接接觸閱讀的關係而已，但也可能透過他人的口述，
　　　　　以間接的方式接觸這些書面文字。可貴的是，他們通常有豐富漂亮的口頭傳
　　　　　統的基礎，幾乎隨手拈來就是神來一筆的精彩表演。

他們的必備本領，也就是能夠將這些聽來的，或看來的言語重新精煉過，轉化成舞臺上童叟皆易懂的臺詞。

二、「字幕」的輔助與侷限

「字幕」是一種相當特殊的臺灣文化現象，對於臺灣的觀眾而言，經過日經月累以經形成一種相當獨特的閱讀習慣。字幕原本是一種輔助的語言工具，而一旦成為觀眾的習慣之後，臺灣的電視節目幾乎沒有不打字幕的。這種特殊文化對口頭表演的影響，卻相當值得我們重視的。

臺灣觀眾看字幕習慣的特殊性，只要對照國外的電影或電視節目就可明白。無論歐美、日本等國家，幾乎只有極少數偶而來自外國的電影或電視節目，在為了保存特殊外國語音的情況之下，才會加上他們本國語的翻譯字幕。普遍的處理方式，仍是採用本國語配音，而不用字幕。當然更不用說他們這些國家，自己本國的電視或電影節目，是完全沒有字幕的。因此他們這些國家的觀眾，相當不習慣欣賞表演節目的同時，還要對照不斷出現的字幕表。相對的，臺灣的觀眾卻相當習慣一面欣賞表演，一面看字幕。這種字幕文化影響所及，早年臺北中華路的國家英雄館每年例行的平劇公演，都採取打幻燈片字幕的方式，對於一般無法聽懂特殊戲曲歌詞的觀眾而言，倒也無可厚非。但現在臺灣某些外臺表演的歌仔戲或布袋戲，偶而也出現以華語字幕輔助說明的方式，尤其是歌仔戲出現大段唱腔時，幾乎都比照平劇公演採取打幻燈片字幕。這種必須仰賴文字說明的劇場表演模式，在世界各國是相當罕見的，可說是臺灣特殊政治歷史背景下的文化產物。

字幕對於布袋戲表演產生衝擊，最大的源由在於字幕所使用的語言系統，不同於口頭表演的臺語。字幕的書寫者，幾乎都是以北京話為主體的白話文學「我手寫我口」的精神出發，將腦海的語音紀錄成文字，轉換成幻燈片的形式，或電視、電影的文字形式，即所謂「字幕」。那麼我們將這些來自北京話的文字，以一對一的方式直接轉成臺語的語音，那麼無論是詞彙、語法之間所產生的語法衝突相當激烈。除非字幕的書寫者，是從臺語為主體的白話文學精神出發，那麼搭配布袋戲的口頭表演，應該就不會產生言語干擾的現象。字幕書寫的臺語化，應該是推動臺語書面文字化，相當重要的文化工作項目之一。

字幕文化對布袋戲的表演影響，主要包括以下三個層面：（一）華語字幕的送審限制，使得早期的布袋戲主演傾向使用文言文表演。（二）布袋戲主演

放棄臺語表演，而另聘卡通片配音員以華語表演。（三）布袋戲臺語口白完全配合華語語法的字幕，甚至改變臺語的語法。在討論這些問題之前，首先我們必須釐清字幕文化的淵源。

（一）「字幕」文化的歷史社會淵源

從歷史淵源來看，字幕是在戰後臺灣國語運動的產物。與臺灣戰後國語運動關係最深的，應該就是國民政府的語言政策。據學者研究，戰後國民黨的語言政策可分為三個時期（陳美如，1995：22～23）：

（一）去除日本化恢復中國化的「改制穩定期」（1945～1969）。

（二）貫徹國語推行凝聚國家意識的「計畫貫徹期」（1970～1986）：1970年某些理髮委員以及監察委員，以政府推行國語不力為由，向政府施壓，並制訂相關法律條文，而演變為「獨尊國語、打壓方言」的高壓政策。

（三）朝向多語言多文化的「邁向多元開放時期」（1987 解嚴～迄今）。基本上，改制穩定時期及計畫貫徹時期二個時期是以「國語」為基調的語言教育政策，邁向多元開放時期則逐漸重視母語教育。

戰後國民黨政權軍事佔領臺灣，積極進行政治、經濟社會以及文化改造。據學者研究顯示，在二二八事件之後，外省人統治臺灣人的結構形成，國家統制力加強，更積極推行文化改造之一的，就是語言政策的貫徹。1950～1960年代國民黨掌握國家機器，主導社會對語言系統的使用，透過語言教育權、傳播權、使用權之壟斷，使臺灣人喪失語言權利，同時失去主體性。1970 年代國際政經局勢變動，造成國民黨政權正當性危機，並成為臺灣本土意識出頭的契機，文學本土化與政治民主化運動相繼展開，在國家的壓制行動下，造成鄉土文學論戰與美麗島事件，儘管臺灣本土意識受到打壓，卻也顯示臺灣社會對語言權利的意識已經覺醒（謝麗君，1997）。在戒嚴的時代，官方為了推行「單一語言政策」，頭一個被捉去「開刀」的就是電視布袋戲以及臺語節目。當年官方立場鮮明的報紙社論，最能反映對於臺灣話語在傳播媒體大為流行的焦慮心態（大華晚報，1972/8/17）：

> 省主席謝東閔目前宣布應加強國語運動。（--）學校裡絕不許說方言，且分別訂立罰則，犯規的須受處分。（--）近年來退步了（--）這個倒退的現象是由於聲音為媒介的大眾傳播工具起了領導作用，

> 收音機、電視機播送出聲音，方言壓倒了國語。(--) 為了響應謝主
> 席的明智決定，(--) 立法院審議廣播法，應嚴格規定國語節目語方
> 言節目的比例，(--) 逐年提高國語比率，到最後將方言節目淘汰。

在雷厲風行的時代氣氛下，臺語節目已經從 1970 年初期的 20%，一直降低到
1990 年代 10%以下（黃宣範，1993：363～365）。1975 年立法院通過的〈廣
播電視法〉，可說是製造 1980 年代臺灣言語衝突的重要原因，如此打壓臺語
節目的結果，就是 1974 年之後臺語布袋戲從電視消失。研究電視語言政策的
學者指出：1970 年代，整個政治影響語言政策的荒謬感，除長期在教育上獨
尊國語教學，電視方言節目的限制亦形成顯示否定方言的心態。這項單一官
方語言的政策，早在外省人士及國民黨籍立委主控的立法院內，一直受到強
力支持，所以在 1973～1976 年〈廣播電視法〉公佈實施前，立法委員對於電
視使用語言系統均一面倒的支持以國語為主，方言應逐年減少的節目政策。
這種情形直到 1980 年中央公職人員選舉後，增加本地選出的立法委員名額，
才有改善（蘇蘅，1992：218～219）。直到 1993 年〈廣播電視法〉修正廢止
「排除方言節目條款」時，臺語的傳播空間幾乎已經完全消失。

（二）布袋戲傾向文言化表演

　　表面看來，「字幕」只是輔助觀眾的語言工具，但反過來要求布袋戲主演
依據「字幕」來進行口頭表演，會產生什麼影響？

　　在過去布袋戲被打壓的時代，電視布袋戲節目在上演之前，被要求將對
白字幕送審。1970 年代黃俊雄的電視布袋戲在臺灣掀起一陣風潮之後，臺灣
關廟玉泉閣承傳系統的黃秋藤，曾在中國電視公司播出《揚州十三俠》、《武
王伐紂》、《無情劍》。《揚州十三俠》、《武王伐紂》等，都由黃秋藤的門徒黃
順仁來整理劇本。黃順仁生前曾向筆者說明，他們先有故事大綱之後，然後
將所有對白寫出來，最後才將對白改成電視字幕。他坦承這樣的工作相當困
難，因當時的電視主管機關要求布袋戲表演的口白，必須與電視字幕完全一
致。對他而言，臺語的白話根本沒辦法寫，因而折衷的辦法就是大量採取漢
文來書寫對白。如此一來，布袋戲表演會較偏向文言化，最後竟也形成一種
布袋戲表演的風格。臺灣民間許多生活中的臺語，偶而也會出現文言音，再加
上布袋戲與民間傳統漢文傳統的關係密切，在特殊的政治文化氣氛底下，掌中
班採取如此這樣的表演風格，倒也不會對臺灣布袋戲表演具有嚴重的威脅。

較特殊的是,黃順仁他們演出的《無情劍》,除聘請小說家司馬翎編劇之外,布袋戲口白也不是主演黃秋藤來灌錄,而是聘請廣播劇的演員配音。但整體的表演成果,並未獲得觀眾的肯定。黃俊雄曾經客觀評論這一段聘請非布袋戲主演配音失敗的經驗,他認為臺語廣播劇的演員不瞭解布袋戲。他們不明白必須看著戲尪仔講話,才能表現戲偶的內心情感世界,而只依照他們平常演廣播劇的習慣任意表演。更主要原因在於廣播劇演員講話的速度與平常講話差不多,缺乏沒有快慢的節奏區分。反過來,可以瞭解布袋戲主演所重視的口頭表演,是如何不同於廣播劇的特殊性。

(三)布袋戲主演放棄臺語表演

字幕不僅從歷史淵源來看,是在國語運動的產物,其文化背後的意識型態,也就是官方的單一語言政策。

面對單一語言政治的意識型態,布袋戲在臺灣電視臺首次播出的時代,幾乎都是採取標準國語配音。1962～68 年電視臺播出製作人葉明龍製作的單元「兒童布袋戲」,每周播放一次。當年首次正式演出的節目,是李天祿「亦宛然」掌中劇團演出的《三國誌》。這時期播出的布袋戲以忠孝節義的民族故事為主(尤召,1963:5),目的是希望使兒童產生潛移默化的教育作用,因而以標準國語配音為主。以往演師貫穿前後場的臺語表演,在這時期是少見的,唯一例外的李天祿布袋戲,因唱腔採京戲的西皮、二黃,所以得以照平日演出的方式播出。其它節目中的各個角色,都由臺北中山國小的學生在幕後負責對白,等於是兒童利用木偶來說故事一樣(艾其,1962:36),而口白則由臺北中山國校的林玲珠老師擔任女聲報幕及旁白(燕泥,1962:38)。這時期的電視布袋戲,似乎是因為採用標準國語的配音,觀眾的接受度與迴響相當有限。當年許多掌中班的師傅很快地離開電視媒體,而回到 1960 年代正興盛的商業劇場,對臺灣布袋戲的整體表演體系並未造成重大的影響。

「國語布袋戲」在臺灣的發展,似乎是一種「隔代遺傳」的品種,每隔一段時間就會出現一次。1970 年代,全面國語運動推行如火如荼的時代,閩南語連續劇的演員也被強迫要說國語,但他們的國語「用講--的,比用哭--的閣較歹聽」,黃順仁這麼形容當年民間藝人改講國語的窘境。失去臺灣話語魅力的本土戲劇,只是讓觀眾大失所望,布袋戲班唯一能做的掙扎,就是完全配合官方政策,放棄臺語表演,而另聘卡通片配音員,或請平劇演員以華語表演。1976～77 年之間,在電視臺播出「國語布袋戲」,可說是受「國語政策」

直接衝擊最強烈的布袋戲藝人黃俊雄，接受作家王禎和採訪時說（王禎和，1977：174）：

> 布袋戲素來用閩南語演出，忽然改成國語，就像國劇突然改用閩南語演唱，歌仔戲改用國語演唱一樣讓人感到不習慣、感到格格不入。以前在臺視也用國語演過《濟公傳》口白是請平劇演員來擔任，節奏很慢，而且有平劇腔，不太受觀眾歡迎。這回口白我都請中視演員擔任（我的國語不太好，無法自己來主講），他們都講得很像我們普通人在講話，很寫實，但沒有把布袋戲那向超越現實近乎迷幻的特性表現出來。總之，用閩南語演布袋戲是比用國語合適的。

無論是卡通片配音員，或平劇演員的言語，總是與布袋戲的鄉土親切感相差太遠，「國語布袋戲」終究失去布袋戲原有的觀眾。黃順仁曾客觀地評論當時的國語布袋戲，他認為布袋戲是「臺灣戲」，一定要講臺語，聽起來才會趣味、輕鬆，若說華語，就不像布袋戲，觀眾也不會接受。

（四）口頭表演完全配合華語字幕

　　1970 年代的黃俊雄布袋戲，仍是延續口頭傳統。他們都是先由主演錄製口白後，才請專人寫成電視字幕。因此布袋戲主演可以天馬行空地進行口頭表演，盡情地發揮特有的語言魅力，而不必受到書面的華語字幕的束縛。1958年臺灣第一部電影布袋戲《西遊記》，就是由黃俊雄所拍攝，當時這部電影採用「國語字幕」（陳龍廷，1991：28〜31）。從正面的意義來看，影像媒體的字幕，對於偏重文戲的口頭表演有其輔助的效果，尤其如果對白突然出現一大串的文言音時，適當的字幕對觀眾而言似乎是不可或缺的。

　　早期的霹靂系列電視布袋戲，仍延續這樣的傳統，從字幕本身來看，雖然全部使用漢字，但仍看得出是以臺語為中心思考的文字書寫，工作的程序，仍延續先由主演錄製口白之後，才請人寫成字幕的方式。後來的霹靂布袋戲有很大的改變，對口頭表演最大的影響是來自於布袋戲主演幾乎完全配合華語字幕，最大的關鍵應該是許多年輕大學畢業生加入布袋戲的編劇。據筆者查詢霹靂劇集的片頭演職員表發現：從 1988 年《霹靂孔雀令》開始，他們開始聘請專門撰寫劇本對白的編劇，最早加入的只有楊月卿，後來更成立編制龐大的編劇群。楊月卿是宜蘭人，在她成為最資深的編劇

之前，投入布袋戲這一行已經相當多年，對於布袋戲整體的生態相當瞭解。她曾與筆者談到這些大學畢業、高學歷的編劇，日常生活已經很少使用臺語，因此他們只能直接以華語思考，以華語書寫成劇本。這些劇本完成之後，再交到黃文擇手上錄製口白。通常黃文擇會將這些華語轉換爲臺語而有所修改，但有些臺詞直接依照字面念出來，便成爲相當古怪的言語，即所謂的「國語式臺語」。據學者的研究指出：雖然是臺語發音，但受到用北京話詞彙、語法的影響，直接將原劇本的臺詞，硬生生地轉成臺語音。例如劇本寫成的「試試看」，照臺語的習慣應改唸成「試看覓」，但主演卻直接將「試試看」的詞序以臺語發音唸出來。晚期霹靂布袋戲齣現這類的詞彙頻率相當高，如「硬生生擋下一掌」、「大吃一驚」、「也許」、「接下來」、「倒是」等，對於臺語純熟的觀眾而言，剛開始聽還眞覺得刺耳、拗口、怪異而非常不習慣。黃文擇如果在野臺表演時，以「國語式臺語」口白演出，而沒有字幕輔助的話，霹靂的觀眾不論老少，一定都會聽得「霧煞煞」（吳明德，2004：210～211）。

2004 年筆者受邀參加文建會策劃、雲林縣政府主辦的「雲林偶戲學術研討會」。在會場上，黃文擇也坦承一開始學習「國語式臺語」也很痛苦，他自己經過很長一段時間才適應。霹靂所面臨的語言創作困境，也可說是臺灣目前面臨的語言環境。

困境一、編劇群大多是接受國語教育長大的高學歷知識份子，當他們缺乏臺語的語言土壤，而且不熟悉臺語文寫作的情況之下，除了以華語書寫之外，他們似乎也很難以臺語書寫來創作。而編劇群因顧及來自古書的優美詞句，往往忽略是否符合臺語的平仄音韻，而造成口白表演者的語音極爲拗口，極不自然。

困境二、當現在的年輕人對於臺語的理解力與聽力每況愈下，該如何重新找回觀眾，確實要花費相當的苦心。

晚近霹靂布袋戲創作所採取的解決方式，就是大量地依賴年輕編劇群的劇本，並依劇本的華語對話而寫成的字幕，這卻相當程度影響主演原先活潑的語言能力。黃文擇坦承他的工作量相當龐大，在相當短促有限的時間內，無法完全將那些華語書寫的對白，完全轉換成優美的臺語。如果以主演口白的優美作爲審美對象的表演藝術，卻還需要藉助「翻譯」才能進行創作，可能將是相當大的隱憂。最後造成的結果，就是逼得觀眾在戲劇欣賞的過程，

非得努力追趕地閱讀字幕，否則無法聽懂戲劇對白的內容。這樣的布袋戲口白，可能已經遠離讓觀眾閉著眼睛也能夠欣賞的口頭表演，而完全屬於劇本文學的範疇。如果非得以劇本的概念來創作，比較可行的解決方式，應該是找一些熟練臺語文的編劇，直接以臺語文書寫，或許能夠提供給口白創作更寬廣揮灑空間。

三、漢字文化圈的高低語言現象

　　以書面華語字幕形式，所搭配的布袋戲表演，雖曾吸引許多完全不懂臺語的觀眾進入這個藝術殿堂，但劇本化的發展結果，使得語言與文字嚴格一對一的關係，卻影響了口頭表演的自由性。理論上，字幕只是為輔助觀眾理解劇情的語言工具，而實際上，1970 年代關廟玉泉閣的黃秋藤、黃順仁在電視臺播出《揚州十三俠》、《武王伐紂》時，受制於口白必須與電視字幕完全一致的要求，因而採取漢文來書寫對白。在當年政治環境壓力下，這種折衷似乎是無可奈何的辦法。但事隔二十幾年，第一線的創作者卻主動想要配合華語寫成的字幕，甚至形成「國語式臺語」。在這些歷史事件的背後，或許我們更需要嚴肅思考漢字文化圈的高低語言現象。

　　「漢字文化圈」，指曾使用漢字，或還在使用漢字當作書寫系統的國家或地區，如越南、朝鮮、日本、臺灣、香港、新加坡與中國等。在這些區域內，中國曾經扮演主宰者的角色，在政治、經濟、文化上對於其他國家具有支配性的影響力，而漢字書寫系統在這個區域內，很自然形成一種文化霸權。能夠以漢字書寫、閱讀的語音，可以取得比較崇高的社會地位，相對的，而一般的口語比較難獲得學校教育系統的認可（蔣為文，1997）。而「高低語言現象」（*disglossia*），是社會語言學者佛格森（Charles Ferguson, 1921～1998）所提出的。他發現在同一種語言環境當中，只要使用一種以上的語言系統，就會出現高階方語（High dialect）與低階方語（Low dialect）的差別現象。高階方言的社會功能比較正式，詞彙較豐富，較穩定有系統、較有文法，通常有文字的傳統，而且由學校教育系統才能夠習得這種語言能力。相反的，低階方言則是較不正式，較缺乏社會威望，較簡單、較基本的語言系統，屬於小孩子之間互相對話中習得的語言能力（Fasold，1987：34～39）。

　　布袋戲的口頭表演可以相當活潑生動，但往往僅止於田野調查的聽聞而已，而缺乏真實的有聲資料紀錄，或可靠的表演文本的紀錄，因此口頭的表

演文本，也容易隨著時間的流逝而被遺忘。久而久之，一旦民間藝人被迫必須完全依照劇本演出時，往往屈就華語為中心思考而寫成的臺詞與字幕時，由此延伸出語言系統之間交互干擾的現象。整個檢討起來我們發現，目前電視臺「字幕」的華語，顯然社會的功能比較正式，詞彙較豐富，較穩定有系統、較有文法，通常有文字的傳統，而且由學校教育系統才能夠習得這種語言能力。相對的，布袋戲主演表演的臺語，顯然屬於較不正式，較缺乏社會威望，較簡單、較基本的語言系統，屬於小孩子之間互相對話中習得的語言能力。在臺灣的特殊政治社會環境中，字幕的視覺閱讀習慣，正好提供書面高階的語言位階，強勢地凌駕在口頭低階的語言之上的機會，即社會語言學者所說的「高低語言現象」。這種語言現象，放在「漢字文化圈」來觀察顯得相當特殊。雖然布袋戲主演與臺灣民間社會漢文傳統之間的密切關係，使得他們對於漢字並不陌生，對於同樣是「漢字」書寫的字幕，似乎有相當曖昧的空間，而容易忽略字幕背後，以北京話為核心的「國語」意識型態。布袋戲主演被迫放棄臺語的表演，放在語言政策意識型態來看並不意外，但使用漢字的曖昧空間，卻造成「國語式臺語」的怪異言語。

　　臺語口頭表演的困境，莫過於以往缺乏有效的、有系統的書面文字，作為紀錄語言的載體，以致於一昧地屈就「漢字」，因而模糊了臺語與華語是兩種不同的語言系統的清楚界線。從源頭思考，口頭表演本身並失去語言的主體性，但當它被完全不同語言系統的書面文字牽著鼻子走的時候，逐漸地面目全非，最後因而失去口頭表演的原汁原味。除非字幕的書寫者，是從臺語為主體的白話文學精神出發，才能夠免於言語系統之間的語法衝突，如此也才能夠擺脫高低語言現象的宿命。

第五節　小　結

　　從語言的觀點來看，沒有特殊的語感，就沒有文學創作。無論是小說或戲劇，其最精采的趣味所在，往往就在於言語，及整個言語背後的文化社會的語言情境。這些精采細緻的語感，常常是沒辦法翻譯的。有些人以為布袋戲藝術只是一些精美輝煌的戲臺，或一些漂亮的戲偶雕刻而已，而忘記欣賞一齣令人會心一笑的布袋戲時，更重要的是欣賞主演口白的優美，及其生命力的活潑。百年來的臺灣，經過幾次政權轉變，「國語」由日

語變成北京話，在這種情形之下，民間戲劇表演為我們保存最寶貴的母語，是非常不容易的。

在還沒有「本土文化」或「母語教材」的年代，我的朋友無論是本省人、外省人、客家人，他們可能因為曾經喜歡看布袋戲，很自然地就學會一口非常流利的臺語，甚至也學會欣賞這種言語的精微詼諧的美感。臺語有很多語感官相關的形容詞，語言學家稱為「ABB 狀詞」。例如顏色中形容整片的青色，叫「青 phiàng phiàng」，白的很白叫「白泡泡」；形狀中圓得很圓，叫「圓輪輪」或「圓滾滾」，厚得很厚，叫「厚篤篤」。舉凡視覺的美醜、膚覺得冷熱、嗅覺的香臭、味覺的酸甜苦辣等，都有這麼活潑的形容詞。電視布袋戲《雲州四傑傳》中曾經運用這麼有趣的口語來創造人物：主角「噴火大王烏磊磊」，小妹「噴火女郎烏仙仙」，母親「噴火怪婆烏媽媽」。一家人的名字聽起來，大概都像是黑火炭一樣都黑得有夠徹底。「磊磊」、「仙仙」或「媽媽」原本只是加強形容黑色的感覺而已，「仙仙」卻很適合女子名，「媽媽」與母親同義，竟然有人稱作「烏媽媽」的，不由得讓人想起小時候全身髒兮兮的小孩挨大人罵的情景。布袋戲就是這樣一種非常可貴的口頭文學〔註26〕。

清代或日治時代，由中國輸入臺灣的戲曲相當多，而布袋戲傳來應該不是最古老的，不過卻後來居上，成為最受民眾廣大歡迎的戲劇之一，其相當重要的原因就在布袋戲班白話意識覺醒得相當早，在日治時代初期就已經逐漸成熟，「準戲曲風格」的布袋戲逐漸放棄戲曲語言，而與臺灣本土語言結合。這種轉變傾向，可說是布袋戲往「臺灣化」方向邁進時最重要的一步。日治時代封鎖了新的漢人流入的管道，所有在選擇留在臺灣的漢人，因處於被統治者的關係，反而強化臺灣漢人內部的同類意識。對應這樣意識的形成，原本泉腔漳調的言語如何混同。筆者認為日治時代占傳統戲劇相當比重的掌中班，及正在興起的歌仔戲，這些有本領跨越「次族群邊界」的民間藝人，他們有意無意之間擔任起相當重要的推動共同語的媒介角色。布袋戲可說是一種直接仰賴觀眾掌聲以獲得生存的口頭表演。既然是口頭表演，就是直接訴諸口頭─聽覺的過程。隨著臺灣各地觀眾等接觸層面不斷地擴展，表演者相當自覺或不自覺地實踐言語腔調的「融合性」。他們的最高標準，就是讓觀眾

〔註26〕 關於布袋戲作為口頭文學的觀點，1998 年筆者曾經在《民眾日報》上發表過三篇以臺語文寫成的文章，總題曰「看布袋戲學臺語」（陳龍廷，1998a、1998b、1998c）。

聽不出他們個人的特殊腔調，以達到所謂的「無腔」的境界，以操作型定義
而言，指掌中班主演的口音，「幾乎」無法讓一般觀眾聽出有奇怪的差異性存
在。

　　布袋戲師傅的言語來源，除了生活中自然習得的白話音之外，還有從私
塾「漢學仔先生」學到的文言音。「漢學仔先生」除了古典語音的傳授之外，
也對於布袋戲的表演創作產生相當大的影響力。布袋戲主演與傳統漢文教育
的關係密切，除了主演可能與某些「漢學仔先」共同參與創作，或由「漢學
仔先」口中學習文言音的聲韻系統，特別是劇中讀書人角色，往往以文言音
來加強文雅的氣質。傳統漢文先生與布袋戲主演的合作，除了被動式地講述
章回小說之外，甚至也主動參與創作天馬行空的自創故事。戰後許多參與布
袋戲的戲齣，不是「漢學仔先生」，就是有相當漢學根基的老先生。昔日的漢
文教育，不只是布袋戲創作者相當重要福佬語與基礎書寫能力的訓練，布袋
戲的文戲，如詩詞問答、談經說史、聯對、字猜等戲劇內容相關的創作，很
可能與民間漢文教育息息相關。一般而言，臺灣布袋戲主演的漢字書寫能力，
往往有相當的限制。或許他們應該慶幸自己漢字書寫的限制，而使他們仍然
未喪失口頭表演的靈活性。布袋戲演藝事業所處的世界，仍是在臺語社群的
口頭溝通與口頭傳統當中。

　　從另一個觀點看，字幕對於布袋戲表演產生衝擊，最大的源由就在於字
幕所使用的語言系統，不同於口頭表演的臺語。字幕的書寫者，幾乎都是以
華話的語言系統為主體。如果將這些來自華語的文字，以一對一的方式直接
轉成臺語的語音，那麼無論是詞彙、語法所產生的語法衝突相當激烈。字幕
文化對布袋戲的表演影響甚劇，主要包括以下三個層面：（一）華語字幕的送
審限制，使得早期的布袋戲主演傾向使用文言文表演。（二）布袋戲主演放棄
臺語表演，而另聘卡通片配音員以華語表演。（三）布袋戲臺語口白完全配合
華語語法的字幕，甚至改變臺語的語法。「字幕」的華語及其語言系統，顯然
社會的功能比較正式，詞彙較豐富，較穩定有系統、較有文法，通常有文字
的傳統，而且由學校教育系統才能夠習得這種語言能力。相對的，布袋戲主
演表演的臺語及其語言系統，顯然屬於較不正式，較缺乏社會威望，較簡單、
較基本的語言系統，屬於小孩子之間互相對話中習得的語言能力。在臺灣的
特殊政治社會環境中，字幕的視覺習慣，正好提供書面高階的語言位階，強
勢地凌駕在口頭低階的語言之上的機會。

第四章　布袋戲的套語分析

　　布袋戲的欣賞，至少可以分成視覺與聽覺兩部分。以往多偏向視覺的介紹，如舞臺裝置、木偶雕刻、布景、道具等。而聽覺的部分，至少應該包括後場音樂、主演的口白（kháu-pėh）、及言語紀錄分析等較專門的領域。主演的口白，可說是一齣布袋戲表演的靈魂，如果節奏感掌握得不好，五音分得不夠清晰，其他搭配部門的工作人員再強，可能也無法抓住觀眾的心。從聽覺欣賞主演的口白表演，應該像我們從視覺欣賞木偶的雕刻一般，必須很仔細品味與分門別類的，將口白當作相當特別的口頭表演。

　　一個經過歷代民間藝人千錘百鍊的口頭表演藝術傳統，一定是許多層面都高度地套語化。套語的分析，是從希臘史詩研究，及其相關學術所發展出來的研究途徑。1930 年代帕里從希臘史詩「荷馬問題」出發。他以「名詞-特定形容」的套語，來探討神祇和英雄的主要典型。他從古代史詩分析發現，這些反覆出現的套語，意味著這背後的創作者，應屬於希臘人的口頭傳統，而非一個單獨的作者。他對套語的界定如下（Foley，1988（1991）：57；Foley，1990：65）：

> "an expression regularly used, under the same metrical conditions, to express an essential idea." （一個經常使用的表達方式，在相同的格律〔註1〕條件下，用以傳達一個基本的觀念。）

口頭文學存在的套語，本身具有重複性、穩定性的詞組。與其說是為了聽眾，

〔註1〕中國譯本將 "meter" 譯為「步格」，筆者在此改譯為「格律」，似乎比較能讓讀者瞭解。

不如說是爲了創作者，使他在現場表演的壓力之下，仍可以快速、流暢地敘述。從人類學觀點研究民間戲曲的學者，往往發現固定套語，對表演者的學習與記憶是相當重要的（容世誠，1997：275～276）；

> 在一個「口語文化」的社群裡，學習——知識的吸取，主要依賴聽覺。但是聲音瞬息即逝，又未有視覺上的書寫文字作爲紀錄的工具，所以知識的儲藏，主要依賴記憶。但資訊愈積愈多，容易忘記。而且又不能像閱讀一樣，翻看以前看過但忘記了的部分，於是，只能藉助類似公式的思考方法，將之是組合成一個一個的單元，幫助記憶，又使之重複，使即使忘記了前部分，後部分也能提供相同的資訊。因此，「公式套語」和「重複資訊」便成爲口語社會裡的主要知識儲存方式。其實，也成爲「口語文學」的兩大特點。

套語，就是以一種讓表演者容易記憶、讓聽眾產生強烈印象的方法創造的說話方式。由於聲音是動態的，而不是完全的靜態，因此如何去捕捉聲音瞬間的動態，對生活在口頭傳統的人們而言，是一件很重要的事：無論對方是說者還是聽者。特別是即興表演的能力，可能必須奠基在這些固定的套語之上，在該傳統允許的範圍內做有限度的變化。以此觀點而言，布袋戲的口頭表演，當然也有許多固定的套語。套語並非完全一成不變，我們將其中的固定與變異做基本的分析。

本章先從戲曲語言的固定表演習慣，來思考深受戲曲對布袋戲的影響層面。其次，分析布袋戲口頭表演的基本結構。接著整理筆者蒐集布袋戲口頭表演的套語範例，包括「四聯白」、「念 khó 仔」等，最後從這些實例中瞭解套言的變異與創造性空間。

第一節　布袋戲與戲曲語言

布袋戲的表演言語結構，應是受到戲曲語言的影響，尤其是亂彈戲。在中國宋、元之際發展出來的南戲，劇本一開頭照例有一段介紹創作意圖，和敘述戲劇情梗概的開場戲。南戲「副末開場〔註2〕」或「家門大意」的形式，

〔註2〕「副末」，南戲的戲文常略稱爲「末」，即助演的男性腳色，其最重要的任務，就是陳述一齣戲的開場詞，及分擔輔佐的戲份，大多爲中年男子（青木正兒，1930「1982」：521）。

而清代京戲的劇場形式，仍保留著唸誦「引子」之後，接著念「定場詩」，然後「自報家門」（姚一葦，1984：38～40）。布袋戲則是以「四聯白」的套語形式來介紹戲劇人物，以口頭表演而言，這種固定的語言相當出場戲劇人物的臉譜。布袋戲的戲偶，是透過雕刻的形象，訴諸觀眾的視覺，所留下的角色印象。而布袋戲的基本四念白，就像是口頭表演訴諸觀眾聽覺的「面腔」（bīn-chhiuⁿ），憑著主演口頭表演不同的聲音與固定套語，觀眾就能夠辨認舞臺上出現的人物。基本的類型化角色的學習，對於即興演出塑造人物有畫龍點睛之效。

　　日治時代，掌中戲班更結合臺灣各地最盛行的北管子弟戲。布袋戲沿用北管戲的劇本，通稱為「正本戲」。常見的劇目有《取五關》、《斬瓜奪棍》、《渭水河》、《走三關》、《晉陽宮》、《天水關》等戲碼，大多是布袋戲主演參加地方的戲曲子弟館，連帶著戲曲音樂所學來的。

　　正本戲對布袋戲表演系統影響最大的，除了戲曲音樂之外，最常運用的莫過於「四聯白」，例如黃海岱自創的劍俠戲《五美六俠》，故事敘述慈悲仙姑交付徒弟殷飛虹，要下山助巡按大人李文英建功立業，之後依「五美緣圖」所示，與李文英締結良緣。而李文英率領三俠等大隊人馬前往江西平定匪亂，孰料夏虎、夏彪落草為寇，中途攔路，捉走三俠，欲剖取三俠的心肝。夏虎（Hā-hó͘）出場時，念了一小段北管味的「四聯白」：

Chhian-san le-sui bai-ui-ui,
Liang-gian cheng-cheng koan-san-theu.
Hau-han chi-chai chheng-san lui,
Nan-chi ho-ji tau-oang-phau.

實際的語音聽起來，可說是混雜北京話與臺語的怪異語音。有點奇怪的是，這樣的四聯白聽起來卻不押韻，不知道是承傳過程中出現遺漏，或原本就是如此。清代的官話，與現在通行的北京話相當接近，臺灣民間通稱為「正音」（chiàⁿ-im）。亂彈戲，依照臺灣民間的習慣，通常唸成 lān-thân，黃海岱曾經開玩笑地說：北管子弟的「正音」講得不純，所以才叫「亂彈」（lōan-tôaⁿ）。臺灣民間戲劇表演的「官話」，一般沒有參加過北管子弟戲訓練的觀眾根本聽不懂。放在臺灣的歷史背景來看，遠到臺灣就任的官員，或旅遊的文人，他們出身於中國不同的省分，而官員之間溝通的語言即是清代的官話。這種

語言並非一般臺灣人所能聽懂的。從表演的層面來看，讓觀眾覺得與劇中人物之間相隔甚遠的語言，或許可以喚起他們對於遙遠陌生權威的感受。據研究者指出（簡秀珍，1993：158）：

> 事實上官話並沒有固定的標準範本，戲先生往往不識字，字音傳久了，自然會有錯誤，大家好像是記住一個印象模糊的旋律，憑著自己的「正確標準」加以發揮，唱出來的結果依稀有最初旋律的樣子，但事實上隨著時代、個人因素，大家都離原點越遠。

如果沒有學過北管子弟戲，或未經布袋戲師傅的詳加解說，對這些來自北管戲的臺詞當然完全聽不懂。照筆者的觀察，「koan-san-theu」的「theu」，聽起來好像來自客家話的語音。這種語言現象，或許是如田野調查所知的，許多北管師傅確實是來自客家，因而產生特殊的語音混合。這段「四聯白」的漢字，勉強紀錄如下：

> 青山綠水面憂憂，
> 兩眼睜睜觀山頭。
> 好漢處在深山內，
> 男子何日罩王袍〔註3〕？

這場戲的要色是落山爲寇的土匪，在這一段很奇怪陌生的開場之後，接下來完全臺語的口白，才是觀眾直接理解劇情的重點：

> 孤…夏虎，二弟夏彪，把守在了青雲山，落草爲寇，兵多糧足，意望奪過大明無道昏君的江山，今仔日天氣晴和，下山打劫。『眾兄弟』啊…

　　戲劇一開始所出現的突兀，又不容易聽懂的官話念白，及口白中偶而出現的官話詞彙「眾兄弟」（chóng-hiông-tî-a）或「本官」（pēn-koan）等，都讓觀

〔註3〕這些戲曲語言與生活語言有相當距離的。依國立傳統藝術中心民間藝術保存計畫「布袋戲五洲園黃海岱技藝保存案」所錄製的影音資料，洪淑珍、張明娘、吳玫螢整理的字幕如「千山綠水美悠悠，兩眼睜睜觀山頭。好漢生在深山內，男子何日罩王袍」。這些不容易聽懂的字句該如何寫，如何理解其語意，確實很讓人傷腦筋。

眾覺得是距離相當遙遠的角色〔註4〕。與此相對的，演詼諧戲齣的三花，他所使用的言語卻完全是臺語白話，或許這是能夠讓一般人不至於完全排斥北管戲的重要因素。老資格的觀眾不一定完全明瞭舞臺上每一句戲劇語言的內容，尤其是官話，但他們可能同一齣戲早已看過多遍，或早已熟悉相關的歷史演義故事，因而憑著舞臺上出現人名，對白所透露的事件等資料，就能很快瞭解相關的故事內容。從這種觀點看來，類似套語的使用只保留裝飾或襯托的功能，或表演者所塑造的人物出場架勢，簡單說，是一種營造戲劇氣氛的手法。

　　亂彈戲開始問世的時代，相對於當時被正統士大夫所接受的崑曲，曾經被批評為「戲曲多粗野，而文學上價值甚低劣，不入雅人之賞」（青木正兒，1930「1982」：468）。相對的，亂彈戲之所以備受愛好者愛戴的理由，正是這種粗野豪放，而文辭率直、通俗易懂的特質，如焦循所說的：「其詞質直，雖婦孺亦能解」（青木正兒，1930「1982」：477）。但北管戲在臺灣承傳的過程中，這種以追求通俗性文辭而獲民眾支持的理由卻消失了，代之而起的卻是怪異難懂的言語。外來的俚俗言語，卻成為當地人無法理解的言語，是可以理解的。但這種奇怪的荒謬感，就像是1920年代臺灣的知識份子初次接觸中國白話文運動時，卻直接以臺語的「文言音」來閱讀北京話寫成的白話文作品一樣，出現一種既不文言，又不白話的奇怪現象。試著想像當時大部分只接受漢文傳統教育的讀者大眾，以臺語來閱讀這篇〈新文學運動的意義〉（張我軍，1925）：

> 我們日常所用的話，十分差不多占九分沒有相當的文字。那是因為我們的話是土話，是沒有文化的下級話，是大多數占了不合理的話啦。所以沒有文學的價值，已是無可疑的了。

這篇文章念下來，臺語書寫的理論與實踐之間，自相矛盾的歷史荒謬感油然而生。臺灣民眾實際生活使用的臺灣話，即白話文運動所推崇的「白話」，卻

〔註4〕布袋戲結合戲曲語言的表演，若以現代劇場的觀念來看，彷彿是德國戲劇家布萊希特（Bertolt Brecht, 1898～1956）倡導史詩劇場（epic theatre）所強調的疏離化（*verfremdungseffekt*；alienation）。他反對以寫實的方式來處理戲劇題材，認為應該利用「歷史化」（historification）拉開觀眾與戲劇的距離，在戲劇的處理上，採取大量的歌唱、音樂等段落，目的在於故意讓觀眾注意到戲劇的偽裝性質（布羅凱特，1974：477～479）。

被張我軍斥之爲「土話」、「下級話」、「沒有文學的價值」。而「我們」、「沒有」、「那是」等詞彙，以臺語發音來念根本就語意不通，就好像翻譯的文字一般，宛如另類的貴族文學。難怪鄭坤五要爲文批評當時臺灣文藝界，表面上有所謂的「白話文」，但那只不過是「混用中國人的口腔，『你們』、『我們』、『那末』、『這般』等等各地的混合口調而已，不得叫做臺灣話文了」（鄭坤五，2003〔1932〕：230）。

　　雖然臺灣大眾對於亂彈戲的俚俗言語，如同鴨子聽雷一般，不過北管戲所特有的即興表演精神，似乎影響了布袋戲的創作方式。如研究者指出，北管的總綱內容，只是註明「白話不盡」、「某某便白」、「某某白話」，而實際演出時所有的臺詞創造，就讓演員自由發揮（簡秀珍，1993：171～180）。在總綱提供的文字規範下，還容許極大的創作空間。這種創作的變化差異極大，演員透過表演與觀眾反應，留下生命力充沛的部分，逐漸淘汰軟弱無力和陳舊枯竭的東西。這些自由創作的空間，包括「四聯白不論」的場合，演員可以依照戲劇身份自由挑選套語來應用，還有直接與觀眾交流，即興表演的方法、滑稽的言語與動作等。這種演員對角色創造的自由性，可說是北管戲尙未僵化的生命力來源。布袋戲主演對於演出的處理方式與此相較，幾乎可說如出一轍，甚至有的演出抄本只有出場的角色名稱，及簡單的故事內容，連基本的對話內容都沒有，然而一旦放在善於口頭創作的布袋戲主演手中，卻變成可以讓人笑，可以讓人哭的戲劇表演。主演往往在口頭表演下相當深的功夫，這意味著只有自由發揮最活潑的白話，甚至從而產生笑料，才能拉近與民眾的距離，獲得觀眾的掌聲與鼓勵。

　　布袋戲的套式言語表演，雖來自戲曲表演的傳統。但這並不意味布袋戲的語言與戲曲完全一致，反而因爲戲曲語言無法直接讓聽眾瞭解，而逐漸被更接近白話的念白所取代。

第二節　布袋戲表演言語的基本結構

　　布袋戲在臺灣化的過程，曾歷經過相當多的演變，想要從中找到一個固定不變的表演基本結構，似乎是不可能的。通過不同時代的作品交叉比對，也許可以找到比較沒有爭議的基本結構。當然比較最好是找到兩個同樣是表演文本，而且最好是兩個年代距離相當遙遠的文本之間的演變。筆者在此選擇明治

39 年（1906）的籠底戲的手抄本，及 1970 年代黃俊雄灌錄的黑膠唱片《六合魂斷雷音谷》表演文本，兩者創作年代相隔約七十幾年。雖然一則是手抄本，另一則是表演文本，但仍可以觀察出其基本戲劇結構的異同之處。

　　首先引用籠底戲的手抄本，出自員林潮調布袋戲班「龍鳳閣」詹柳械家〔註 5〕。這齣戲除看到書面文字之外，筆者在舞臺看過劇團演出。抄本首行有「勇江登臺　卷參」等字樣，封面已經遺失。隨後標題，相當標示整齣戲發展的梗概，如「大川聞報」、「官榮迫妹」、「命婿往京」、「官榮回店」、「店中吐情」、「官榮回家」、「勇江上街」、「官榮上街」、「官云波救江」、「父子逃走」、「官榮上」、「勇江波全走」、「番兵坐營」、「父子勸路」、「大川聞報」、「大川上奏」、「蓋寶同上」、「勇江高登」、「桃嬌聞報」、「勇江上奏」、「官云波自嘆」。筆者將手稿整理成戲劇對話形式並加上標點，原則上盡量尊重原稿用字，而無法看懂的字僅以○表示，或加註腳說明：

> 秦勇江：（生引）才學精通人傳名，武藝高強用計良〔註6〕，自恨時
> 　　　　乖命運歹〔註7〕，功未成就費心情。（白）小生，姓秦名勇
> 　　　　江，祖居山東力城縣〔註8〕。父親名英，官拜少保之職。爹
> 　　　　爹在日嘗共〔註9〕岳大川指腸為婿。爹娘亡后，小生通四
> 　　　　海，不免收拾行李，探其消息便了。人生恰似浮萍草，今
> 　　　　日東來明日西。（入科）即速行走，直到岳家訪親宜〔註10〕。

〔註 5〕 詹柳械生於大正三年（1914），住在彰化員林山腳路柴頭井一帶，為祖傳潮調布袋戲班，傳至詹柳械已經是第四代。據說從其先祖詹其達開始演布袋戲，後傳給詹庇，再傳給詹金在，也就是詹柳械的父親（江武昌，1990b：159）。詹金在的學名「詹逢春」，這些潮調布袋戲抄本，都是出自他的手筆。

〔註 6〕 「良」字，原抄者寫成「涼」，在語意上顯然不通，但是在語音上卻留下線索，這個字應唸成 liâng，而不是 liông。由此可知，這本潮調布袋戲原抄者所習慣的腔調，應該比較接近漳州音。

〔註 7〕 「歹」，原抄本作「米丕」，應該念 phái 或 pháiⁿ。

〔註 8〕 應該是「山東歷城縣」。

〔註 9〕 「共」字，應該念 kā，參考其他臺語辭典，似乎只有總督府的《臺日大辭典》、吳守禮的《臺語國語對照詞典》從戲曲的語料出發，採用這個書面語。（鄭良偉，1989：385～386）

〔註 10〕 「親宜」，這個詞可能指 chhin-chiâ（Douglas & Barclay，1990〔1873〕：81），目前一般臺語詞典都寫作「親情」（陳修，1991：406；許極燉，1988：226；董忠司，2001：269）。如果這個詞有 chhin-chiâⁿ 與 chhin-chêng 兩個語音，而指涉的語意不同，一則指姻親，另則指父母親人之間的感情，可能選擇白話字，或漢羅混用的方式「親 chiâⁿ」作為書面語，比較能解決讀者的困擾。

> 爹娘早去世，無人相扶持。○○如系，探訪親且，暫借依棲，以候年中高弟，光祖耀宗人傳世。（入科）

岳大川：（淨）權把朝綱，列人欽仰。（淨白）執掌公曹不非輕，生死禍福由我身，帳前雄兵數十萬，不除奸徒不稱心。（白）老夫，岳大川是也，官居功曹之職。遺下一女，名做桃夭，嘗[註11]共秦少保之子指腸爲婚。不料秦生家貧，以非我女之配。不免共夫人商議，退了秦家之親。（吩咐）且夫人上堂。（什科）

岳夫人：（夫白）堂上喚聲催，老身此去高萬年。（科白）相公叫妾身有？

岳大川：（淨白）夫人，只因秦生家窮，意要退了秦家之親，另選豪門佳婿。未知夫人意下如何？

岳夫人：（夫白）相公，子婿才貌出眾，將來必爲國家大用。一旦退親，卻被旁人取笑。

岳大川：（淨白）我乃位居公曹，何人敢笑？這等窮酸小子，如何做得○家佳婿？老不賢，共我叫女兒過來。（--）

根據上述引文，布袋戲人物出場的表演言語結構，基本上可歸納爲上臺引、四聯白、獨白、對話等四部分。

獨白通常包括自稱、姓名、社會地會、戲劇動機等內容。

一、上臺引

通常是隨著戲曲音樂吟唱的詞句。例如秦勇江登臺唱的「才學精通人傳名，武藝高強用計良，自恨時乖命運歹，功未成就費心情」。或岳大川的「權把朝綱，列人欽仰」。「上臺引」也有稱爲「出場引」（沈平山，1986：144），共分「散引」、「文引」、「武引」三種。散引，用在老家婆、三花腳，以檀板爲主，漫無定曲；文引，是用絃曲引路，多用在書生型人物；武引，用在鑼鼓開帳，使用在將軍、英雄人物之類。

二、四聯白

如岳大川念的「執掌公曹不非輕，生死禍福由我身，帳前雄兵數十萬，不除奸徒不稱心」，都是屬於這一類的套語。因爲大都是四句爲一個單位的韻

〔註11〕「嘗」，可能該念 bat。

文，民間藝人都稱爲「四聯白〔註12〕」。通常戲曲人物首次出臺，都必須以詩詞吟詠，讓觀衆在很短的時間內就瞭解舞臺上的角色。

三、獨白

獨白是觀衆瞭解戲劇世界中的人物內心思想經驗，最重要的線索。人類群居生活，除社交行爲與人交談的對話之外，往往有所保留。但在戲劇表演中，爲了讓觀衆瞭解這些心中眞正的思維狀況，因而發展出獨白形式的語言，純個人經驗的層面。日常生活中相當獨白的語言形式，就是自言自語，除了老人、小孩、精神病患，一般人很少會自言自語，而是將內心的言語放在理性控制底下。戲劇的獨白，可說是一種特殊的藝術形式，最重要的是角色向觀衆自我介紹，例如「小生，姓秦名勇江，祖居山東力城縣。父親名英，官拜少保之職。爹爹在日嘗共岳大川指腸爲婿。爹娘亡后，小生通四海，不免收拾行李，探其消息便了」，或「老夫，岳大川是也，官居功曹之職。遺下一女，各做桃夭，嘗共秦少保之子指腸爲婚。不料秦生家貧，以非我女之配。不免共夫人商議，退了秦加之親。」由此可以歸納出四個語言形式：

（一）自稱
如秦勇江稱「小生」，或岳大川稱「老夫」。

（二）姓名
如秦勇江稱「姓○名○○」，或岳大川稱「○○○是也」。

（三）社會位置
如秦勇江稱「父親名英，官拜少保之職。」，或岳大川稱「官居功曹之職」。

（四）戲劇動機
如秦勇江說明自小與人指腸爲婚，父母雙亡之後，要訪親依親。或岳大川解釋他的獨生女與秦少保的兒子有婚約關係，但因對方家貧，想要取消婚約。

〔註12〕　「四聯白」（sì-liân-pẻh），也有寫成「四唫白」（sì-l liām-pẻh）（沈平山，1986：140）。筆者認爲這是田野報導人的語音與變調習慣，還有紀錄者認知有所差異才產生的書面差異。兩種寫法都有道理，一則強調聯句的形式，另一則強調表演形式屬於「念」而非「唱」。此外，報導者的語音與變調習慣，也可能造成這樣的後果。通常北臺灣的布袋戲師傅念「liân」的變調語音，聽起來是「liàn」，因此很可能聽者就紀錄爲第七聲的「liān」，就會出現「四唫白」的寫法。

四、對白

岳大川與岳夫人的對話，目的在於取消婚約。對話指兩人或兩人以上的談話。一般人的談話經常是各說各話，沒有固定主旨，隨時可以終止，如果不是當事人，旁觀者可能不明白它們談的真正意義。而戲劇的對話有因果關係，基本上有交互動作與反應，因此可說是戲劇進行相當重要的重心。戲劇對話的基本功用，不是他們說什麼，而是他們在做什麼，如這裡的重要戲劇動作「取消婚約」。

這些基本表演結構，經過年代演變有什麼改變，新增加哪些戲劇表演的元素，而最後又剩下哪些要素？我們以黃俊雄《六合魂斷雷音谷》作為對照組。唱片出版的年代，是 1974 年臺語節目被迫退出電視臺的空白時代。本文資料來源唱片編號 LPL7017，筆者以漢字與羅馬字合寫的方式紀錄如下：

> 趙天化：官家公子是樂逍遙，處處女子個個〔註13〕嬌。豈肯小爺〔註14〕
> 　　　　同床枕，嘿嘿…，勝過夜夜佇咧祝元宵。相捌--無？
>
> 後場：無相捌咧！
>
> 趙天化：我姓趙，號做 Tiō Thian-hòa（趙天化），外號號做「地方的
> 　　　　惡霸金光腿」。嘿嘿！Eⁿ…，我按呢踮此个所在，橫行直走，
> 　　　　無人敢擋táu！平波波，無人敢夯架戈（kè-ko）！光liú-liú，
> 　　　　無人敢遷手〔註15〕（chhiân-chhiú）！嘿…，抑按呢hoⁿʰ，開
> 　　　　一間楚館，這楚館號做「菜店〔註16〕」，「酒樓」都著啦！
> 　　　　恁né 較好啊！恁 mē 開此間酒樓，無代無誌呢，東彳角
> 　　　　hoⁿʰ，共我開一間秦樓！He 秦樓 hoⁿʰ，一个老家婆仔，
> 　　　　抑…，號叫 Niû Pėk-thô（梁白桃）。Hoⁿʰ！抑he 查某因仔按
> 　　　　呢六十外个 hoⁿʰ，抑恁 mē 生理去予拚拚倒哩咧。啊好！
> 　　　　Kah 予伊拚倒以上，恁mē 反倒轉hoⁿʰ，從按來去共你開。
> 　　　　此滿欲來去此个秦樓的所在，叫此个 Bûn-giȯk（文玉），
> 　　　　hoⁿʰ…，此个講是第一花選、上界嬌-- 的！Hâⁿ？叫伊馬上
> 　　　　愛嫁我！若無嫁我，嘿…，恁 mē kah 扳（péng）桌。續落

〔註13〕　「個」文言音 kò。
〔註14〕　「少爺」通常念文言音 siàu-iâ，但這裡唸成 sió-iâ「小爺」。似乎有意以文言與
　　　　　白話夾雜的方式，來表達趙天化的粗鄙無文。
〔註15〕　「遷」（chhiân）即拖延之意。而「遷手」指費時費事（陳修，1991：396）。
〔註16〕　菜店，即戰後臺灣人對性產業的一種稱呼。

去，叫伊共 mē 封起來，未使共我做生理！嘿…，抑我此間
楚館都閣興起來哩咧。

雖是相隔七十幾年的兩個不同版本，布袋戲的表演體系基本上變動不大。較
明顯的差異是：伴隨著戲曲音樂出現的，半吟伴唱形式的「上臺引」幾乎消
失。仔細檢驗這些「上臺引」的文詞，通常沒有一致的韻腳。這種「上臺引」，
可能較強調音樂性而非文學性。潮調的「上臺引」，筆者未曾在口頭表演中聽
過，而北管戲的「上臺引」雖聽過，但完全無法聽懂，這可能就是「上臺引」
逐漸消失的原因。隨著地方戲曲音樂的式微，有能力演唱與欣賞的人口越來
越少，因此在表演體系中，逐漸失去它原有的地位。其餘較口語化的部分，
包括四聯白、獨白、對白的形式仍然保存下來。兩相對照之下，《六合魂斷雷
音谷》四聯白（如：「官家公子是樂逍遙，處處女子個個嬌。客肯惜爺同床枕，
勝過夜夜佇咧祝元宵〔註17〕」）、獨白（如：「我姓趙，號做趙天化」）、對話（如
「有相捌--無？」）的結構仍存在。而獨白中，仍保存著自稱、姓名、社會地
位與戲劇動機，差別只是語言風格的不同。這裡潮調的籠底戲屬於小生、大
花的戲，因其身份，言語比較多古代讀書人的「文言氣口」，要自稱「小生」
或「老夫」，而這裡引的《六合魂斷雷音谷》屬於三花戲的段落，直接自稱「我」，
整個獨白中白話音的言語表演比較多。

　　以臺灣布袋戲的發展觀點來看，戲曲音樂特色相當濃厚的「上臺引」，在時
代的演變中有逐漸消失的傾向，代之而起的布袋戲人物的「主題歌〔註18〕」。而

〔註17〕 這則四聯白與北部布袋戲承傳來源不同，內容也不同。李天祿的版本如：「官
　　　　家子弟樂逍遙，人家美女個個嬌，若願與我同床會，風流作鬼也甘心。」（李天
　　　　祿，1995VI：138）或「官家子弟樂逍遙，人家美女是個個嬌，若願與我同床
　　　　會，肖金帳內作風流」（李天祿，1995VIII：118），但是以上這兩則四聯白的
　　　　韻腳，卻沒有一致性。
〔註18〕 關於布袋戲「主題歌」與角色塑造的複雜關係，很值得進一步分析。（陳龍廷
　　　　2013a）主題音樂對於角色的塑造相當重要。從視覺的觀點來看，觀眾看到的
　　　　只是木偶外貌、木偶動作、道具、視覺化的特技等，這些技巧如何奇特，最
　　　　高的境界也只能讓觀眾感覺得到木偶似乎有血有肉。以聽覺的觀點來看，口
　　　　白大多屬於生活中應對進退的對話，目的在傳遞資訊，及塑造戲劇危機與情
　　　　節高潮；而主題音樂卻是賦予角色予生命、情感、靈魂，特別是主唱或哀愁
　　　　或喜樂的聲音，可以更深入地詮釋角色內在的生命情調，而歌詞的文學意義，
　　　　更傳達出深遠的角色人物的複雜心理層面。缺乏音樂旋律的角色，似乎也缺
　　　　乏這麼豐富絢爛的情感世界，容易使觀眾感覺相當枯燥無味。主題曲對角色
　　　　概念的意義，幾乎只要聽到相關的音樂，所有的觀眾都很快地瞭解是那個角
　　　　色即將出現，所有的情緒也都被主題曲所帶來的特殊氣氛所感染。

戲劇語言的新增方面，布袋戲的口頭表演逐漸有傾向採用「旁白」的趨勢。以往很少人注意過這個問題，我們特別分析一下布袋戲旁白的問題：

五、旁白

布袋戲的旁白，田野調查的報導人常以 sêi-liú 來稱呼。筆者認為這個詞彙可能來自日語 se-li-hu（せりふ），原意指歌曲段落與段落之間的對話、獨白等臺詞，而臺語歌本大都以「口白」、「白」、「臺詞」等標示。但須要小心提醒的是，在此的術語 sêi-liú，不宜與布袋戲專門術語的口白（kháu-pe̍h）造成混淆，布袋戲的口白，不只包括旁白，而泛指所有主演者表演的戲劇語言的總稱。例如當我們聽到田野報導人稱讚某主演「口白好」，意思指某人整體的口頭表演相當得體。為免於混淆，在此不妨借用西洋戲劇術語的「旁白」（aside），來指稱這類型的布袋戲表演言語。

創作這類臺語歌曲最具特色的代表者之一，可說是郭大誠。1960 年代他曾灌錄許多臺語爆笑劇、臺語悲喜劇等老唱片，後來將他這些幽默風趣的本領，與臺語流行歌結合，而創造出臺語歌壇上膾炙人口的〈糊塗裁縫師〉、〈糊塗總舖師〉、〈糊塗燒酒仙〉、〈流浪魔術師〉等作品（陳龍廷，2011a）。如〈糊塗裁縫師〉，除配合音樂旋律的歌詞外，還有一段精彩的旁白，筆者整理如下：

> 來來來！
> 小弟姓胡名塗，全省通人知，
> 我是有名的裁縫師。
> 彼當時，梁山伯和祝英臺，
> 草茅相結拜，
> 所穿的服裝是對叨來？
> 嘿嘿嘿，就是小弟去甲伊剪、甲伊裁。
> 不信，你挺好去問伊看覓。
> 當今二十世紀新時代，
> 流行是新潮派，
> 查某囡仔的裙講著愈短才會愈可愛，
> 但是穿迷你裙啊，是上驚做風颱，
> 所以「迷底」甲「迷西裙」才會馬上流行全世界。（---）

臺語歌本中的旁白，可說是在抒情歌曲當中，突然插入一段純粹敘事的語彙。

這種敘事的語彙，是否與布袋戲的旁白有共通之處？做為布袋戲表演言語型態之一的旁白，其來源到底是受到臺語老歌的特殊藝術表達方式的啓發，或與臺語默片時代辯士的口頭表演，抑或新劇表演的語言型態有關？這些假設，可能還須要更多的歷史資料出土才能釐清。

總之，旁白在布袋戲口頭表演中，顯然並非屬於生活自然的語言，而是藝術的手法。從布袋戲的有聲資料《六合魂斷雷音谷》，筆者歸納出布袋戲旁白的功能，包括描述雙方發生衝突的經過、描述場景氣氛等兩種類型：

（一）描述雙方發生衝突的經過

旁白用來描述雙方發生衝突的經過，在布袋戲表演中已經成為一種簡潔的戲劇語言模式。如無膽劍王與眾妖道大決鬥的經過，其旁白如下：

> 十八地獄的死客，鳥道的份子圍戰著伊無膽劍王。無膽劍王單刀匹馬，應付著此个十八地獄所有鳥道的死客。現在刣起天地昏茫茫，日月暗無光。此个時陣，無膽劍王使用著劍光、劍氣，大開殺戒了。十八地獄的妖道，屍橫遍野、血流成河。此个時陣，混沌先生看情形不對，都欲出手的時陣，宇宙先生共伊押 tiâu 咧。

第三人稱式的旁白，以簡潔的語言，描述舞臺上正在進行的戲劇動作，以引導觀眾瞭解整體戲劇場面，並注意接下來人物之間的對白焦點。旁白，可說是作為一種表演言語的標點符號。特別是電視、廣播布袋戲，經常採用旁白當作段落的標點。在整個時代潮流的影響下，甚至外臺布袋戲也深受影響。因旁白的言語，使得布袋戲主演越來越接近敘述者（narrator）的特質。這種敘事特質，使得布袋戲從某種程度來看，與臺灣民間的講古藝術相當接近。

（二）描述場景氣氛

布袋戲的旁白，也可用來描述場景的氣氛。除了舞臺呈現的場景之外，經由主演的語言描述，可以塑造更深刻的空間氣氛的描寫。如主演描述重頭戲的故事發生地點「雷音谷」，旁白如下：

> 恐怖！恐怖！恐怖！緊張！緊張！緊張！此个所在就是叫做「雷音谷」，飛沙瀰目、天昏地暗，好一派的死城！眞濟萬教先覺若是踏入著此个雷音谷，宛然干若親像地獄仝一款。混沌先生同著宇宙先生，已經響響踏入了。

旁白，除了指出地點（如「雷音谷」）、描述現場的情感（如「恐怖！恐怖！恐怖！緊張！緊張！緊張！」）、氣氛（如「飛沙濔目、天昏地暗」）外，還介紹即將發生事故的關鍵人物（混沌先生、宇宙先生）的出場。這種旁白的描述語言，似乎比較受到通俗章回小說的書面語影響，因而文言音與成語出現的頻率，比起一般的對白，或獨白還要高，如上引文所出現的「單刀匹馬」、「天地昏茫茫、日月暗無光」、「屍橫遍野、血流成河」等。

　　布袋戲語言，除傳統的戲曲語言的影響外，戰後的布袋戲還出現夾雜描述的旁白語言。這些語言特色，使得布袋戲口頭表演與歌仔戲等戲曲相當不同，同時也開啓了布袋戲，作為一種口頭表演的藝術，與講古等敘事藝術之間，存在有著「家族類似關係」（family-resemblance）。

第三節　套語範例之一「四聯白」

　　從表演的觀點來看，布袋戲深受北管戲曲表演風格影響。北管戲曲的語言運用，是相當重視「套語」的形式。如研究宜蘭福蘭社子弟戲的學者所說的（簡秀珍，1993：129～130）：

> 羅東福蘭社現存總綱中的語言可概分為韻文與白話兩大類。韻文用於角色登臺時的上臺引與四聯白，或演唱曲牌時的曲文，一般呈對句形式，演唱時可加襯字。白話則用於角色之間的對白或獨白，可分為應對用語、描述用語與滑稽用語。戲劇中的韻文與白話，都常有重複使用的情形，可稱之為「套語」運用。「套語」的特色是描寫字句不變，只在人名或地名上改變。

受戲曲套語使用原則影響之下的布袋戲，戲劇人物上場時大都會唸「四聯白」。「四聯白」，大都是四句為一個單位。一般而言，四聯白因角色地位、境遇的不同，而有不同的內容。早期沿襲自北管布袋戲的言語表演，通常如果是皇帝、宰相、官員、書生，甚至山賊盜匪等角色上場，四聯白大多以官話來念。北管戲的角色上場，多半要念「上臺引」，再念「四聯白」自報家門。這種表演言語結構，經由臺灣歷代民間藝人承襲之後，基本上還算相當穩定。在北管戲裡，皇帝、首相、高官、富家人事、讀書人、仙人或道姑、少年英雄都各有屬於自己這類角色的套語（簡秀珍，1993：130）。

戲劇表演必須讓觀眾在很短的時間內，能夠立即明瞭，後來的布袋戲師傅逐漸將原本官話發音的四聯白，改爲臺灣話。民間藝人也有說「念便套--ê」，意思是前人早已寫便，只要先行記誦，就可以直接套用的。而「念便套」的形式，容易讓人覺得千篇一律，缺乏創意。有些布袋戲藝人，則吸收唐、宋詩的詩句，甚至也將寺廟的對聯拿來現學現賣。「四聯白」發展至此，越來越不再侷限以四句一個單位，而兩句爲一個單位的「四聯白」越來越多，一方面似乎是爲了增加戲劇進行的節奏，另一方面廣泛運用民間熟悉的《千家詩》，似乎更受歡迎。

金剛布袋戲的戲齣，幾乎沒有皇帝、宰相的戲份，因此這些文謅謅的四聯白逐漸被淡忘，而英雄俠客，或身懷武功的僧道人物的戲越來越多，新的四聯白必須陸續被創造出來。這種新的「四聯白」，即使美其名「詩號」，目的大多在於塑造角色個性、情節預言等功用，相對於千篇一律的「老套」，顯得更有戲劇張力。

過去文獻曾收集許多布袋戲四聯白可資參考（呂理政，1991：227～230；沈平山，1986：140～157），但這些收錄作品，有的應該以官話來念的，而更多的是筆者未曾在實際演出聽過運用的，最困難的是不太確定這些四聯白的語音如何念。因而本文所討論的四聯白資料，都是筆者從布袋戲有聲資料逐字紀錄語音，但來自北管官話的四聯白則不列入討論。嘗試從最原始的語音進行紀錄，無疑地是吃力不討好的工作。本文努力呈現的範例，並非著眼於辭典性的收集，那不是筆者一人所能負荷的，而是瞭解這些四聯白的文學意義：我們關心的是這些套語，在眞實情況中如何使用？是否可以從使用的實例，歸納出一條這門藝術可以繼續創造下去的途徑？

以下就布袋戲的戲曲語言、常見的四聯白、源自古書的四聯白、特殊獨創的四聯白等四個層面來分析，並歸納其背後蘊藏的觀念：

一、常見的四聯白

布袋戲的四聯白，通常以戲劇的角色（kak-sek）來分類，如皇帝、奸相、文官、巡按、狀元、武將、書生、隱士等，有人歸納爲十八類（呂理政，1991：227～230），也有人歸納出十六類（沈平山，1986：140～157）。而筆者認爲「文官」、「巡按」等相近的角色類型，並不容易區分，因此應當將分類概念放在布袋戲表演特質底下，可能比較容易掌握。布袋戲的表演特質有兩點，一方面主演者與戲偶完全融爲一體，包括主演者的情緒、性格思想等都要完全投注到木偶身上，而成爲木偶的情緒、性格與思想。如李天祿所說的「你拿起一個偶人，

凝視他的臉，這樣看了約莫五分鐘，你的心就開始向著它，說話也漸漸屬於偶人的」（施淑青，1985：167）。簡單地說，主演者與劇中角色，及戲偶三者合而爲一。幾乎所有臺灣布袋戲主演，都瞭解這種人偶合一的基本道理，首先必須主演將戲偶當作眞人看待，尋找其特殊的性格與說話的聲調，如此觀眾也才會將舞臺上表演的戲偶當作眞人一般，爲之感動流淚，爲之日夜著迷。

　　主演者最重要本領，就是扮演各種不同角色的口白，除了操作自己掌中的戲偶，及指揮後場樂師搭配之外，還需要有二手師傅幫忙操作其他的木偶。如此複雜的工作原本繫於主演一人身上，後來爲減輕負擔，主演只負責講口白，而木偶是交由別人操縱。即使再怎麼分工，口白的工作仍然必須由主演親自表演，也因此戲班通常將口白表演視爲整齣戲的靈魂。一齣戲的成敗，大致端看布袋戲的口頭表演是否成功，就已經決定大半了。這種分工狀態之所以能夠維持主演與木偶之間的內在聯繫關係，最大關鍵就在於「口白」的訓練。

　　臺灣布袋戲的口白技巧，可說是由「五音」的聲音訓練中發展出來的。幾乎全臺灣的掌中班無論口白技巧好壞，都會朗朗上口提到「五音分明」（ngó͘-im hun-bêng）。不過，能夠講得出所以然的並不多，筆者多年來田野調查所獲知的五音知識，受益於五洲派的黃海岱、黃俊雄、廖萬水，閣派的廖武雄、及世界派的柳國明等，提供他們個人表演的心得綜合而來的。所謂「五音」，指「大花」、「小花」[註19]、「小生」、「小旦」、「公末」等五種「腳色」（kioh-siàu）的聲音。「腳色」是一種傳統戲曲的行當，在此必須特別強調的是，布袋戲與京戲是兩種不同範疇的表演藝術，各有各的專有名詞與來源，對這兩種不同表演藝術的術語千萬不要混淆。據筆者田野調查的所瞭解布袋戲內行人溝通的術語，幾乎從未曾聽過以臺語發音的「淨」或「丑」來指稱某布袋戲偶[註20]。

〔註19〕布袋戲中的「小花」，似乎來自與「大花」相對的稱呼方式。李天祿的分類，通常將這類戲偶稱爲「三花」（李天祿，1985：105）。這名稱，應來自亂彈戲的傳統，他們將花臉分爲大花臉、二花臉、三花臉。大花臉，也就是相當於明傳奇所稱的「淨」，而「三花」或「小花」，也就是相當於明傳奇所稱的「丑」（青木正兒，1930「1982」：532～533）。本文統一以「三花」來稱呼這類型的腳色。

〔註20〕布袋戲的行當分類，可說是田野調查方法論（methodology）的基本問題。筆者曾遇過某些採訪者詢問布袋戲的主演諸如此類的問題：「布袋戲是否分成生、旦、淨、末、丑？」民間藝人明知布袋戲與平劇的行當分類不同，但他們在面對知識份子時，只好含糊點頭。久而久之，不但網路如此流傳，有的藝人爲了讓採訪者迅速迅速瞭解，也採取「生、旦、淨、末、丑」的分類說，除非他們意識到採訪者的知識背景與他們有共通之處，有對談的空間，才會

　　簡單說，布袋戲的表演特質就在於：主演一個人表演所有「角色」的聲音，如掌中劇團常見的對聯所說的「一聲呼出喜怒哀樂」。如果學會這基本的五種行當的聲音之後，「再加上鼻、唇、齒、舌、喉與丹田的音氣控制變換得法，一個人說十幾種不同的聲調，應是不成問題的」（俞允平，1971：15）。由基本的五音開始，最後發展出十幾種乃至幾十種的聲音，若能運用自如，甚至也可以創出不尋常人物的特殊聲音，如《六合三俠傳》中的「秘雕」這種心理變態者的聲音。因這戲劇角色早年在戰場被人擊敗，以致殘廢，五體不全，主演因而創出一種令人聽來毛骨悚然又恐怖神祕的笑聲（陳龍廷，1991：46～47）。由此可以釐清布袋戲表演體系「角色」與「腳色」的差別：「腳色」是有限的，如上述所知的，分成五種基本類型的聲音，是布袋戲師傅在訓練口白過程當中學習的對象；相對的，「角色」可說是無限的，是隨著戲齣需要而有所不同配置，無論我們歸納為十六類，或十八類，可能都還不足以將所有的「角色」完全納入。布袋戲口頭創作的豐富變化，就在於從簡單有限的「腳色」學習出發，最後卻能夠創造出舞臺上無限的戲劇「角色」。

　　值得注意的是，臺灣布袋戲口白訓練基礎的「五音」，與中國當地布袋戲的「二十八音」相當不同。學習基本的五種類型，可說是臺灣布袋戲相當重要的文化資產，也是臺灣布袋戲相當不同於中國布袋戲的表演特色之一〔註21〕。

　　對於布袋戲人物的研究，以往從視覺來研究戲偶雕刻已經很多，但對應於視覺形象，而從聽覺的口語來認識不同的類型人物，似乎還有待研究者的努力。以下我們就嘗試以布袋戲的五種「腳色」的類別，來歸納常見的四聯白：

　　　　多作解釋。提問者本身的認識論框架，顯然是受到傳統平劇的影響。這種田
　　　　野調查方法論的錯誤提問，可說是一種認知的自我設限與知識的傲慢，不但
　　　　經常無法讓真實的現象說話，反而只會讓真實越來越模糊。

〔註21〕早期的泉州布袋戲，搬演梨園戲劇目，故其腳色當有生、旦、淨、末、丑、
　　　　貼、外七色。至布袋戲演亂彈戲之正本戲劇目時，則其腳色亦當有「頂六柱」
　　　　及「下四柱」等十色。「頂六柱」包括小生、小旦、三花、正旦、老生、大花、
　　　　花面等。故布袋戲偶之分類，及演出時之聲口，當依聲腔之不同，而分別腳
　　　　色行當，及其用「粗口」或「幼口」等嗓音。至江加走（1871～1954）時，
　　　　泉州因興起改編演義小說為連本布袋戲，故其製作之布袋戲偶頭，也隨之發
　　　　展至二百八十餘種，大體歸類為「旦頭類」、「生頭類」、「花面類」、「神道類」、
　　　　「精怪類」、「雜角類」等。而泉州人李伯芬（生於 1926）的父親李榮宗，開
　　　　始根據江加走所雕刻的木偶形象，確定各種行當的類型，然後練習發出不同
　　　　的聲音，創造出二十八個定型音（林鋒雄，1999：361～362）。

（一）大花的四聯白

大花，通常也稱「花面」（hoe-bīn），指木偶臉上有「拍面」（phah-bīn）的行當，都是代表極有個性的角色，無論是色彩與花樣，都容易給人深刻的印象，因此大多是布袋戲中比較性格剛猛、粗獷豪放或陰險狡詐的人物。木偶造型上，可細分爲花面（黑花仔、紅花仔、青花仔、開口大花）、紅關（紅關仔、紅關）、紅猴、奸頭（白奸仔、文奸仔）、北仔頭（北白仔、紅白仔、青北仔、黃北仔）等（呂理政，1991：63）。以布袋戲表演的訓練來說，大花腳的音質特色，必須運用丹田的力量，加上喉音的控制，才能說出有力拔山兮氣概的宏亮聲音。屬於大花的角色類型相當多，包括奸相、貪官、或落山爲寇的綠林英雄等，其搭配的四聯白，必須展現泰山壓頂的氣勢，以讓公眾留下深刻的印象。

古冊戲的世界，戲劇主情節大抵是以奸臣造反，陷害忠良爲引子，而忠良之後，流落江湖結識英雄俠客，最後協助皇室平定叛亂。而「一人之下，萬人之上」權傾一時的當朝宰相，在這類型的戲可說相當重要。筆者採集《天寶圖》（張俊郎，1994）中，意圖謀反的當權宰相花登雲爲例，其出場的四聯白如下：

> Sin-ki tè-ông pian〔身居帝王邊〕，
> Hù-kùi sīm hián-jiân〔富貴甚顯然〔註22〕〕。
> Sûi-jîn pí-tit ngó〔誰人比得我〕，
> Khòai-lȯk sū sîn-sian〔快樂似〔註23〕神仙〕。

這麼簡短的念白，大致上將這麼一位政治野心家的個性顯露無遺。讓觀眾很容易感受到上場人物的性格特質，他將官場的榮華富貴，視若神仙般的生活。彷彿只要有權有勢，就宛如造物主一般，沒有什麼事情辦不到的。這些負面的政客人物，幾乎都是這類戲劇結構最主要的推動力量，大抵仍延續假藉某朝代奸臣造反的引子，來表現英雄除暴安良或受人愛慕的情節模式。這種奸王造反，義俠除害模式，後來逐漸演變爲正邪對抗的金剛戲模式。在這樣的戲劇結構中，當然也少不了幫助主角平定亂局的英雄俠客。這些俠客可能是落草爲寇的綠林好漢。例如筆者所採集的《忠勇孝義傳》（黃俊卿，1960s）中范應龍的四聯白：

〔註22〕《二才子》大夬侯沙利出場的四聯白，與此略有出入（許王，1999）：「身近帝王邊，威風勢凜然，誰人比得我，快樂賽神仙。」
〔註23〕柳國明《西漢演義》的趙高出場念白，與此略有差異爲：「快樂小神仙」。

Kûn táⁿ lâm-san béng-hóʳ〔拳打南山猛虎〕，
Kha that pak-hái kau-liông〔腳踢北海蛟龍〕。

民間藝人的文字美感，大抵就是從這種簡單的對聯的形式逐漸蒙發出來，「拳打」對「腳踢」；「南山」對「北海」；「蛟龍」對「猛虎」。套語的形式與大花令人印象深刻的臉譜一樣，都是希望在極短的時間之內，讓觀眾對於戲劇角色印象深刻。這種顯示出手動腳的臺詞，舉凡好舞拳弄棒的綠林人物，或英雄豪傑都很適合。例如《天寶圖》（張俊郎，1994）中的李泰，雖然他在戲劇情節中是好善樂施的「李善人」，喜好結交天下英雄，但他也精通武藝，因此出場的四聯白運用此套語應該也很合理。

（二）三花的四聯白

　　三花，布袋戲藝人有時也稱為「小花」。木偶造型上可細分為：小笑、笑生、三花笑、紅鬚笑、長鬚笑生等（呂理政，1991：61）。三花的音色特質，就是以充滿笑容的嘴型來念白，而且某些涉及他內心騷動的辭語，偶爾還會伴隨忍俊不住的笑聲。屬於三花的角色類型相當多，包括幽默的小生意人，專門解決戲劇情節中疑難雜症的「老鳥狗」、或胡作非為的「痟公子仔」等。三花使用的四聯白相當口語化，念白常需要要特殊的節奏感，甚至不侷限於四句的形式，而以「念 khó 仔」（liām-khó-á）的形式來代替。在此暫不討論「念 khó 仔」的相關內容，而只分析幾則三花的四聯白。

　　首先介紹「劉三」。早期的「劉三」的形象，在《忠勇孝義傳》的唱片中可以找到，他一出場的四聯白是這樣：

Góa chò-seng-lí ài-hó-thiⁿ〔我做生理愛好天〕，
Chit-nî tō-liáu kòe-chit-nî〔一年度了過一年〕。
Ū-khui-tiàm-khang bô-bē-hòe〔有開店空無賣貨〕，
Chit-jit siu-liáu tām-póh-chîⁿ〔一日收了淡薄錢〕。

這則有趣而簡短的文辭，讓觀眾瞭解作為一個小生意人「胸中無大志」的期許：只要天氣晴朗，他就可以賺大錢，如俗語說的「大人愛趁錢，囝仔愛過年」，有時個人主觀的願望，不一定能夠與客觀現實相搭配，甚至景氣低迷，也只好自我消遣說「一年度了過一年」、「一日收了淡薄錢」。但人逢困境，仍可苦中作樂，這位性格幽默的老闆，竟然將謎語放在四聯白當中：「有開店空

無賣貨」就是一則謎題，讓觀眾來猜想他所經營的行業。黃俊雄在宜蘭傳統藝術中心，表演的《女神龍與史豔文》，其中「劉三」出場的四聯白如下（黃俊雄，2005）：

> 我做生理愛好天，
> 一年度過，閣一年。
> 有開店空無賣貨，
> 一日攏收，嘿嘿，無外濟錢。

雖然大同小異，仍可以看出原始的形式。差別是這裡的四聯白，似乎有意打破原始的整齊句型，更能凸顯角色的幽默與活潑的特質。這位「劉三」所開設的店，原本稱爲「客棧」，但有時爲了吸引觀眾的注意，乾脆以臺灣觀眾熟悉的「旅社」、「旅館」或「觀光大飯店」來稱呼。布袋戲的主演也有人將這樣的聯白縮減爲兩句，如《乾隆君第三次下江南》的客棧老闆（王景祥，1995）：

> 我做的生理愛好天，
> 一年度過，過一年。
> 嘿嘿！自我介紹一下，我都是此間「來來客店」的頭家 Gō-niú-siâu
> Kiat--e。

這位「來來客店」的老闆出場，似乎也讓我們聯想起臺北的「來來大飯店」。主演將口頭表演的重心放在這位老闆名字諧音的幽默感，他的名字前冠三個複姓「吳梁蕭傑」，卻被唸成「Gō-niú-siâu Kiat--e」，濃厚的鄉土氣息，令人印象深刻。原來的四聯白，在這裡就縮短剩下兩句。

其次，「Siáu 公子仔」也是古冊戲常見的角色。他們通常都有一個「偉大的爸爸」，不是當朝宰相，就是最具權勢的國舅。《五虎戰青龍》的李桂，他就是仗著父親勢力，在外胡作非爲的角色，其四聯白如下（鄭壹雄，1980s）：

> 白紙是白波波，
> 寫字濫擅 kô，
> 若讀冊 he 足艱苦，
> 抑若做官 he 都好迌迌。

這則四聯白相當生動地刻畫一個小孩的認知世界，想像有朝一日模仿他當官的爸爸，在玩弄權勢的遊戲中打滾，比呆板的寫字、讀書要有趣多了。形容濫擅與動詞「kô」用得讓人印象深刻。臺灣民間生活的語彙，即亂來的意思，尤其指金錢的胡亂開銷，或男女關係的胡作非為。Kô 指寫字東倒西歪，亂塗亂抹的動作。在這個角色眼中，不但寫字歪七扭八，而男女生活也如此。白紙與純潔的女性，可說是形成文學的妙喻：完全空白的紙張也有獨特的美感，就好像潔白無瑕的美少女一般，等待他來「濫擅 kô」。在這齣戲裡，他在元宵節賞花燈的大街上，看上了虞世南的女兒虞賽花，當街就想強盜擄人。對於李桂而言，似乎只有純粹的慾望與權勢是真實可愛的，而法律或社會規範可說是完全沒有意義，就像那些他所討厭的、沒有意義的文字一樣。

（三）生的四聯白

生，屬於男性的行當類別，經常成為戲劇中的主角，他們的談吐應該也要文雅不俗，念白速度不疾不徐。依照年記的最年輕到最老的男性，木偶造型又可細分為：童生（花童、花童仔生）、小生（生仔、武生仔、金面生仔）、老生（鬚文〔註24〕、武鬚文、桃文、鬍文、斜目、殘文）等（呂理政，1991：61）。從布袋戲的表演藝術來看，雖同屬「生」的範疇，但實際的表演特質確有所差異。「童生」，布袋戲界經常也稱為「団仔腳」，音色屬於比較尖銳，大多屬於書僮之類的人物。「小生」的音色較屬於中音，必須口齒清晰，常見的角色如進京赴考的白面書生、文武雙全的少年等。而留著五柳鬚的皇帝、仙風道骨的道人等戲劇人物，通常戲班會選擇「鬚文」，因屬於「老生腳」，音色比較沈穩成熟。

「生」的範疇裡，尤其是「小生」、「老生」經常在戲劇中擔任重要的人物，特別需要四聯白來襯托，以下討論這兩類腳色相關的聯白：

1. 小生的四聯白

「小生」既然大多為戲劇的男主角，經常必須讓觀眾留下深刻印象。他們的四聯白可能都有些特別，使用的文言音相當多，紀錄的過程經常要推敲正確的漢字，確實不是很容易。例如《孤星劍》一齣戲中的主角「喚孤」（黃海岱，1999），從小就是一個被少林寺和尚領養的孤兒，他出場的四聯白如下：

〔註24〕有的布袋戲班寫成「秋文」。不過究其臺語的語音，及實際的意義，「鬚文」應比較有道理。

Ko·-sin lōng-chek pō chhi-chhám〔孤身浪跡步悽慘〕，

Khong-tòa eng-siaⁿ put-kám thî〔空帶鶯聲不敢啼〕。

Tōan-chhiâng chhiâng-tōan khong-iú lūi〔斷腸腸斷空有淚〕，

Iū-khióng chiân-tô sī lō·-tô· bê〔又恐前途是路途迷〕。

較特殊的是，這則念白並未「鬥句」，前後有韻腳不一致，只有中間兩字「啼」、「淚」比較看得出和韻。或許這則不押韻的念白，是爲了表現一個孤苦無依少年的心聲。他在時不我與的情況之下，即使有黃鶯般美麗的嗓音，也不敢發出聲。外在環境的考驗如此惡劣，他即使眼淚幾乎要掉下來，也只能往肚子裡吞。諸如此類有那麼一點青少年較偏好的「文藝腔」味道，在布袋戲裡似乎不是很常見。

　　其次，介紹比較屬於「陽光少年」的主角。第一代的「雲州大儒俠」叫「史炎雲〔註25〕」（Sú Iām-hûn），外號「雲州玉聖人」。《忠勇孝義傳》的「史炎雲」（黃俊卿，1960s），並非是一個文弱書生，相反的，是一個血氣青年形象。其四聯白如下：

一箭打飛鳥，

英雄在少年。

經書讀萬卷，

武藝十八般；

非是誇大口，

智勇兩雙全。

「四聯白」似乎應該都四句，但這裡卻出現六句的組合。黃俊卿似乎爲了加強聽眾的印象，特別在這個角色身上使用這樣的四聯白組合，當然如果將之拆開以兩句或四句的結構使用，也不是不可能的。黃俊卿的音質比較偏高音，口齒相當清晰。他詮釋下的史炎雲，不但是讀過萬卷書的書生而已，而且是文武全才，因此多了路見不平、拔刀相助的俠客氣質。這樣的四聯白，顯露出一種年輕生命對於自我肯定，及自信的驕傲，所謂的「英雄在少年」。

―――――――

〔註25〕參見《雲州大儒俠史艷文圖鑑典藏特集》（遠景，1999：17～18）。筆者第一次看到這資料也有些驚訝，但回頭欣賞黃俊卿1960年代鈴鈴唱片行灌錄的《忠勇孝義傳》，才發現他確實稱呼 Sú Iām-hûn。

2. 老生的四聯白

老生，大多已經是中年以上的男子形象，在戲劇中經常出現的是留著五柳鬚的皇帝、仙風道骨的道人。首先介紹道人類型的四聯白，以閣派布袋戲的「帶家齣」（tòa-ka-chut）《秦始皇吞六國：孫臏下山》為例，主演廖英啓在戰後戲園布袋戲相當有名氣，他在鈴鈴唱片灌錄的布袋戲唱片，正好為我們留下珍貴的歷史資料。這齣戲中金子陵的四聯白如下（廖英啓，1960s）：

> Thian-tē sûn-khôan it-lí-thong〔天地循環一理通〕，
> San-hô tāi-tē kôan-hông-hong〔山河大地高洪荒〕。
> Jîn-sim kan-hiông lân-liāu-sióng〔人心奸雄難料想〕，
> Sin-ki sian-hoat lêng-hui-khong〔身居仙法能飛空〕。

金子陵是戲劇中是屬於「先天」的人物，可說是已列仙班的角色，因此他的念白口氣相當大，不但已瞭解天地循環的道理，而且練就仙法，能夠騰空飛翔。這位生在「海東琉璃國」，身為秦國國師的人物，他就是推動秦始皇一統六國策略的幕後推手。諸如此類修仙練道的角色，在劍俠戲，乃至金剛戲，越來越重要。與金剛戲相關甚密切的《火燒少林寺》，其重要的少林寺英雄人物至善禪師，其出場的念白如下（黃俊卿，1965）：

> Bêng-sim kiàn-sèng chhiau-sam-kài〔明心見性超三界〕，
> Hóan-chiàu hôe-kong kiàn Jî-lâi〔反照迴光見如來〔註26〕〕。

若說前面的「金子陵」是道教人物的代表，這裡的「至善禪師」則是佛教人物的代表，在戲劇中，相當是少林寺的重要住持，從這則簡短的念白中，可瞭解他的內家修煉功夫，已經超越所謂的「欲界」、「色界」、「無色界」的地步，甚至已經達到頓悟的境界。

其次，介紹皇帝的四聯白。以下所收錄的是來自《二才子-大鬧養閒堂孝子救父》（黃海岱，1998），出嘉靖皇帝的四聯白：

> Bān-jîn thiau-kok-pó〔萬人挑國寶〕，
> Bûn-bú tēng-san-hô〔文武定山河〕。

〔註26〕「如來」一般都唸成 Jû-lâi，這裡主演唸成 Ji-lâi，顯然比較偏漳州腔。

Gōa-kok lâi la̍p-khò〔外國來納課〔註27〕〕，

Kang-san bān-liân ko〔江山萬年高〕。

與皇帝有關的四聯白大多像這樣，大多是一些充滿「風調雨順、國泰民安」之類祈禱祝福，或歌功頌德的話語。戲劇中的皇帝，經常是最高權力的代表，及戲劇危機中人事紛爭的最後仲裁者。但他的判斷經常不一定是理智的，反而經常是受奸臣挑撥，或隱瞞眞相，而成爲戲劇裡最糊塗的角色。黃海岱是受過北管布袋戲薰陶的主演，常會選擇官話來念皇帝的四聯白，反而像這裡臺語念白的比較少。

（四）旦的四聯白

作爲一種行當類別的「旦」，從年紀最小年到最年長的女性人物，以木偶造型可分爲童旦、阿旦（頭腳旦）、中年旦（開面旦、圓眉旦、毒旦）、老旦等（呂理政，1991：61）。

「小旦」的音色比較屬於高音，語音比較婉轉。布袋戲藝人都多是男性，如果他們能夠成功模仿女性的聲音，言語表演就比較具有說服力。常見的旦角色類型，大多是男女愛情戲主角。以往北管布袋戲小旦的四聯白，很多都以官話來念，似乎表示她作爲官家小姐的氣質。但現在小旦四聯白有越來越少的傾向，尤其戰後戲園布袋戲似乎都轉而使用女性歌手唱主題曲來代替。從戲劇心理的觀點，思考如何塑造觀眾對於剛出場的角色產生一種心理學所謂的「刻板印象」（stereotype）的話，那麼主題曲，或四聯白的目的是相同的。但兩者之間的所能達成的效果，則有天壤之別，主要的原因應該是女性歌手所唱的主題曲，不但音色本身具有「旦腳」說服力，而且比較能表達深刻的戲劇角色情感，或許正是戰後布袋戲班傾向採用主題曲來塑造角色，而逐漸放棄「小旦」四聯白的原因〔註28〕。

中年旦、老旦是目前還比較容易聽到的四聯白，她們的音色比較粗糙低沉，一般布袋戲班男性的主演比較容易模仿，也可以表演得比較大膽俏皮。常見的老旦類型，經常是主角的母親（通常是男主角的母親）、老家婆仔（láu-ke-pô-á）或修練多年的道姑等。

〔註27〕影像資料字幕「犒」，指軍餉，而「課」有收稅的意思，似乎比較妥當。

〔註28〕本論文〈布袋戲的創作論〉試圖從角色概念的創造，重新來思考主題曲與角色的關係。

首先紀錄一則較俏皮的「老家婆仔」的四聯白，這是布袋戲相當典型的喜劇型人物，她上場的架勢也頗與眾不同（黃俊雄，1979）：

> 身穿一領是紅衫，
> 少年家仔 hohⁿ　看頭擔擔（taⁿ）。
> 老身若徛恬　分恁看，
> 枉費恁逐家咧戇心肝囉！

這則四聯白帶著一點性挑逗的喜感，尤其是「分恁看」的言語相當有性暗示，容易讓觀眾有想入非非的空間。而「戇心肝」等言詞，就是半開玩笑地嘲弄那些心頭「小鹿亂撞」的男性。出場角色，是《六合魂斷雷音谷》中的老闆娘梁白桃，她經營有女性陪酒的酒店，如現在所說的特種色情行業。帶一點性暗示想像空間的念白，對這角色而言，似乎很適合。從這帶著潑辣的四聯白看起來，這位在風塵中打滾的女性，並不全然是對男性主宰的社會無招架能力的弱女子，相反的，她似乎有那麼一點本領，將男性玩弄於股掌之間。臺灣文學中有不少這樣的女性形象，張文環（1909～1978）的小說就經常出現這樣的女性角色，如〈辣薤罐〉中的「阿粉婆」，更是令人印象深刻的例子。臺灣民間類似這類潑辣，又逗趣的四聯白相當多。經常可見的，如《小顏回》「萬魔之女虎姑婆」出場的念白（蘇志榮，1990s）：

> 老身食 kah 今年六十九，
> 面皮 liap kah 全全溝，
> 胡蠅知歇閣毋知走，
> 恁祖媽夾一下予伊吐腸頭。

從此則念白中，可以知道這個角色已經是上年紀，而且逗趣的老婆婆。雖然是滿臉皺紋，但她仍想像有年輕的小伙子，像蒼蠅一般對她死纏不放。她並非省油的燈，如果發威起來，男人當然就只有投降的份。另一大同小異的版本，參見《百草翁》，「千古無情姑主母紅」出場的四聯白如下（劉祥瑞，1990s）：

> 老身今年食 kah 六十九，
> 水粉抹來銅錢仔厚，

胡蠅若來歇毋知走，

恁祖媽夾一下予吐腸頭哩囉。

相較之下，除了「面皮 liap kah 全全溝」與「水粉抹來銅錢仔厚」等文句略
有差異，其餘重點都差不多，都是特別強調的是「夾」的動作，及「吐腸頭
〔註 29〕」等言語，相當有開黃腔的性暗示味道。戲劇人一出場，她的臺詞就
不斷地開自己的玩笑，除了將自稱的「老身」唸成「làu 身」（暗喻流產「làu
胎」的意思），還有往來江湖的人喜好拍她馬屁，不但一年三節都送禮物來賄
賂她，而且「契兄」、「契囝」「契小弟仔」也認一堆。劇中人的名字「萬魔之
女虎姑婆」，除了挪用臺灣民間故事「虎姑婆」的名號之外，也重新創造出帶
著潑辣的性格的幽默感。這種四聯白，及相關的角色塑造，其實就是在臺灣
布袋戲主演運用他們想像發揮的空間。

其次，介紹劍俠戲中常見的道姑四聯白。《五美六俠》的慈悲仙姑上場的
念白如下（黃海岱，1999）：

Hûn sàn phek-khong sin sek-chēng〔雲散碧空身息靜〕，
Hūi kui siân-tēng gȯat-lûn ko〔慧歸禪定月輪孤〕。

《五美六俠》的情節，屬於預告式的結構。當所有人都還不知道世界上將發
生什麼災難，該如何解決之前，就有一個角色來預告。故事一開始，就是慈
悲仙姑教門徒下山扶助朝廷欽差，並預告門徒的婚姻歸屬。這樣的角色如果
只是平凡人，一點都沒有說服力。整齣戲一開始，最先上場的就是慈悲仙姑。
她展現自己是如何悟道的人物。雖稱道姑，其實修練的「禪定」，卻是佛教的
名詞。而「月輪孤」也是佛教悟道的重要象徵，在許多的禪師中都可以看到
類似的意象，即所謂的「大圓鏡智」。臺灣民間的信仰，經常就是這樣佛道不
分的。

最後，介紹金剛戲的仙姑四聯白。隨著金剛戲時代的來臨，這類人物的戲
劇比重越來越大。《六合魂斷雷音谷》金鳳凰上場的念白如下（黃俊雄，1979）：

〔註 29〕 按《臺日大辭典》，「吐腸頭」（thó͘-tn̂g-thâu）指脫肛。但布袋戲表演往往用來
形容男子勃起的興奮狀態。如布袋戲的菜單，經常蘊含著性（sex）的暗示。
《三雄二俠女之緣訂桃花嶺》中點一道「大腸頭」的菜說：「大腸頭，燙無熟，
koh 倒 liù 皮啊，倒 liù 皮」（陳雲鶴，2001）。

Siu-sian ha̍k-tō sīm hi-kî〔修仙學道甚稀奇〕，

liān-sêng kim-kong chō kin-ki〔練成金剛助根基〕。

這位自稱「山人，女先覺」的角色，在金剛戲中相當常見，通常是協助主角的角色，可能是提供靈丹妙藥，或教主角學會更高的武功等。通常這樣神秘的角色，還是要保留一點四聯白，讓觀眾覺得不尋常。她原本「修仙學道」，而後卻說是練就「金剛體」。「金剛體」的概念，其實是布袋戲世界武功層次的高度，最早應該源於《火燒少林寺》將「內功」分三級，最高級的內功，渾身就如同鋼鐵所鑄，如星圓長老、赤眉道人所練就的功夫。這層最高級的內功，小說作者稱之「渾元遮天披」（hūn-gôan-jia-thiⁿ-boaⁿ），但可能太拗口，所以民間藝人簡單稱之爲「金剛體」（陳龍廷，1997a：57）。而這位人物既然自稱「練成金剛」，表示她已經具備相當重要的功力，對於整個戲劇情節的走向有著舉足輕重的地位，因而成爲各方拉攏的對象。

（五）公末的四聯白

「公末」（kong-bo̍at），是白髮蒼蒼的年老者的行當類型。在布袋戲的表演體系分類，「公末」依照其戲份的比重，又可分爲「頂手公末」（téng-chhiú kong-bo̍at）與「下手公末」（ē-chhiú kong-bo̍ta）兩種。以戲偶造型而言，可以細分爲春公（白面、紅面）、白闊、黑闊等（呂理政，1991：61）。公末的角色類型運用相當廣泛，包括村莊的員外、主角的父親（通常是女主角的父親）等，大都多屬於幫助者的角色。以口白的表演技巧而言，公末的腳色大多嘴形尖翹，而髮蒼蒼、齒牙動搖的長者，通常這類人物的言談容易口齒含糊不清，因此主演者就必須模仿這種嘴形，加上舌頭的控制，就能發出類似蒼蒼老者的聲音。

《五美六俠》是黃海岱自創的戲齣，劇中的英雄經過柳家堡借宿，而柳員外因近日村中妖邪作怪，深感困擾，英雄出面收服妖魔，並獲得一對寶劍。戲齣中員外柳雙傑的四聯白如下（黃海岱，1999）：

Chhun-hä chhiu-tong sù-kùi-thian〔春夏秋冬四季天〕，

Hong-hoa soat-gõat këng siang-liân〔風花雪月更〔註30〕相連〕。

Iàn hui lâm-pak ti hân-sí〔燕〔註31〕飛南北知寒暑〕，

〔註30〕影像資料字幕「景」（kéng），似乎不太合乎連音變調，故改之。

〔註31〕字幕以「雁飛」來紀錄，因「雁」念爲 gān，似乎比較不妥。

Jîn ōat tong-se bêng-l,, khan〔人越東西名利牽〔註32〕〕。

紀錄四聯白是一大挑戰，只能根據語音去尋找可能的漢字，盡量瞭解。這則四聯白相當普遍，從語意上大致可以瞭解一位中年人的心態，歷經歲月風霜，似乎對於人生的爭權奪利也看破。但這樣的念白，並非不可增減的。南投世界派的祖師陳俊然，他曾經灌錄一出膾炙人口的《紅黑巾》，故事的緣起：兩位結拜數十年的朋友，卻為了是否加入「烏龍派」意見不合，而一夕之間成為敵人。這兩位結拜多年的朋友之一，即連天鵬，已是年紀半百的員外，他一出場的念白，卻只有擷取這則四聯白的前兩句「春夏秋冬四季天，風花雪月更相連」（陳俊然，1965）。這例子說明了：套語在實際使用時，可以隨著主演的偏愛而增減，並非一成不變。

　　另外紀錄一則「下手公末」的念白，比起一般的公末，就顯得相當簡單。如《武當劍俠：秦少白巡按大破四絕山》中，與女兒杜美英相依為命的老秀才杜二，某日陪女兒到觀音寺還願，正好正上安化王朱展謀，朱展謀垂涎杜美英的女色，強盜擄人。杜二情急之下與朱展謀拉扯，不幸被踢死。由此可知這個角色的戲份不多，只是搭配性質而已。其出場念白如下（黃海岱，1999）：

　　　　Bān-poaⁿ to-sī miā〔萬般都是命〕，
　　　　Pòan-tiám put-iû jîn〔半點不由人〕。

這句套語，應出自臺灣民間的俗語，可以知道布袋戲的語言，其實受到民間思想的影響相當大，類似的俗語如「人勢，毋值著天咧做對頭」。這些民間的思想有的宿命的味道比較濃厚，間接地也影響布袋戲的創作。這麼簡單的念白，對照他在戲劇中出現剎那即已消失的處境，這樣的感慨確實又畫龍點睛的效果。這裡似乎著濃厚的宿命思想，似乎老百姓所承受的冤屈，也只能默默地承受。一直要等到打抱不平的俠客出頭，而這齣戲的情節鋪陳重點，就在於「查某鱸鰻」杜美琴如何為受冤屈的老秀才報仇的過程。

二、源自古書的四聯白

　　布袋戲的四聯白的來源，出自戲班學徒之間的承傳，還有些是出自民間

〔註32〕 影像資料字幕「日月同西明日開」，與原語音差別較大。不過，確實有戲班將句此念為「日越東西天自然」（真快樂，2004）。

漢學傳統常念的古代的詩句，如《唐詩三百首》或《千家詩》等。對戲劇的腳色而言，除三花偏好白話的念白，其餘腳色都可使用古代詩句。布袋戲言語表演的趨勢，傾向於大量運用唐詩，目的似乎在彰顯文人的氣息：屬於正派的中年女性角色，偏好孟浩然的〈春曉〉，而年長男性腳色的「老生」，偏好吟詠張繼的〈楓橋夜泊〉。雖然是有所本的詩句，民間藝人口頭表演時，偶而會出現歧異的情形。以下以將軍的四聯白、皇帝的四聯白等兩類型來討論：

（一）將軍的四聯白

布袋戲大將軍上場時，最偏好的四聯白，應是來自《千家詩》明世宗所作的詩〈送毛伯溫〔註33〕〉。筆者田野調查時聽過一些鄉野奇談，有的曾唸過「漢學仔」的老先生會信誓旦旦地說，半夜走夜路，如果突然不寒而慄，只要吟詠起這首〈送毛伯溫〉詩，一切的邪魔鬼怪自然都會消失。理由是詩句正氣凜然，連鬼神都懼怕三分。不管這些超自然是否屬實，至少可以肯定的是，這首〈送毛伯溫〉在臺灣民間是屬於耳熟能詳的作品，而且是以臺語的文言音來吟詠的詩句。因為如此，布袋戲主演大多偏好將這首詩與大將軍的凜然氣勢結合在一起。

這首〈送毛伯溫〉原詩如下（葉國良，1988：458～459）：

> 大將南征膽氣豪
> 腰橫秋水雁翎刀
> 風吹鼉鼓山河動
> 電閃旌旗日月高
> 天上麒麟原有種
> 穴中螻蟻豈能逃
> 太平待詔歸來日
> 朕與先生解戰袍

千萬不要以為這首詩是以北京話來讀誦的，布袋戲師傅是以臺語的文言音來念四聯白的，一般只擷取前四句當作大將軍的四聯白，應是為了避免原詩中

〔註33〕據翟灝通俗編所記，此詩原題〈明太祖送都督僉事楊文慶征南〉，清乾隆之後，不知何時，書商改為今題〈送毛伯溫〉，通常解釋為明世宗嘉靖十八年（1539）閏七月，毛伯溫南征安南國。毛伯溫，字汝厲，吉水人（葉國良，1988：458～459）。

的帝王口氣與戲劇中的表演情境無法吻合，所謂的「朕與先生解戰袍」。筆者
所收錄的資料，都採取〈送毛伯溫〉相關詩句作為四聯白至少有五齣。其中
只有呂明國、許王〔註34〕的四聯白與〈送毛伯溫〉的詩句完全吻合，其餘例
子多少都有些微的差異。列表如下：

角　色	戲　齣	口頭表演出處
王翦	《孫臏下山》	廖英啓，1960s
曹孟德	《三國演義》	呂明國，1980s
蕭元昇〔註35〕	《武童劍俠》	廖昆章，1990s
韓擒虎	《南陽關》	許王，1998
劉邦	《西漢演義》	張益昌，1999

布袋戲口頭表演與原詩幾乎相同的，在此不舉例說明。在此僅舉略有歧
異的四聯白，差異處筆者以黑線標示，如《孫臏下山》的王翦（廖英啓，1960s）：

Tāi-chiòng hōng-cheng tám-khì-hô〔大將奉征膽氣豪〕，
Io-hôaiⁿ chhiu-súi gān-lêng-to〔腰橫秋水雁翎刀〕。
Hong chhoe gô-kó͘ san iâu-tōng〔風吹鼉鼓山搖動〕，
Tiān-siám seng-kî jit-goàt ko〔電閃旌旗日月高〕。

《孫臏下山》，又名《秦始皇吞六國》，是閣派布袋戲的帶家齣（tòa-ka-chhut）。
1960年代廖英啓灌錄、鈴鈴唱片出版的黑膠唱片，只有這一齣。以戰國名將王
翦而言，將詩句改動為「奉征」似乎有些道理。在戲中，他奉秦始皇之命，併
吞六國，而不只是「南征」而已。而從書面詩的美學而言，文辭意象的密度大
多偏好濃稠委婉，如文中濃縮了磨得閃亮的刀劍、旌旗遮天、戰鼓頻催等意象。
但從口頭-聽覺的美感而言，太過密集的意象反而不容易讓觀眾在一瞬間就能夠
完全明瞭。而「山搖動」聽起來的意象，可能比起「山河動」還更容易讓觀眾
清楚。或許因為如此，筆者收錄的兩個例子，都直接改為「山搖動〔註36〕」。

〔註34〕影像資料字幕「腰間」，與許王念的「腰橫」不同，應該是打錯字。而「鼇鼓」
　　　　（gô-kó）應該是「鼉鼓」的借音字，原本的書面文字，一般人可能比較念不
　　　　出來。
〔註35〕劇中參與江南水晶宮叛亂組織的水軍都督。
〔註36〕廖昆章《武童劍俠》水軍都督蕭元昇的四聯白，與此略有差異，筆者標示如
　　　　下：「大戰南征膽氣豪，腰間秋水雁翎刀，風吹鼉鼓山搖動，電閃旌旗日月高」。

張益昌灌錄的《西漢演義》，其中劉邦出場的四聯白如下（張益昌，1999）：

> 大戰<u>西秦</u>膽氣豪
> 腰橫秋水雁翎刀
> 風吹鼉鼓山河動
> 電閃旌旗日月高

頭一句文辭略有更動，「大戰南征」改為「大戰西秦」。放在故事的楚漢相爭背景，似乎比較有合情合理。

　　主演雖繼承這些套語的遺產，並非就不能有所創新，反而必須就戲劇情境而略加修改。布袋戲雖引用古詩為四聯白，並不見得是完全複製原作，而勿寧說是在製造一種特殊人物出場的氣氛。從口頭表演的觀念來看，任何的套語只要大意明瞭，很難說哪一則套語是最正確的標準範本，一般而言並沒有所謂「誤讀」的問題。但傳統的觀念總是賦予書面文字至高無上的地位，回頭去批評口頭有誤比較有個準則，但也容易抹煞口頭文學的靈活性，或即興表演的創造性。布袋戲藝人的創作本領必須仰賴某種程度的記憶能力，他們的訓練不見得是將書本看來的，或耳朵聽來的詞句，逐字逐句背得一字不漏，相反的，可能只是憑著大致上的印象，以自己所能瞭解的文字組合來引用詩句，當然也不排除有可能產生誤解的情形。

（二）皇帝的四聯白

　　有些布袋戲主演偏愛用古詩來當作皇帝的四聯白，似乎文謅謅的詞彙堆砌，很容易喚起遙遠而莊重的想像。對民間人而言，「天高皇帝遠」的人物，所使用的詞彙必然不同於市井小民，試想想清代坐在紫禁城中的皇家權貴所說的「官話」，對臺灣百姓而言，幾乎可能完全鴨子聽雷。這些文謅謅不易瞭解的四聯白，反而比較接近真實的民間想像力。不過紀錄這些詞句卻相當吃力費神，勉強才找到可能比較合理的漢字，還經過翻古書求證，最後筆者才發現這則四聯白應該出自《千家詩》唐代詩人王建﹝註37﹞的〈宮詞〉。不過其中字句略有差異，筆者一度以為是自己聽錯，或布袋戲師傅念錯，但後來找

﹝註37﹞一般坊間通行本都將此詩當作宋代詩人林洪的作品，但研究者批評說未曾聽過他有做過宮詞。「今據全唐詩，題王建作，在其名作宮詞百首中。」（葉國良，1988：195）王建，是唐代大曆年間的進士，詩以新樂府見稱。

到至少三個版本，字句都差不多，可見民間藝人另外有一套承傳也說不定。筆者紀錄的一則版本是《六合魂斷雷音谷》嘉靖皇帝的四聯白（黃俊雄，1979）：

> Kim-tiān tong-thiô chí-koh tiōng〔金殿當頭紫閣重〕，
> Sian-jîn chiáng-siāng giȯk-phû-iông〔仙人掌上玉芙蓉〕；
> Thài-pêng thian-chú tiâu gôan-jit〔太平天子朝元日〕，
> Ngó-sek hûn-ki tài kiú-liông〔五色雲車戴九龍〕。

另一則四聯白是來自《天寶圖》的元成宗（張俊郎，1994）如下：

> Kim-tiān tong-thiô chí-koh tiông〔金殿當頭紫閣重〕，
> Sian-jîn chiáng-siāng giȯk phû-iông〔仙人掌上玉芙蓉〕；
> Thài-pêng thian-chú tiâu gôan-jit〔太平天子朝元日〕，
> U-sek hûn-ki tài kiú-lêng〔五色雲車戴九龍〕。

這兩則皇帝的四聯白相差不多，但念法確有兩處差別，意思也會有小差別。首先，「金殿當頭紫閣重」的「重」，黃俊雄念 tiōng，而張俊郎念 tiông。臺灣民間藝人學習文言音，使用相當普遍的參考書就是《彙音寶鑑》。根據這本辭典，「重」tiōng，有「多」、「不輕」的意思（沈富進，1954：282），如此理解詩句意思，相當於皇宮內的紫閣，數量很多，或看起來很重的感覺。而「重」tiông，有重複的意思（沈富進，1954：279），此句的意涵相當於皇宮內的紫閣層層疊疊。兩者意思不同，如何抉擇應該是見仁見智的問題，不過，如以筆者的看法，念 tiông 意思可能比較清晰。其次，「五色雲車戴九龍」的「龍」，黃俊雄念 liông，而張俊郎念 lêng。雖然兩種語音都存在，不過此詩的韻腳「重」、「蓉」、「龍」，如要合韻的話，應該念 liông。而「五」一詞，黃俊雄念 ngó 沒什麼問題，但張俊郎卻念 u〔註38〕，既不是文言音或白話音，似乎受到漢樂「工尺譜」的音調唱名「五六凡工」（u-liu-hôan-kong）的影響。

最後我們比較原詩〈宮詞〉如下（葉國良，1988：194～195）：

〔註38〕 張俊郎的版本與柳國明《西漢演義》的秦二世胡亥出場念白比較一致，但後者的音比較重，變成「ú」（柳國明，1990s）。

> 金殿當頭紫閣重。
>
> 仙人掌上玉芙蓉。
>
> 太平天子朝元日。
>
> 五色雲車<u>駕六龍</u>。

王建的詩句「五色雲車駕六龍」，顯然與布袋戲皇帝的四聯白「五色雲車戴九龍」不同。這詩句以往只解釋「六龍，指天子的駕車」（葉國良，1988：195），《臺譯千家詩》也延續這樣的意象，解釋為「佇風調雨順兮正月初一，皇帝為著卜朝拜玄天皇帝，特別坐伊兮五色雲車，駕駛迄六隻馬」（黃勁連，1994：153）。依筆者之見，這詩句原始的意象可能與曹孟德〈氣出唱〔註39〕〉有關，其詩有「駕六龍，乘風而行」、「驂駕六龍飲玉漿」、「願得神之人，乘駕雲車」等句，有著濃厚的仙道思想。這種思想，恐怕來自更古老的神話傳說或原始信仰，如《易經》「乾卦」的「時乘六龍以御天」，或《楚辭》〈九思·守志〉描寫日神車駕的「乘六蛟兮蜿蟬，逐馳騁兮陞雲」之句。如果不知道這些典故，王建的詩句「五色雲車駕六龍」變成怪異而無法瞭解。然而「駕六龍，乘風而行」的皇帝形象，似乎比不上臺灣民間戲劇常見的皇帝的裝扮「頭戴九龍冠」那麼讓人印象深刻。從民間文化脈絡來看，「戴九龍」比起「駕六龍」更簡單明瞭，或許這正是為什麼布袋戲會採取這些小差異的詞句，作為皇帝的四聯白。

三、特殊獨創的四聯白

當布袋戲的內容越來越少出現皇帝、宰相等人物，相關的傳統四聯白逐漸消失。但我們不可以為四聯白已完全失去魅力，而可能以另一種面貌繼續存活下去。金剛戲時代的四聯白已經逐漸走向自創，許多相當有份量的角色出場，似乎也必須有獨特的、讓觀眾印象深刻的固定臺詞。當年在戲園布袋

〔註39〕　〈氣出唱〉原詩如下：「駕六龍，乘風而行。行四海，路下之八邦。歷登高山臨溪谷，乘云而行。行四海外，東到泰山。仙人玉女，下來翱游。驂駕六龍飲玉漿。河水盡，不東流。解愁腹，飲玉漿。奉持行，東到蓬萊山，上至天之門。玉闕下，引見得入，赤松相對，四面顧望，視正焜煌。開玉心正興，其氣百道至。傳告無窮閉其口，但當愛氣壽萬年。東到海，與天連。神仙之道，出窈入冥，常當專之。心恬澹，無所愒。欲閉門坐自守，天與期氣。願得神之人，乘駕云車，驂駕白鹿，上到天之門，來賜神之藥。跪受之，敬神齊。當如此，道自來。」（郭茂倩，1984：383）

戲時代享有盛名的光興閣鄭武雄，他的《鬼谷子一生傳：大俠百草翁》，當這齣戲中的「東南派」與「西北派」一團混戰，「東南派」的角色正處於下風危急的時候，突然抬出一座神秘轎，轎門裡走出一位眉清目秀、手執仙藤、頭頂塔冠的人物，他所吟詠的四聯白如下：

Thian-tē jit-goat chòe-tiâng-seng〔天地日月最長生〕，
Khó-thàn siān-ok lân-hun-bêng〔可嘆善惡難分明〕。
Jû-iú chin-siàng kúi-kok-chú〔如有真相鬼谷子〕，
It-chhut thian-hā tēng-thài-pêng〔一出天下定太平〕。

這樣有份量的角色，即「天堂鬼谷子」，登場的姿態很不尋常，四聯白當然也必須量身訂製。「天地日月最長生」，其實是要喚起觀眾對於故事時空背景遙遠的想像，暗示此人來自「明朝」。而「真相」，暗指此人身份原本是明朝開國軍師劉伯溫，後來已經修練成仙，號稱「鬼谷子」。他出場的方式，意味著在戲劇中「善惡難分」的混亂時代，需要這樣的人物來「定太平」。

　　早期霹靂布袋戲的時代，有許多膾炙人口的創新「四聯白」。最著名的應該就是「網中人」，其四聯白如下：

Hui-si kiat lô-bóng〔飛絲結羅網〕，
Lâi-khì o͘-àm tiong〔來去烏暗中〕。
Chē-tìn pat-kòa tiùⁿ〔坐鎮八卦帳〕，
Kau-chí it siâ-lông〔交趾一邪郎〕。

這則念白，讓我們想到民間豐富的擬人化想像力，如歌仔冊的《胡蠅蠓仔大戰歌》，胡蠅去請人稱「天羅師」的蜘蛛精排成「陰陽天羅帳」，而蠓仔的大將黃蜂真人陷陣落入危險，只好另外想辦法聘請田嬰、大蟬、肚猴、姑媌等來對抗，最後請原始天尊來破解這隻道行四千年的蜘蛛精。歌仔冊所說的「天羅地網八卦起，銅牆鐵壁一般年〔註41〕」，與引文中的「坐鎮八卦帳」意象相同。這裡出場的「網中人」是人類與昆蟲結合的怪異造型，人的身體卻多了蜘蛛的八足，造型與2002年風行的美國電影《蜘蛛人》大不相同。「網中人」

〔註40〕 「年」應是 nî（晾）同音字，指蜘蛛絲，如「晾衫」或「晾布帆」一般懸吊
　　　　起來。

的念白詞句，都是讓人與蜘蛛有關的聯想，而且表白他的身份是來自「交趾」。他是練就蛻變大法的怪人，具有不死之腦，即使身體受傷近乎死亡，他仍然可以逃回「盤絲窩」，全身化成繭，等待蛻變之後的復活。這角色出場的四聯白，確實也讓人印象深刻。

霹靂布袋戲的「素還眞」、「一頁書」獲得成功，有部分應該要歸功於他們的獨特四聯白留給觀眾的印象。早期的霹靂布袋戲《霹靂眼》第 12 集，還有一個白天提著燈籠、白髮飄逸的角色，這個角色就是「照世明燈」，他上場的四聯白如下（黃文擇，1987）：

> Lân-tēng hun-hun kah-chú-liân〔難定紛紛甲子年〕，
> Chhian-mô tōng-tōng pek-iâng-thian〔千魔蕩蕩白陽天〕。
> Chhong-thian chí-ì tiòk-su-bēng〔蒼天旨意著書命〕，
> Chu-chú khiân-sêng hû-tō-tian〔諸子虔誠扶道顚〕。
> Hùt-teng tiám-liāng hôa-kong hiàn〔佛燈點亮華光現〕，
> It-sòaⁿ seng-ki kiù-bóat-liân〔一線生機救末年〕。

現代布袋戲的口頭表演，這樣的念白越來越少見。「照世明燈」一出場，就點破了「劍藏玄」的武功困境，是受到情仇所束縛。他指示說：只有走到無我的境界，才能解脫，即儒教的「執中貫一」，道教的「抱元守一」，佛教的「萬法歸一」，回教的「清眞返一」。他的這則四聯白有臺灣民間善書的味道，臺中聖賢堂的善書，在辛未年（1991）五月十六日純陽祖師降乩的詩句「群魔蒼蒼白陽天，純陽正氣化三千〔註41〕」，幾乎有相類似的語氣。所謂的「白陽天」，應是一貫道「三期末劫」的觀點，所謂的青陽期、紅陽期、白陽期。布袋戲虛擬世界，照世明燈以文質彬彬儒雅書生的形象出現，總是濟弱扶傾，扮演黑暗世界中的一盞明燈。這種勸善口吻的四聯白，在打打殺殺的戲劇舞臺上，顯得格外顯目耀眼。

第四節　套語範例之二「念 khó 仔」

臺灣戲劇裡有「數來寶」形式的言語表演嗎？

筆者曾經欣賞布袋戲現場表演的「念 khó 仔」（liām-khó-á），只見主演者一

〔註41〕參考網路的善書資料〈晨鐘醒世〉http://home.kimo.com.tw/60013835/chigs.htm。

口氣將相當長度的臺詞念出來，又有押韻，文辭詼諧，而且隨著節奏感，速度越來越快，直到最後嘎然而止，主演者還面不紅、氣不喘。對於不是經由攝影棚剪接做出來的現場口頭表演而言，主演者的口齒清晰與速度感的掌握都要更精確熟練，不能容許稍微的停頓或出錯。布袋戲裡的「念 khó 仔」，幾乎完全屬於「三花腳」的念白，內容葷素不拘，其戲劇功能與四聯白相同，都是爲了留給觀眾一個既有節奏感，又幽默風趣的口頭表演。但「念 khó 仔」的文詞幾乎都是臺語的白話音，而且其中插入相當多的「虛詞」，如果不是以羅馬字輔助，而只紀錄漢字能夠書寫的部分，很可能失去原本相當活潑的趣味性。或許正因爲如此，以往紀錄得相當少。2001 年 11 月 28 日黃俊雄在臺南表演「念 khó 仔」之後，還特別藉著劇中人物的對話介紹這種言語表演的藝術：

> 怪老子：嘿！劉三，你念這都是咱臺灣民俗藝術的一部份，號做『數來寶』？
> 劉三：嘿嘿！咱臺灣話講號叫「khó 仔」，念 khó 仔。
> 怪老子：Hò，「念 khó 仔」？
> 劉三：Ah 大陸人講號做『數來寶』啦！

現場表演中，主演者除了實際呈現這樣的表演藝術，還提醒觀眾注意這門藝術的專有名詞，叫做「念 khó 仔」。但「khó 仔」是什麼意思？漢字又該如何寫？

「khó 仔」，應是來自北管戲曲打擊樂器的專屬名詞。北管布袋戲，是採取北管後場的表演藝術。通常打鼓師傅，就是後場的總指揮，稱爲「頭手鼓」，他必需時時注意前場主演的動作和手勢，以班鼓指揮後場搭配投手演出。打鼓師傅負責的樂器項目，包括班鼓（單皮鼓）、扁鼓、拍板、堂鼓等，其中有一項即 khó 仔板（即梆子）。

「念 khó 仔板」是三花腳出場念的臺詞，時以 khó 仔或拍板伴奏，以增強節奏感，內容有趣又有押韻，目的是爲了博君一笑。布袋戲、歌仔戲都稱之爲「khó 仔板」。不過，這詞的漢字通常寫成「扣仔」，而「扣仔板」在《李天祿口述劇本》中，也有人紀錄爲「口仔板」、「塊仔板」、「叩仔板」，這麼多種複雜的寫法，似乎都在說明這項樂器名詞的發音的源頭，似乎並非臺語。

「念 khó 仔」聽起來，就好像在欣賞臺灣民間念謠一般。1930 年代《臺灣新民報》曾經發起民謠探集，喚醒了臺灣人深層的集體記憶。筆者是用這

樣的心情，來收集這些「念 khó 仔」的資料。這些「念 khó 仔」原本無標題，筆者擷取首句為標題，姑且題為〈烏狗娶某歌〉、〈一个大頭哥〉、〈癩哥歌〉、〈大娘不比二娘嬌〉、〈起痟歌〉等。

一、烏狗娶某歌

這則「念 khó 仔」，出自黃俊雄 2001 年在臺南市的外臺表演。筆者前後紀錄過三次，在此選擇其中一次（2001/11/30）的演出紀錄為根據，而臺詞出現明顯差異處，則以註腳說明。文字整理的方式，以漢字與羅馬字合寫，盡可能將主演者精彩的口頭紀錄下來，重新整理為臺語文。其內容如下：

> 女大當嫁　閣咧男當娶〔註42〕
> 烏狗親成〔註43〕（chhin-chiân）做佇 he 東門外
> 不時走去看
> 看了無妥當　　閣再娶
>
> 娶一个三八椪（phòng）
> 三八椪--的討客兄
> 閣再娶一个狐狸精〔註44〕
>
> 狐狸精閣咧真厲害
> 不時冤家量債起相创
> 那想那毋倘
> 閣再娶一个雞屎蜂
>
> 雞屎蜂仔愛跋繳（kiáu）
> 一寡財產〔註45〕輸了了
> 衰尾調（soe-bóe-tiāu）
> 娶一个三節--的佮六 khiau

〔註42〕 有個版本（2001/11/27）省略這兩句，而從下一句開始。
〔註43〕 指姻親，或討論婚事。
〔註44〕 有版本（2001/11/28）強調「閣再娶」，將這一句分成兩句「閣再娶，娶一个狐狸精」。同樣的，「閣再娶一个雞屎蜂」也被分成「閣再娶，娶一 ê 雞屎蜂」。
〔註45〕 另一則版本（2001/11/28），將詞句變動為「一寡現金輸了了，真衰 siâu」。

六 khiau--的，空缺（khang-khòe）未曉做〔註46〕
閣娶一个番仔婆
番仔婆
閣咧講話 gìⁿ-giàuⁿ哮
閣咧未（bē）〔註47〕對 táu
娶一个牛腳誚〔註48〕（sau）

腳誚--的眞未對
閣娶一个 勢放屁
放屁--的眞歹味
閣娶一个 àu 招弟

àu 招弟仔臭規間
娶一个大學生
大學生
每日激相看
娶一个 àu 藝旦

藝旦眞風流
結局未使做牽手
轉去閣研究
天光娶一个 chhōa 尿秀

chhōa 尿秀仔
濕褲底
閣無愛洗

〔註46〕 版本（2001/11/27）將詞句改爲「六 khiau--ê 空缺毋愛作」。
〔註47〕 未＝bē 泉音／bōe 漳音。布袋戲主演南北奔波，爲拉近與觀眾的距離，經常會採取混雜的口音。黃俊雄的表演大多傾向念 bōe，但也有 bē 的範例。
〔註48〕 誚，即諷刺嘲笑。牛腳，可能引射其言語行爲粗魯。牛腳誚，也有簡化爲「腳誚」。

　　無掩微（iám-bui）〔註49〕
　　娶一雞母脧〔註50〕（chui）

　　雞母脧仔愛走跕〔註51〕（sián），
　　偷吃燒肉繭〔註52〕（kián）

　　看 kah 此號樣
　　娶某毋倘想
　　看破
　　吃菜做和尚

這則念 khó 仔，筆者將之命名爲〈烏狗娶某歌〉。「烏狗」可能是源於日治時代的流行名詞，指某些外表打扮時髦，梳著流行的西式髮型、穿著時尚的男子，他們經常以招搖的外貌吸引女性，而且相當善於打情罵俏。而相對的，追求時尚流行，又好結交異性朋友的女子，就稱爲「烏貓」。這些詞彙，1932 年小川尚義主編的《臺日大辭典》都有收錄，而日治時代的歌仔冊也曾出版過《最新烏貓烏狗歌》。布袋戲的表演體系中有個特殊腳色，藝人通稱爲「老烏狗」。它是屬於「三花腳」，在情節當中，通常是扮演幽默詼諧，卻又足智多謀，能夠爲英雄解開難題的角色。「老烏狗」的造型，也就是梳著西裝頭，滿臉堆著笑容的木偶。

　　〈烏狗娶某歌〉的「老烏狗」與「番婆」男女關係，讓我們想到臺灣的車鼓戲中的《番婆弄》。戲弄者的丑角，通常打扮成「老烏狗」，即頭戴鴨舌帽、身穿白衣白短褲，腰繫紅巾帶，雙手分拿四寶敲響。整個情節大抵不離「打情罵俏、戲謔相褒」的對唱特色，典型的臺詞如下（呂訴上，1961：226）：

〔註49〕　微，眼睛眯眯。掩，即遮掩。無掩微，即做事不知遮掩。陳山林灌錄的《南
　　　　　俠翻山虎》，「四海冠軍俠」向「岷江派」挑戰，口氣凶悍地要老人獻人頭，
　　　　　當作他結婚的聘金，這時老人說：「少年人講話眞正無掩微，你 teh 講--ê 比唱
　　　　　歌較好聽啦！」（陳山林，1980s）
〔註50〕　脧，指臀部。雞母脧，形容女性的臀部翹。
〔註51〕　跕，即徒足履行（沈富進，1954：33）。赤腳走路，有偷偷摸摸之意。走跕，
　　　　　指不安於室的人。
〔註52〕　肉繭：肉糊麵粉去炸的食物。在此影射男性生殖器。

　　丑唱：做人蕃婆心風騷，

　　　　　上陣那要交戰，雙手夯白刀。

　　旦唱：臺灣眞是好，

　　　　　有人得阮意，給阮結尫婆。

　　丑唱：那有人得阮意，

　　　　　相攬共相扶。

這種民間小戲，似乎反映了臺灣早期平埔族社會，以女性爲主體的活潑樂觀的一面。從現代的觀點來看，車鼓戲中的「番婆」，不同於傳統社會女性閉塞形象，而是站在女性主義的觀點，只要合女性的意，就可和她結爲夫妻。

　　相對的，〈烏狗娶某歌〉卻是站在「男人眞命苦」的觀點上，半開玩笑地描述某些自命風流的「烏狗兒」，娶了無數的老婆，卻沒有一個眞正合得來的。他娶的老婆外型或性格，被這些鮮活的口語形容得很令人印象深刻，包括容易紅杏出牆的「三八椪」、風流的「藝旦」、「雞母雝仔」，或愛斤斤計較、爲細事吵得天翻地覆的「狐狸精」，或愛賭博成性的「雞屎蜂」，或養尊處優的「三節--的佮六 khiau」、擁有高學歷卻驕傲不可一世的「大學生」，或言語不通的「番仔婆」，甚至身體容易發出異味，不太講究衛生的「牛腳誚」、「勢放屁--的」、「àu 招弟」、「chhōa 尿秀」等。對於太會挑剔老婆的「烏狗兒」，最大的諷刺莫過於「揀啊揀，揀著一個賣龍眼--的」，只能埋怨上輩子的風水可能葬在「歹某山」，到頭來只想看破紅塵當和尚。這個烏狗兒，眞的是「歹命的烏狗兒」。如此不斷挑剔老婆、換老婆，最後卻遭受悲慘命運的〈烏狗娶某歌〉，會讓觀眾不由得會心一笑，或許就在於劇中人物那麼誇大、不尋常的遭遇，在一般人身上幾乎不可能出現，突然之間，喜感從中產生。如古希臘哲學家亞里斯多德所說的：喜劇所描寫的是「惡於常人之人生」，或英國哲學家霍布斯（Thomas Hobbes, 1588～1679）所說的，因鑑於他人的缺點而讓自己產生突然的榮耀感（sudden glory）（姚一葦，1966：62～64）。〈烏狗娶某歌〉所呈現的，不只是一個風流烏狗兒的悲劇，而且也從荒謬的處境遭遇中，突然有所覺悟。從這觀點看，〈烏狗娶某歌〉有臺灣民間幽默的一面，同時也有豁然領悟的智慧面。

二、一个大頭哥

　　這則「念 khó 仔」，出自黃海岱主演的《荒山劍俠》，屬於戲劇穿插的笑料。

當劇中重要的角色投宿旅館的小插曲，旅館的主人「姚小三」，是一個留著兩撇小鬍子古錐造型的戲偶。他甫一登臺，就念一段「khó 仔」，筆者參考影音資料（黃海岱，1999），重新整理文字如下：

> 一个大頭哥，一个大頭哥。
> 身軀兩張票，就會起風騷。
> 欲聽藝旦曲，欲看菜店婆。
> 查某母予看，想 kah 無奈何。
>
> 轉去做生理，半做半迌迌，
> 有時賣香蕉，有時咧賣楊桃，
> 有時賣果子，有時咧賣餅糕。
> 身軀揹大枷〔註53〕，腳穿草鞋模（pô）。
>
> 有時釣鰻趖，有時釣鮕鯹〔註54〕（chho），
> 有時釣鱸魚，有時釣狗母啊。
>
> 寒天穿熱（jôah）衫，熱天橫橫 kó〔註55〕。
> 去到街仔頭，檳榔像江蚵。
> 檳榔食落去，下頦流紅膏。

〈一个大頭哥〉最明顯的特色就是，韻腳非常一致，包括哥（ko）、騷（so）、婆（bô）、何（hô）、迌（thô）、桃（thô）、模（pô）、鯹（chho）、母（bó）、裏（kó）、蚵（ô）、膏（ko）。結尾母音的韻腳一致性，及上五字一句的形式，使得整體聽起來相當有節奏感。這則「念 khó 仔」的喜感，是從「大頭哥」的稱呼開始，略帶性暗示（sexual hints），接著的文句呈現想親近女性的渴望，無論是想聽藝旦唱曲，或想欣賞菜店的女性，兩者都是情色的象徵。藝旦在日治時代臺灣的大稻埕、鹽水、臺南新町等地，曾經相當風行，她們擅長曲藝，能吟詩，唱南北管。「菜店」則是賣酒菜，兼賣色情的酒家。不過，這裡僅止

〔註53〕 即「擔枷」（tàⁿ-kah）。「枷」，指擔運薪材的小道具，多為藤或竹篾所編成的。
　　　　（陳修，1991：809）
〔註54〕 「鰻趖」、「鮕鮘」、「鱸魚」、「狗母」，應該都是海底生物的專有名詞。
〔註55〕 指此人陰陽顛倒，冬天穿夏天衣服，夏天卻橫裹棉襖，穿得圓滾滾的。

於想要的念頭而已，而在現實卻是被拒絕的。性渴望被拒絕的挫折，轉而在現實生活中的工作與玩樂當中尋求彌補。而許多海底生物名詞，都可說是性的象徵。這樣子的人，冬天穿夏天衣服，夏天卻橫裹棉襖，似乎也意味著陰陽顛倒，性生活的不協調。最後以吃檳榔，及檳榔汁的「流紅膏」做結尾，或許可說是替代性的滿足。

　　不過喜劇的語詞喜感，有時似乎因為年代背景的差異，必須經過我們努力理解才能瞭解。雖然這些語彙，在當年可能相當普遍通行，但經過歲月變遷，逐漸變成無法理解。從喜劇的觀點來看，如果無法在極短的時間之內，立即傳達給觀眾，那麼這樣的整體的喜感顯然要大打折扣。

三、癩哥歌

　　從文學的觀點來看，章回小說的《天寶圖》可能不算很重要的作品，但從戲劇的層面來看，卻是相當有份量的表演藝術典範。民間藝人藉著《天寶圖》的戲劇情節，以鮮活的口語塑造許多貪官汙吏、魚肉鄉民的角色。張俊郎布袋戲所塑造的花子林，是一位不可一世的「國舅」，不但性好漁色，而且光天化日之下，只要他看上眼的人家婦女，他都敢強要。這樣的角色登臺，當然也要有與眾不同的印象，他的念白如下：

> 較早　　去致著彼號癩哥症，
> 走去予　先生咧接樹乳。
> 著驚　　爬去彼个眠床頂，
> 倒落　　我規箍是干焦凝啊！干焦凝！

從戲劇的功能來看，「念 khó 仔」與「四聯白」差不多，都是人物上場時的念白，差別只是「念 khó 仔」都侷限於三花戲。筆者這裡收集的一則「念 khó 仔」，從原始的字句結構來看，與「四聯白」幾乎沒什麼兩樣，但將它拆成不規則的長短句，再穿插口語的虛詞，也能夠變成相當有節奏感的口頭表演。

　　從念白內容來看，布袋戲的口頭表演對十惡不赦的角色，並不會直接指責，而可能以幽默的方式來處理。花子林在這齣戲屬於三花腳，忽長忽短的節奏感，使這樣的角色顯得很鮮明。而念白內容，大抵說明這麼一位好色之徒，染上花柳病，所謂的「癩哥症」（thái-ko-chèng），而蒙古大夫卻要在他的重要部位接上「樹乳」（chhiū-leng）。這樣的處置方式讓他大吃一驚，但回家躺

在床上，也只能懊惱而已。整體來看，雖說是相當粗鄙，卻是相當符合這種公子哥的性格，也讓觀眾印象深刻。

四、大娘不比二娘嬌

《李天祿口述劇本》也有些「念khó仔」的資料，但因表演者的即興態度不容易掌握，或整理者對於臺語書面語掌握能力的差別，使得有些作品變得不是很容易理解。此則念白，筆者將之命名爲〈大娘不比二娘嬌〉。同樣是李天祿的口述，目前大約有五個版本，包括《四幅錦裙記》的錢顯（李天祿，1995VII：19）、《烏袍記》的王登貴（李天祿，1995XI：61）、《乾隆遊山東》的江阿霸（李天祿，1995XI：146）、《金印記》的丁進（李天祿，1995VII：9）、《蝴蝶盃》的魯仕寬（李天祿，1995VIII：118）等，有利於我們交互比對與整理。我們《烏袍記》爲基礎重新整理，其他不同的版本差異做爲註腳。全文如下：

> 大娘不比二娘嬌，
> 二娘不比大娘嬌 [註56]，
> 看見五六面上粉 [註57]，
> 看見八九是妖嬌。
> 妖嬌是妖嬌，
> 妖佻是妖佻 [註58]。
> 開不得科，坐不得轎 [註59]。
> 隔壁厝一咧查某囝啊嬰，十七八。
> 伊底嬲，我底瘋 [註60]。
> 伊底嬲，我底瘋。

[註56] 有的版本紀錄爲「二娘不比大娘俏」（李天祿，1995VII：19）。

[註57] 其他的版本，都在這句之前還加上一句「三寸金蓮四寸嬌」（李天祿，1995VII：19；1995VII：9；1995VIII：118；1995XI：146）。

[註58] 似乎念「窈窕」（iáu-thiáu）比較合理。可參考其他的紀錄「窈窕是窈窕」（李天祿，1995VII：9；1995VIII：118；1995XI：146）

[註59] 有的版本紀錄爲「不得開科不得嬌」（李天祿，1995VII：19～22）。

[註60] 「嬲」該念chhio，而「瘋」念siáu。這些書面的紀錄頗分雜，包括「伊底騷，我底瘋」（李天祿，1995VII：19～22）；「她弟嬲，當到我弟瘋」（李天祿，1995XI：146）；「伊麗嬲，當對我底少」（李天祿，1995VII：9）；「伊底騷，我底瘋」（李天祿，1995VIII：118）。

害我心肝亂了了，

心肝亂啊了了。

這則念白的韻腳大致上相當一致，包括嬌（kiau）、佻（thiáu）、轎（kiāu）、瘋（siáu）、了（liáu）。內容大抵描述一位慾求不滿的有錢公子，已經至少娶兩個老婆仍嫌不夠，對於鄰家十七、八歲的小姑娘，竟然還垂涎三尺。而「開不得科，坐不得轎」，可能是以科舉考試的舉辦的「開科」，及迎娶新娘的「坐轎」，來隱喻男女的性愛關係。這種三花腳的人物，與《天寶圖》中花子林屬於相同的類型。李天祿將這則「khó 仔板」運用得相當廣泛，包括地方有錢又好色的員外、好色的旅館老闆、或「日行花街，夜宿柳巷」的官家公子等，其共同特質大抵是好色之徒。這些反面角色的刻畫越鮮明，戲劇情節的衝突也會越強，從戲劇的層面來看，觀眾越容易感受到整體的戲劇效果。類型人物的刻畫，借用「khó 仔板」的韻文與節奏感等藝術手法，確實是相當有利。

五、起痟歌

　　北臺灣布袋戲的承傳，自有其相互仿效的學習氣氛。不只是對於彼此掌中技藝的切磋，乃至於表演劇目，甚至「套語」等，都有彼此學習的共同環境，因此研究布袋戲文本，如果將劇團的個別創作孤立單獨看待，所得到的可能只是片面性的瞭解。

　　這則如李天祿或許王等布袋戲主演的演出版本中，經常可見的「念 khó 仔」，或可命名為「起 siáu 歌」。出現的戲劇場合，包括《風波亭》中，務農為生的「王平」（李天祿，1995VIII：155～156）、《金魁生》中的當鋪店主（李天祿，1995VI：23～24）、《乾隆遊東山》的瘦圍（李天祿，1995XI：150），或許王《乾隆遊西湖〔註61〕》的草野小民「康華瑞」。筆者取其中的一則整理如下，用字略有差異之處再以註腳解說：

　　　店主：瘋啊瘋，瘋仔瘋瘋瘋〔註62〕。

〔註61〕 1995 年小西園主演，紅藍綠傳播公司拍攝，財團法人公共電視文化事業基金會發行。以下註腳資料，來自《臺灣布袋戲的表演藝術研究》（吳明德，2004：182～183）。

〔註62〕 筆者認為「瘋」，應訓讀念 siáu。因與此相似的對白，見《乾隆遊東山》的瘦圍：「肖仔肖肖肖」（李天祿，1995XI：150）。許王的口白則被紀錄為「少是少少少」（吳明德，2004：182）。此外，整理者似乎將「ê」都寫成「仔」。

瘋仔做人無望時〔註63〕，

老北〔註64〕老母早死無干己。

窮仔窮寸鐵，

富仔富抵天〔註65〕。

愛欲好額等後世啊　　等後世。

內白：奧（杯）四〔註66〕煎七分啦。飲好就恬恬睏，那無會見閻君。

店主：恁是喋吃藥是無？

內白：啊沒你講欲煎奧（杯）四？

店主：我是講窮仔窮寸鐵，富仔富底天。愛欲好額，是等後世，後
出世啦。恁大家八我無？

內白：無八你啦！

店主：自我介紹，我就何府的內人。

「起瘖歌」的內涵，其實就是民間版的杜甫詩句「朱門酒肉臭，路有凍死骨」的寫照。富有的人，財富堆積到像天一樣高，而貧窮的人，又缺乏父母的庇蔭，窮到只剩寸鐵而已。這種貧富不均的社會景象，難道不會叫人精神錯亂嗎？如這則念白一開始就大聲疾呼的「瘖啊瘖」，其實正是對社會不公義的現象發出不平之聲。但民間藝術可不是都這麼扳著臉孔的，因此念白之後，通常都會玩一個語音的遊戲，將「後世」（āu-sì）及「甌四」（au-sì）相混淆，讓觀眾以為這位憤恨不平的念白者，應該要吃藥了。開個玩笑說「飲好就恬恬睏，那無會見閻君」，讓觀眾在哈哈大笑中，不會一直停留在鑽牛角尖的世界當中。有時，主演者還會加上一句「人無艱苦過，難得世間財」，當作勉勵的詞彙。

第五節　套語的變異空間

討論民間文學，大都必須提到變異性的特質。尤其是某些學者專門研究

〔註63〕許王的版本被整理為「少自出世是尾房嗣」（吳明德，2004：182）。

〔註64〕筆者認為「老北」應念為「老 pē」，可參見許王的版本寫成「老爸生死不干己」（吳明德，2004：182）。

〔註65〕許王的版本寫成「富是富上天，窮是窮寸鐵」（吳明德，2004：182）。

〔註66〕筆者認為應該寫為「甌四」。許王的版本紀錄為「碗四」（吳明德，2004：183），似不妥。

口傳的變異性問題，他們以學生為對象做實驗，其中一組由同一個學生每隔一段時間，講相同的故事。另一組，由一名學生講故事傳給另一名學生，如此傳遞下去。他們由此發現（胡萬川，1998a）：

> 變異的原因來自遺忘或省略。遺忘是無意的，省略常常是有意的。而二者之間有相互影響的關係。容易被遺忘或省略的部分多半是讓人不快的字眼，自己不熟悉的事物，或較無關緊要的細節。受這三點影響，重述者重複講述故事時，通常朝自己熟悉的、合理化的、重點突出的方向發展。

本文引用諸多口頭表演資料時，同時也發現許多的變異，雖有些可能是主演者本身有意無意之間的遺忘，但值得注意的，是他們有意識地故意產生的變異。布袋戲的套語，意味著一種固定不變的語言模式，而其中的變異。就布袋戲口頭表演而言，反而是意味著創造及調整。首先我們來檢討套語彈性的需要，其次討論套語修改的原則，包括隨著劇情而產生變動，及重新排列組合兩種：

一、文辭的彈性變化

布袋戲有些相當簡要的套語，卻可運用在相當廣泛的場合，甚至也不限定腳色。以下引用的例子，包括陳俊然、黃海岱、鍾任壁、李天祿，及張俊郎等不同主演實際運用的情形。首先筆者將這些布袋戲套語整理如下表：

套　語	戲劇人物	口頭表演出處
迢迢來到此，緊行勿延遲。	萬里追風俠	陳俊然《南俠血戰一代妖后》
遠走數千里，緊行勿延遲。	姚麗嬌	黃海岱《孤星劍》
迢迢來到此，事急不敢遲。	天寶和尚	鍾任壁《蕭寶童白蓮劍：白蓮劍與斷仙刀上集》
出洞來到此，觀景不敢遲。	李托拐	李天祿《劈山救母》
奉了國王令，不敢久延程。	吳彪	張俊郎《天寶圖》

陳俊然《南俠血戰一代妖后》「萬里追風俠」的出場念白。他在戲劇中出現沒多久，就被「一代妖后」所殺，從此而引發「北海萬傷不死金手郎」為他報仇的情節。在戲中並不算是個大角色，而是過場銜接情節的人物。他出場的念白如下（陳俊然，1970s）：

Thiâu-thiâu lâi-kàu chí〔迢迢來到此〕，

Kín-kiâⁿ bùt iân-tî〔緊行勿延遲〕。

這是布袋戲相當普遍的套語。對戲劇中匆促出現沒多久就消失的角色而言，這則相當簡明扼要的念白，讓觀眾很快地知道出現在舞臺上的，只是過場的角色。從他匆匆出現，又匆匆消失看來，這樣的念白算是頗相稱。

　　類似的念白也可運用在女主角身上，但通常會因應情節而略作文辭的修改。如黃海岱《孤星劍》的女主角姚麗嬌，自幼孤苦無依，因此離開家鄉，千里迢迢去尋找失去音訊的青梅竹馬「望子孤」，她的出場念白如下：

Óan cháu sò-chhian-lí〔遠走數千里〕，

Kín-kiâⁿ bùt-iân-tî〔緊行勿〔註67〕延遲〕。

「迢迢來到此」，在此調整爲「遠走數千里」。臺語的「走」，指離開、避開、大步跑等意涵，因此臺語的「走路」指爲了躲避債務而離開故鄉，而「遠走」也意味著爲某目的而遠離故鄉的意思。套語字句略做調整之後，讓觀眾突然耳目一新，而相關戲劇人物扮演的確實是「千里尋人」的角色。姚麗嬌是這樣的匆忙慌張，因爲她千里迢迢尋找的青梅竹馬，已經身中「陰冥毒掌」，除非得到「乾陽眞經」的幫助，才能將毒氣逼出體外，否則只能活到明年。這樣的情節人物，搭配這樣的念白變動算是合理。

　　《蕭寶童白蓮劍：白蓮劍與斷仙刀上集》的峨眉派教主「天寶和尚」，他在江西七星殿招兵買馬要造反，但被崑崙派阻擋。他出場的目的是要回混元湖聘請武功更高強的幫手。正好來到途中，從以下念白可以瞭解這個戲劇人物已經心急如焚（鍾任壁，1999）：

Tiau-tiau lâi-kàu-chí〔迢迢來到此〕，

Sū-kip put-kám-tî〔事急不敢遲〕。

李天祿的《劈山救母》的仙人「李托拐」出場的念白如下（李天祿，1988）：

Chhut-tōng lâi-kàu-chí〔出洞來到此〕，

Koan-kéng put-kám-tî〔觀景不敢遲〕。

〔註67〕　同樣是黃海岱，在另一齣戲《二才子——大鬧養閒堂孝子救父》卻略有字句
差異。杜美琴：Kín-kiâⁿ bòk-iân-tî〔緊行莫延遲〕。

這則念白將「迢迢來到此，緊行不敢遲」的念白做小幅度更動：「緊行」改成「事急」，而「緊行」改為「觀景」。套語調整之後，所傳達的語意卻有點怪異，怎麼會連看風景都要匆匆忙忙？不過，如果瞭解在劇中的李托拐表面上離開他修煉的洞府，到此遊賞風景，其實目的是要讓「劉沈香」來此拜他為師。原來一切都在神仙的掌握與安排之中，也難怪這時的「李托拐」連出洞觀景，都得及時趕到才行。

張俊郎《天寶圖》安南國的使者吳彪，準備進貢「天寶圖」給元成宗為禮物，他出場的念白如下（張俊郎，1994）：

> Hōng-liáu kok-ông lēng〔奉了國王令〕，
>
> Put-kám kiú-iân-thêng〔不敢久延程〕。

這則套語顯然已經改頭換面，幾乎讓人聽不出原貌。「迢迢來到此」，改成「奉了國王令」，相當清楚他的身份是代表安南國的國王，也就是負責送禮物的外交使者。這位外國特使的出現，為戲劇製造忠臣與奸臣之間的黨爭等風波。

這些不同的套語，單就文字意義而言，似乎並沒有很大的差別，但對於以聽覺取向的觀眾而言，卻有相當大的歧異感。布袋戲的套語並非完全一成不變而已，有主見的口頭表演創作者，可依照他個人的感受修改原先大家習以為常的套語。想想有的戲班戰後在戲園連演二、三個月的情形，如果不略加變化而讓已成為常客的觀眾，仍能維持新鮮感的話，整個表演很快地就會失去原有的魅力。寶舞洲掌中班的主演鄭壹雄生前，在 2000 年 3 月時，曾跟筆者談到他在戲院演出《神行俠血戰沖門島》時，原本他習慣使用的四聯白如：

> Táⁿ-pān lâi-kàu-chí〔打扮來到此〕，
>
> Kín-kiâⁿ put-kám-tî〔緊行不敢遲〕。

觀眾連看一個多月，對這套語早已倒背如流，甚至只要他才唸完「打扮來到此」，臺下觀眾就已經自動接下一句「緊行不敢遲」。因此有一次他故意突然改變，改接「來去無延遲」，讓觀眾突然之間產生新鮮的趣味感。套語的變化其實是非常靈活的。在現場的口頭表演中，有時甚至可以視為主演者與觀眾之間的微妙互動的語言遊戲。

二、文句長短的組合

　　臺灣布袋戲界盛傳：「虎尾好詩詞」（hó-bóe hó-si-sû）。虎尾，就是指黃海岱，形容他的布袋戲口白文雅，出口成章。據他的門徒鄭壹雄的觀察，他認為並非黃海岱擅長作詩填詞，而是他平日勤勉好學得來的。黃海岱的特點，應該如鄭壹雄所說的「阮先生 khah 活用」。放在套語的研究領域來觀察黃海岱的表演，或許可以得到比較客觀的實證。比較兩則黃海岱的套語表演，其一《二才子——大鬧養閒堂孝子救父》的英雄鐵中玉，登場的四聯白如下（黃海岱，1998）：

> Bûn-chiuⁿ lòh-pit kai-chu-giòk〔文章落筆皆珠玉〕，
> Chìn-thè hiong-tiong kī-kah-peng〔進退胸中俱甲兵〕。
> <u>Bú-sùt- chôan-châi ūi-kok-thí</u>〔武術全才爲國恥〕，
> Siàu-liân put-pí kok-kan-sêng〔少年不比國干城〕。

這則四聯白，相當簡短地呈現一個文武雙全的英雄形象，憑著他的聰明與膽識，才能解決窮秀才韓愿受大官欺壓的困境。而黃海岱自己擅長《大唐武虎將郭子儀》，其主角郭子儀出場，也有似曾相似的念白（黃海岱，1999）：

> Má tò lôan-lêng-hiáng〔馬到鑾鈴響〕，
> Chē-chú pá-tiâu-hō͘〔座主把朝護〕。
>
> Bûn-chiang lòh-pit kai-chu-giòk〔文章 [註68] 落筆皆珠玉〕，
> Bú-liòk-hiong-tiong kī-kah-peng〔武略胸中俱甲兵〕。
> <u>Chìn-thè it-sin koan-tī-lōan</u>〔進退一身觀治亂〕，
> Chheng-liân chiah-sī kok-kan-sêng〔青年才是國干城〕。

兩相比較可發現其間的差異，雖然都是來自固定的語言模式。四句的念白，可以變成六句，顯然是在這四句之外，另外加上兩句。其次，就這相類似的四句來看，第二、三、四句已經有些改變，特別是「武術全才爲國恥」改成「進退一身觀治亂」，原本純粹練武爲國雪恥的精神，在這裡突然改變爲在政

〔註68〕　布袋戲主演對於臺灣各種腔調，大都相當瞭解，可以變換自如。黃海岱在《二才子——大鬧養閒堂孝子救父》，將「文章」唸成 bûn-chiuⁿ，而《大唐武虎將郭子儀》卻唸成 bûn-chiang。

治紅塵中知進退，能夠從歷史的亂局中看到治理的方針，似乎非郭子儀莫屬。至少主演者已經意識到：如何將這些固定的套語打散，重新排列組合，將會產生另一層言語的意義。

布袋戲作為一種口頭表演，必須在有限的時間之內完成作品的，相當程度借重承傳的套語，能夠快速有效地進行新的創作。套語的調整，除了隨時保持觀眾的新鮮感之外，也隨著戲劇情節的差異而略加改變。而布袋戲實際表演的變異，不外乎文辭與文句長短的調整兩種類型。套語的學習與重新組合，可說是開啓另一層創作的可能性，對於即興表演有相當大的意義。

第六節 小 結

對於布袋戲表演體系而言，瞭解表演文本以及書寫文本之間的辯證關係相當重要。筆者獨力整理表演文本，嘗試將它書寫下來時，確實發現相當多的類似與差異的作品。類似性，顯示來自固定詞彙學習的口頭表演的傳統。歧異性，有時不一定意味所謂的「出錯」，反而可能是主演者發揮創意之處。這些口頭套語，本身具有重複性、穩定性的詞組。與其說是為了聽眾，不如說是為了創作者，使他在現場表演的壓力之下，仍可以快速、流暢地敘述。學徒是從學習掌握這些簡單的文字開始，從實際的表演中體會固定的常規，最後親眼目睹師傅如何在舞臺上活用這些固定套語，如何作出巧妙的修改，經過歲月的逐漸累積沈澱，最後才完全掌握即興表演技巧。換句話說，學習吸收，甚至內化這些基本的套語，可說是掌握整個表演系統即興表演的基礎能力。

反省布袋戲與戲曲語言之間的關係，我們發現布袋戲的套式言語表演，雖來自戲曲表演的傳統。但這並不意味布袋戲的語言與戲曲完全一致，反而因為戲曲語言無法直接讓聽眾瞭解，而逐漸被更接近白話的念白所取代。其次，布袋戲口頭表演的基本結構，至少包括上臺引、四聯白、獨白、對白、旁白。我們將套語的討論核心放在四聯白，更重要的是筆者從真實演出的表演文本當中，歸納布袋戲主要五種腳色，包括大花、三花、生、旦、公末等的四聯白。

有些四聯白延續自民間傳統漢文的讀物。除了讓我們瞭解民間藝人創作的根源之外，也進一步瞭解這與套語的變異性，包括主演者所採取的合韻的

語音，或有些特殊語音念法的源頭。而布袋戲主演所自創的四聯白，我們也將之收羅在本章中，並瞭解其創作的空間。值得強調的是，本文蒐集許多布袋戲念 khó 仔的版本，其中許多版本，都是未曾在其他布袋戲相關書籍中被紀錄過的。筆者除了謹慎地註明語音，或比較不同的版本確定何者比較妥當之外，並試著分析這批有趣的口頭文學作品。

最後總結套語的變異及創作的可能性。從討論的例證中可發現套語並非完全一成不變，而是可以活用的。筆者試圖歸納出布袋戲主演常用的兩種法則，也就是辭與文句長短的調整，最主要的原則是隨劇情而產生變動。這些彈性的創作原則不限於套語的運用而已，其實在較大篇幅場景的語言創作，也發揮相當大的作用。